easy HTML

easy

HTML

Spielend gelingt die Website

TOBIAS HAUSER CHRISTIAN WENZ

Markt+Technik

→leicht →klar →sofort

Bibliografische Information Der Deutschen Bibliothek
Die Deutsche Bibliothek verzeichnet diese Publikation in der Deutschen Nationalbibliografie; detaillierte bibliografische Daten sind im Internet über http://dnb.ddb.de abrufbar.

10 9 8 7 6 5 4 3 2

12 11

ISBN 978-3-8272-4291-4

Coverkonzept: independent Medien-Design, Widenmayerstraße 16, 80538 München
Coverlayout: Thomas Arlt, tarlt@adesso21.net
Herstellung: Monika Weiher, mweiher@pearson.de
Lektorat: Birgit Ellissen, bellissen@pearson.de
Korrektorat: Marita Böhm, München
Satz: Ulrich Borstelmann, Dortmund (www.borstelmann.de)
Druck und Verarbeitung: Bercker Graphischer Betrieb GmbH, Kevelaer
Printed in Germany

Inhaltsverzeichnis

Liebe Leserin, lieber Leser! 9

1 Wir legen los 11

Was ist HTML? 12
Browser 14
Editoren 16
HTML-Grundgerüst 21
XHTML 27
Bestandteile von HTML 28
Eine erste HTML-Seite 31
Fragen 39

2 Informationen satt 41

Textausgabe 42
Textformatierung 54
Fragen 61

3 Verknüpfungen 63

Allgemeines 64
Interne Links 64
Externe Links 71
Textmarken 77
Zielfenster 81
Rechtliches 83
Fragen 83

4 Es wird bunt 85

Verschiedene Arten von Style Sheets 86
Stile zuweisen 94
Formatierung 101
Fragen 109

5 Es wird bunter 111

Dateiformate ... 112
Das <img>-Tag ... 113
Eine Grafik mit einem Link versehen ... 122
Eine Grafik als Hintergrund ... 124
Imagemaps ... 127
Fragen ... 131

6 Ordnungsfimmel 133

Aufzählungslisten ... 134
Nummerierte Listen ... 143
Weitere Listen ... 151
Listen formatieren ... 154
Fragen ... 157

7 Komplette Übersicht 159

Der Tabellenaufbau ... 160
Breite und Höhe ... 162
Tabellenformatierung ... 166
Tabellen gruppieren ... 173
Hintergrund ... 175
Schrift in einer Tabelle ... 178
Ausrichtung ... 179
Zellen verbinden ... 183
Unsichtbare Tabellen ... 186
Tabellen ineinander verschachteln ... 190
Fragen ... 193

8 Kommunikation nach außen 195

Motivation ... 196
Formularrahmen ... 199
Formularelemente ... 199
Formulare versenden ... 216
Fragen ... 221

9 Stilfrage 223

Hintergrund ... 224
Abstände ... 226
Rollover-Effekt ... 227
Rahmen ... 228
Elemente platzieren ... 231
Flusssteuerung ... 235
Fragen ... 237

10 Rahmenwerk 239

Frameset definieren ... 240
Frameset formatieren ... 253
Links ... 258
Wieso Frames? ... 262
Fragen ... 263

11 Über den Tellerrand 265

Meta-Tags ... 266
Ihre Seiten online stellen ... 269
Anmeldung bei Suchmaschinen ... 275
Fragen ... 277

Antworten zu den Fragen 279

Lexikon 285

Stichwortverzeichnis 295

Liebe Leserin, lieber Leser!

Eine eigene Website zu erstellen ist gar nicht so schwer. Sie müssen dazu zwar ein paar völlig neue Dinge lernen, HTML und CSS, aber wir sind sicher, dass Ihnen das spielend gelingt und, vor allem, dass es Ihnen viel Spaß machen wird, nach und nach die Geheimnisse des Webdesigns zu entdecken. Und auch wenn Sie bisher mit einem Webeditor wie GoLive oder Dreamweaver gearbeitet haben, finden Sie hier die nötigen Grundlagen, um zu verstehen, wie die Technologien dahinter – HTML und CSS – funktionieren.

Um diese hochgesteckten Ziele zu erreichen, ist dieses Buch folgendermaßen aufgebaut: Wir beginnen mit einem Einstiegskapitel, das Sie an das Thema HTML heranführt – was ist HTML und was benötigen Sie dazu? Danach folgen zehn Arbeitskapitel, die Sie umfassend in HTML sowie in CSS einführen. Ein Lexikon rundet den Inhalt ab.

Wir sind zwar mit diesem Buch – das mittlerweile in der vierten Auflage vorliegt – sehr zufrieden, würden es aber gern noch stetig verbessern. Helfen Sie uns dabei! Schreiben Sie uns, was Ihnen gefällt und was Ihnen nicht gefällt. Unter der Website `http://www.hauser-wenz.de/support/` können Sie uns nicht nur direkt kontaktieren, sondern hier finden Sie auch eventuelle Aktualisierungen, Fehlerberichtigungen oder Zusatz-Downloads zum vorliegenden Buch.

Wir freuen uns auf Ihre Rückmeldungen!

Bleibt uns nur noch, Ihnen viel Spaß und rasche Erfolge mit HTML zu wünschen!

Die Autoren

Tobias Hauser Christian Wenz

PS: Großer Dank gilt den Lesern der drei Vorgängerauflagen, deren Rückmeldungen zu dieser vierten Auflage beigetragen haben.

Das lernen Sie neu

Was ist HTML? 12
Browser 14
Editoren 16
HTML-Grundgerüst 21
XHTML 27
Bestandteile von HTML 28
Eine erste HTML-Seite 31

Kapitel 1

Wir legen los

Sie erfahren hier zunächst, was HTML eigentlich ist. Danach zeigen wir Ihnen, welche Softwareprodukte Sie benötigen, um die Beispiele in diesem Buch nachvollziehen zu können. In diesem Kapitel wird noch nichts programmiert, es legt nur den Grundstein für die folgenden zehn Übungseinheiten.

Was ist HTML?

Titel und Thema dieses Buches ist HTML. Wie Sie vermutlich bereits wissen, sind Webseiten in HTML erstellt. HTML ist die Abkürzung für *HyperText Markup Language*. Es handelt sich hierbei entgegen der landläufigen Meinung nicht um eine Programmiersprache, sondern um eine Seitenbeschreibungssprache. Sprich: In HTML wird nur beschrieben, wie eine Webseite auszusehen hat, das exakte Layout übernimmt der Webbrowser.

Sie müssen sich den Ablauf folgendermaßen vorstellen: Ein Browser fordert von einem Webserver eine HTML-Seite an. Der Server schickt ihm diese Seite in Form einer HTML-Datei. Diese Datei muss der Browser dann *interpretieren*, das heißt, er analysiert den Inhalt der Datei und versucht, diese Datei so darzustellen, wie es der Autor der Seite gern hätte.

Wie gesagt, HTML ist eine Seitenbeschreibungssprache. Eine HTML-Datei enthält Text sowie Anweisungen, wie dieser Text zu formatieren ist (auf Grafiken gehen wir an anderer Stelle ein). Da gibt es beispielsweise Überschriften, Aufzählungslisten und Tabellen. All dies finden Sie in den nächsten Kapiteln aufgeschlüsselt.

Wenn Sie sich eine HTML-Datei ansehen, werden Ihnen relativ viele Elemente auffallen, die in spitze Klammern eingeschlossen sind, beispielsweise `<html>`. Hier ist eine solche Datei:

```
<!DOCTYPE html PUBLIC "-//W3C//DTD XHTML 1.0 Transitional//EN"
"http://www.w3.org/TR/xhtml1/DTD/xhtml1-transitional.dtd">

<html>

<head>

<title>HTML</title>

</head>

<body>

<h1>Willkommen bei&nbspHTML!</h1>

</body>

</html>
```

Diese Datei wird im Microsoft Internet Explorer wie in der Abbildung 1.1 zu sehen angezeigt.

Abbildung 1.1: Die Datei im Microsoft Internet Explorer

Im Hauptkonkurrenten, dem Firefox-Browser, sieht die Seite jedoch ein wenig anders aus, wie die folgende Abbildung zeigt.

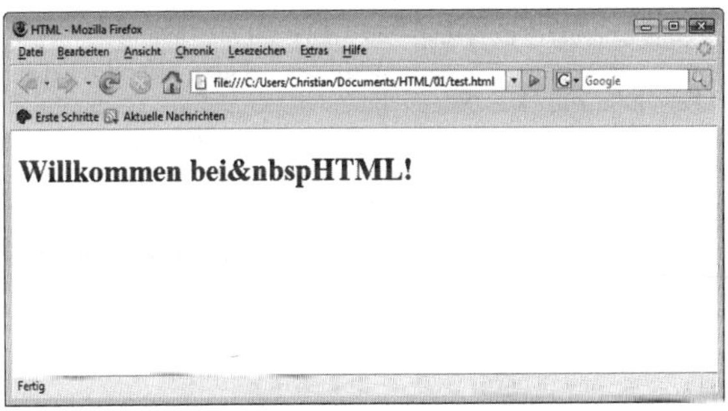

Abbildung 1.2: Die Datei im Firefox

Sie sehen also – Browser ist nicht gleich Browser, weswegen Sie zwei Dinge beachten sollten:

- Installieren Sie auf Ihrem Testsystem möglichst viele verschiedene Browser!
- Testen Sie Ihre Seiten in möglichst vielen verschiedenen Browsern!

Im vorliegenden Beispiel übrigens haben wir (absichtlich!) unsauberes HTML verwendet. Der Internet Explorer ist gnädig und lässt uns damit durchkommen, der Firefox legt strengere Maßstäbe an, was auch verständlich ist.

Es gibt im Web eine Reihe von Seiten, die für einen bestimmten Browsertyp oder -version »optimiert« sind. Was im privaten Bereich noch in Ordnung ist (dann wandern die Besucher halt ab, aber das ist in diesem Fall nicht so schlimm), ist für professionelle Anwendungen eine Katastrophe. Stellen Sie sich vor, ein Drittel der Besucher bekommt die Webseiten nicht richtig angezeigt, weil sie den »falschen« Browser benutzen. Der Betreiber der Website will ja etwas verkaufen, also darf er sich die Arroganz, nur für einen Browser zu entwickeln, gar nicht leisten.

Man sollte meinen, die Einstellung »Ich entwickle nur für meinen Lieblingsbrowser« stamme aus dem letzten Jahrtausend und sei inzwischen nicht mehr verbreitet; bei einigen Kongressen in letzter Zeit mussten wir uns aber davon überzeugen, dass es immer noch (angeblich) professionelle Webentwickler gibt, die ihre Site ausschließlich in einem Browser bei einer bestimmten Konfiguration und unter einem bestimmten Betriebssystem testen. Und das ist nicht professionell, sondern nur noch peinlich.

Ein zweiter Fehler liegt darin, dass man sein System als Maß aller Dinge nimmt. Ein Entwicklungsrechner ist meistens gut bestückt, der große Monitor hat eine hohe Bildschirmauflösung, alle Dateien befinden sich auf der Festplatte und werden dementsprechend schnell geladen. Das freut den Websurfer aber nicht gerade, der von unterwegs mit seinem Laptop mit niedriger Auflösung über ein überlastetes Hotel-WLAN versucht, die Seiten anzusehen.

Unser Rat: Testen Sie! Testen Sie mit verschiedenen Browsern, von unterwegs, mit unterschiedlichen Rechnern, bitten Sie Bekannte und Freunde, Ihre Seiten zu begutachten und zu kritisieren. Wir können in diesem Band nur den Grundbaustein legen und ein paar wichtige Tipps und Tricks geben, aber das eigentliche Design der Webseiten liegt in Ihren Händen.

Browser

Der erste kommerziell erfolgreiche Webbrowser war der Netscape Navigator. Und er war lange Zeit auch der einzige ernst zu nehmende Browser, bis Microsoft mit Verspätung auf den Internetzug aufsprang. Zusammen mit dem Betriebssystem Windows 95 erschien 1996 der Internet Explorer 3.0 (die vorherigen Versionen sind nicht erwähnenswert), doch die Vorherrschaft von Netscape war ungebrochen. Das änderte sich aber, als beide Hersteller fast zeitgleich Version 4 ihrer Browser herausbrachten. Microsoft holte auf und schon bald ergab sich eine Pattsituation, je nach Erhebung hatte der eine oder der andere Browser eine größere Verbreitung.

Doch langsam ging es Netscape an den Kragen. Die Firma wurde von AOL aufgekauft und interne Streitereien verhinderten eine rasche Weiterentwicklung des Browsers, es erschienen nur noch Updates und Bugfixes. Der Internet Explorer dagegen erfuhr mehrere neue Versionen und die Verbindung des Browsers mit dem Microsoft-Betriebssystem sorgte für eine rasche Verbreitung. Und da ein Großteil des Browsers schon beim Booten von Windows in den Speicher geladen wird, startet das Programm auch schneller als das Netscape-Pendant. Mittlerweile führt der Internet Explorer die Browserstatistiken deutlich an.

Die neue Netscape-Generation begann mit der Version 6 (Version 5 wurde also übersprungen) und wird auf Open-Source-Basis entwickelt, das heißt, der Quellcode ist frei einsehbar und jeder kann seinen Teil zu diesem Browser beitragen. Es gibt zwei Varianten: Bei der einen steht der komplette Quelltext zur Verfügung (»Mozilla« sowie das abgesplitterte Browserprojekt »Firefox«), bei der angepassten Variante auf Basis von Mozilla ist der Quellcode nicht verfügbar (»Netscape«). Von der Technologie her erntet er in der Fachwelt nur Lob, in Sachen Stabilität und Zuverlässigkeit gibt es nur Spott und Häme.

Das hat sich erst mit dem bereits genannten Firefox-Projekt geändert. Dieser Browser weist viele der alten Mozilla-Kinderkrankheiten nicht mehr auf und gewinnt stetig Marktanteile, insbesondere im deutschsprachigen Raum. Eine vollständige Browser-Suite (also inklusive E-Mail-Programm) gibt es auch wieder: Seamonkey, ein weiteres Mozilla-Nebenprojekt.

Auf der anderen Seite hat Microsoft Ende 2006 den Internet Explorer 7 veröffentlicht, der die verlorenen Marktanteile wieder zurückholen will. Es bleibt also spannend – und Sie als Webdesigner müssen deswegen auf allen relevanten Browsern testen!

Nicht unerwähnt bleiben soll die momentane Nummer 3 auf dem Browsermarkt, Opera. Dieser Browser benötigt nur einen Bruchteil des Speicherplatzes eines der anderen Browser, ist auch relativ schnell und ebenfalls (wie die Konkurrenten) kostenlos erhältlich. Auf Grund von Detailunterschieden setzt sich der Browser jedoch nur sehr langsam durch und kann mittelfristig den beiden Browserriesen nicht gefährlich werden.

Alle Browser können Sie gratis aus dem Internet herunterladen. Sie sind komplett kostenlos. Hier sind die entsprechenden Homepages der Browser:

Browser	URL	Aktuelle Version (Stand: März 2007)
Internet Explorer	http://www.microsoft.com/germany/windows/ie/	7.0
Seamonkey	http://www.mozilla.org/projects/seamonkey/	1.1.1
Firefox	http://www.firefox-browser.de/	2.0.0.3
Netscape	http://browser.netscape.com/ns8/	8.1.2
Opera	http://www.opera.com/	9.10

Tabelle 1.1: Die verschiedenen Browser und wo Sie sie herbekommen

> **Tipp**
>
> Viele Computerzeitschriften packen die aktuellen Browserversionen auf ihre beigelegten CD-ROMs bzw. DVDs. Sehen Sie also zuerst nach, ob Sie den einen oder anderen Browser bereits besitzen, bevor Sie sich das gesamte Paket aus dem Internet herunterladen.

Editoren

HTML-Dateien sind reine Textdateien. Das heißt auch, dass Sie die Dateien mit einem reinen Texteditor erstellen können.

Bei Windows dabei

Mit Windows werden gleich zwei Editoren mitgeliefert, die Sie unter *Start/Programme/Zubehör* finden: zum einen Notepad (bzw. Editor) und zum anderen WordPad. Beide Programme sind in der Lage, Textdateien abzuspeichern, Sie müssen aber darauf achten, dass diese Dateien dann auch die Endung *.htm* oder *.html* tragen und nicht *.txt*. Das geht folgendermaßen, gezeigt am Beispiel von Notepad:

1 Wählen Sie in einem Windows-Explorer-Fenster den Menüpunkt *Extras/Ordneroptionen* und entfernen Sie dann im Register ANSICHT das Häkchen vor *Erweiterungen bei bekannten Dateitypen ausblenden.* Wenn Sie Windows Vista einsetzen, können Sie das *Extras*-Menü mit der Tastenkombination `Alt`+`X` öffnen.

Abbildung 1.3: Das Einstellen der Ordneroptionen

2 Wählen Sie dann im Texteditor den Menübefehl *Datei/Speichern unter.*

3 Wählen Sie im Pulldown-Menü DATEITYP den Eintrag *Alle Dateien (*.*).*

4 Geben Sie den gewünschten Dateinamen mit Endung an, also etwa *test.html.*

5 Klicken Sie auf die Schaltfläche *Speichern*, um die Datei auf der Festplatte abzulegen.

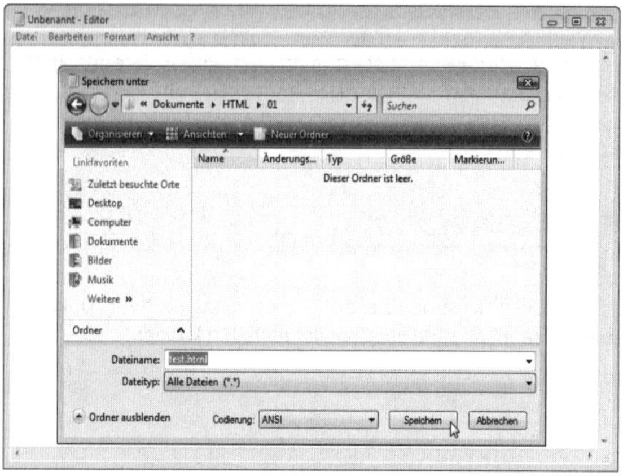

Abbildung 1.4: Das Dialogfenster Speichern unter

Auch andere Betriebssysteme liefern einfache Editoren mit, beispielsweise Emacs bei den meisten Linux-Distributionen. Gehen Sie hier analog vor.

Die Funktionalitäten der mitgelieferten Editoren sind jedoch meist mehr als mau. Aus diesem Grund sollten Sie sich nach Alternativen umsehen, die eventuell auch direkt für das Erstellen von HTML-Dateien konzipiert sind.

Noch ein allgemeiner Hinweis für die Beispiele in diesem Buch. Wir haben dazu im Windows-Ordner *Dokumente* (bei älteren Windows-Versionen heißt der *Eigene Dateien*) einen Unterordner *HTML* erstellt. In diesem Ordner befinden sich die Unterordner für die einzelnen Kapitel, etwa 01 für dieses Kapitel. Dort speichern Sie die Dateien letztendlich ab und können sie dann per Doppelklick in Ihrem Webbrowser öffnen.

> **Achtung**
>
> Verwenden Sie keinesfalls einen mächtigen Editor wie etwa Word oder OpenOffice zum Erstellen der Textdatei. Denn diese Programme speichern standardmäßig keine reinen Textdateien ab, sondern haben eigene Dateiformate und -endungen wie etwa *.doc*, *.docx* oder *.odt*.

NoteTab

Der Windows-Texteditor NoteTab existiert in drei Varianten: NoteTab Light ist kostenfrei, NoteTab Standard und NoteTab Pro sind jeweils kostenpflichtig, bieten aber erweiterte Funktionalitäten. Die kostenfreie Variante ist aber für die meisten Zwecke ausreichend.

Sie erhalten alle Varianten unter `http://www.notetab.com/`. Laden Sie eine davon herunter und installieren Sie sie. Sie können nun in diesem Editor HTML-Dateien bearbeiten und sich dabei eine besondere Funktionalität zu Nutze machen: In einer Leiste links werden auf Wunsch wichtige HTML-Elemente eingeblendet. Auf Doppelklick werden diese Elemente in das geöffnete Dokument eingefügt, sodass Sie HTML-Dateien schneller erstellen können.

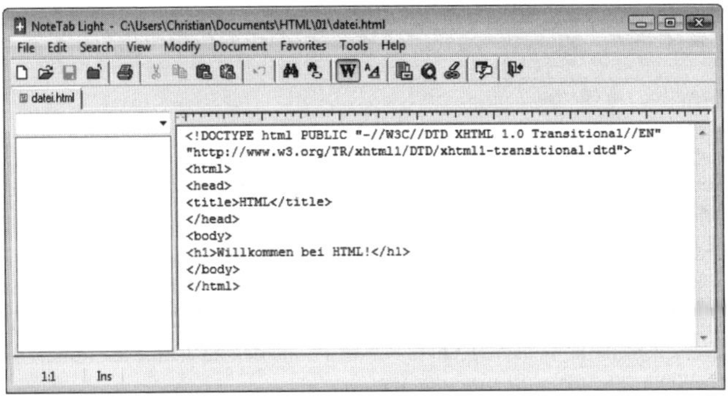

Abbildung 1.5: NoteTab Light

UltraEdit

UltraEdit ist ein Editor, der noch mehr Funktionalitäten als NoteTab Light bietet, dafür aber auch kostenpflichtig ist. Dennoch setzen ihn beispielsweise beide Autoren dieses Buches ein (Ihnen ist natürlich die Wahl des Editors völlig freigestellt). Unter anderem bietet UltraEdit ein Feature, das *Syntax Highlighting* genannt wird: Einzelne Elemente der HTML-Seite (beispielsweise die Elemente in spitzen Klammern) werden in einer anderen Farbe angezeigt, sodass Sie auch Tippfehler schneller bemerken können.

Eine zeitlich (aber nicht funktional) eingeschränkte Testversion von UltraEdit ist unter `http://www.ultraedit.com/` erhältlich. UltraEdit läuft nur unter Microsoft Windows.

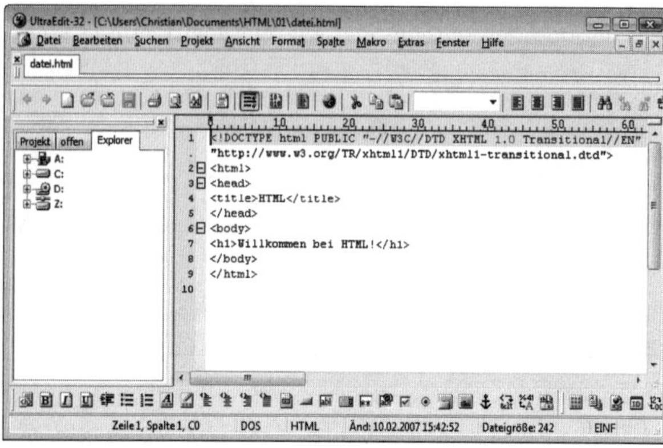

Abbildung 1.6: UltraEdit

Schnellstart

Es ist nun höchste Zeit, loszulegen.

1 Erstellen Sie im Editor Ihrer Wahl eine Datei *datei.html*, wie Sie das so ähnlich bereits im Abschnitt *Was ist HTML?* oder in den vorherigen Abbildungen gesehen haben.

Hier zur Sicherheit noch einmal der Code – ohne den absichtlichen Fehler:

```
<!DOCTYPE html PUBLIC "-//W3C//DTD XHTML 1.0 Transitional//EN"
"http://www.w3.org/TR/xhtml1/DTD/xhtml1-transitional.dtd">

<html>

<head>

<title>HTML</title>

</head>

<body>

<h1>Willkommen bei HTML!</h1>

</body>

</html>
```

2 Testen Sie diese Datei im Internet Explorer und im Firefox.

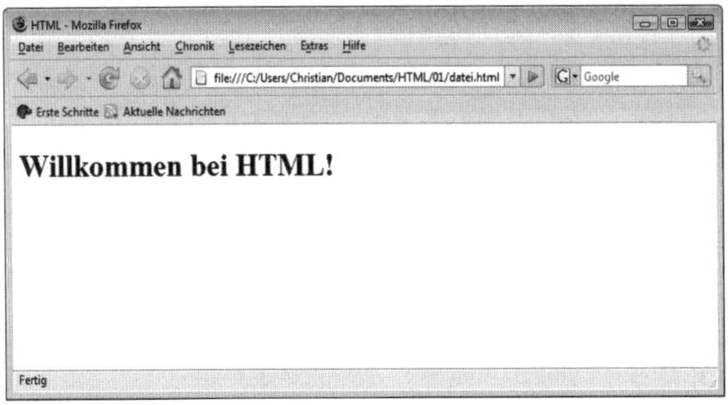

Abbildung 1.7: Die Datei im Firefox

Sie erfüllen nun alle Voraussetzungen, ein erfolgreicher HTML-Programmierer zu werden. In den nächsten Kapiteln vermitteln wir Ihnen das dazu notwendige Rüstzeug.

HTML-Grundgerüst

Sie wissen bereits, was HTML ist, und haben auch schon eine HTML-Seite gesehen (im vorherigen Abschnitt). Sie sahen dort ein verwirrendes Konglomerat von Text und spitzen Klammern (<, >). Im Folgenden gehen wir auf die einzelnen Bestandteile einer HTML-Seite ein.

Doctype

Der *Doctype* eines HTML-Dokuments gibt seinen Typ an, denn es gibt mehrere Versionen von HTML und auch von dem verwandten XHTML (dazu später mehr). In der Regel interpretieren alle Browser auch Dokumente ohne Doctype, allerdings schalten einige davon aus Sicherheitsgründen in einen funktional etwas abgespeckten Kompatibilitätsmodus zurück. Deswegen sollten Sie den Doctype immer verwenden:

```
<!DOCTYPE html PUBLIC "-//W3C//DTD XHTML 1.0 Transitional//EN"
"http://www.w3.org/TR/xhtml1/DTD/xhtml1-transitional.dtd">
```

> **Hinweis**
>
> Bei den Listings dieses Buches ist es aus Platzgründen häufig so, dass nur die entscheidenden Teile einer Datei abgedruckt werden. Der Doctype fehlt dann also, befindet sich aber in den herunterladbaren Dateien.

Tags

Ein *Tag* (englisch ausgesprochen, also mit *ä*) wird in HTML durch spitze Klammern eingefasst. Ein Beispiel für ein Tag ist <html>. Groß- und Kleinschreibung ist in HTML-Tags völlig unwichtig, die folgenden Varianten sind also allesamt gültig:

- <html>
- <hTmL>
- <HtML>

Innerhalb eines Tags können auch beliebig viele Leerzeichen und Zeilensprünge verwendet werden, nur der Name des Tags (im Beispiel: HTML) darf dadurch nicht getrennt werden. Somit sind auch die folgenden Varianten möglich:

- <html   >
- <   html   >
- <
html
>

> **Achtung**
>
> Einzige Ausnahme bilden End-Tags (also </xxx>). Bei ihnen dürfen keine Leerzeichen verwendet werden, manche Browser stoßen sich daran.

Aus der Sicht eines Buchautors sind das natürlich traumhafte Zustände, denn so kann ein sonst störender Umbruch mitten in einer langen Zeile vermieden werden – wir fügen einfach manuell Umbrüche ein, dadurch ändert sich nichts am Aussehen der HTML-Seite.

Ein Tag kommt selten allein. Meistens enthält ein Tag irgendwelche Inhalte (beispielsweise Text). Am Ende des Inhalts kommt ein End-Tag, welches dieses so genannte HTML-Element abschließt.

Beispielsweise beginnt eine HTML-Seite – wenn man mal den Doctype außer Acht lässt – mit dem `<html>`-Tag. Darauf folgt der eigentliche Inhalt der Seite und am Ende kommt das End-Tag, `</html>`. Das End-Tag heißt genauso wie das Start-Tag, nur wird es (nach der öffnenden spitzen Klammer) durch einen Schrägstrich (/) eingeleitet.

Auch wenn Start- und End-Tag identisch heißen (vom Schrägstrich einmal abgesehen), wird nicht zwischen Groß- und Kleinschreibung unterschieden. Wenn Sie ein HTML-Element mit `<html>` beginnen, können Sie es mit `</html>` beenden – oder mit `</HTML>` oder mit `</HtMl>` oder ...

Welche Auswirkungen die Tags auf die Inhalte dazwischen haben, ist von HTML-Tag zu HTML-Tag unterschiedlich, Sie können hier keine Regel ableiten. Hier drei Beispiele:

- `<b>Hallo</b>` – führt dazu, dass **Hallo** ausgegeben wird (halbfett).
- `<i>Hallo</i>` – führt dazu, dass *Hallo* ausgegeben wird (kursiv).
- `<title>Hallo</title>` – führt dazu, dass in der Titelleiste des Browsers »Hallo« steht.

Die ersten beiden Beispiele führen zu einer direkten Textausgabe und Formatierung, das dritte Beispiel hat Auswirkungen auf den Text in der Titelleiste des Webbrowsers. Diese Beispiele sind nicht beliebig kombinierbar, beispielsweise geht Folgendes nicht:

```
<title><b>Hallo</b></title>
```

Der Text in der Titelleiste des Browsers kann nicht fett dargestellt werden. Folgender Code funktioniert dagegen:

```
<b><i>Hallo</i></b>
```

Dies führt zu einer Ausgabe von ***Hallo***, also halbfett und kursiv.

Manche Tags können also miteinander verwendet werden, Sie können die Wirkung einzelner Tags kombinieren. Dabei müssen Sie aber unbedingt darauf achten, dass Sie die Tags nicht verschachteln. Folgendes führt zu unvorhersehbaren Ergebnissen im Webbrowser:

```
<b><i>Hallo</b></i>
```

Sie müssen Tags in umgekehrter Reihenfolge schließen, wie Sie sie öffnen. Das zuletzt geöffnete Tag wird zuerst wieder geschlossen. Das Hauptproblem sind hier die Webbrowser. Sie akzeptieren auch »falsches« HTML, geben also keine Fehlermeldung aus, wenn der HTML-Programmierer etwas falsch gemacht hat, sondern versuchen, den HTML-Code möglichst gut zu interpretieren und darzustellen. Der Begriff *möglichst gut* ist hier als eine rein subjektive Einschätzung zu verstehen. Programmieren Sie also sauber, so sind Sie vor den meisten unangenehmen Überraschungen gefeit.

Nicht jedes Tag muss wieder geschlossen werden. Paradebeispiel hierfür ist `<hr>`. Dies steht für *horizontal rule* und stellt einen waagerechten Balken im Webbrowser dar (siehe Abbildung). Nun überlegen Sie sich doch einmal, wie ein Browser `<hr>Irgendein Text</hr>` interpretieren sollte; als eine Beschriftung für die waagerechte Linie vielleicht? Das macht wenig Sinn. Das dachten sich die Väter von HTML wohl auch und deswegen ist `<hr>` ein *leeres Tag*, es tritt also nur in der Form `<hr></hr>` auf. Die Browser stoßen sich jedoch nicht daran, wenn Sie stattdessen nur `<hr>` verwenden. Dieses Tag wird nie geschlossen. Es gibt noch weitere Tags dieser Machart und einen Großteil davon werden Sie in diesem Buch auch noch kennen lernen!

Abbildung 1.8: Die waagerechte Linie im Browser (Internet Explorer)

Es gibt auch noch eine Spezialvariante eines Tags, die nicht den üblichen Regeln gehorcht. Es handelt sich hierbei um Kommentare. Kommentare werden bei der Visualisierung der HTML-Seite ignoriert, sprich nicht angezeigt. So kann ein HTML-Programmierer beispielsweise Copyright-Hinweise oder für ihn wichtige Informationen (»hier beginnt der Inhaltsteil«) im HTML-Code unterbringen. Ein Kommentar wird durch `<!--` eingeleitet und durch `-->` abgeschlossen:

```
<!-- Ein Kommentar wird nicht angezeigt! -->
```

Attribute

Ein Tag steht nicht unbedingt allein da, es kann auch durch Angabe weiterer Parameter näher bestimmt werden. Diese Parameter nennt man *Attribute*. Sie werden nach folgendem Muster in ein Tag eingefügt:

```
<tagname attribut1="Wert1" attribut2="Wert2" ... >...
</tagname>
```

Für Attribute gilt:

- Groß- und Kleinschreibung bei Attributnamen wird ignoriert.
- Leerzeichen und Zeilenwechsel außerhalb des Attributnamens sowie des Werts werden ignoriert.
- Die Reihenfolge der Attribute ist egal.

- Die Werte der einzelnen Attribute sollten in Anführungszeichen stehen. Zwar akzeptieren es fast alle Browser, wenn die Anführungszeichen fehlen, aber eben nur *fast* alle. Denken Sie daran: Sauberes Programmieren sorgt für weniger Überraschungen.
- Sie müssen Attribute nur beim Start-Tag angeben, nicht mehr beim End-Tag.

Kommen wir auf unser Beispiel zurück, den horizontalen Balken. Das `<hr>`-Tag kennt den Parameter `width`, der die Breite des Balkens in Pixel (Bildschirmpunkten) angibt. Folgender Code produziert drei verschieden breite Balken:

```
<hr width="100">
<hr width="200">
<hr width="300">
```

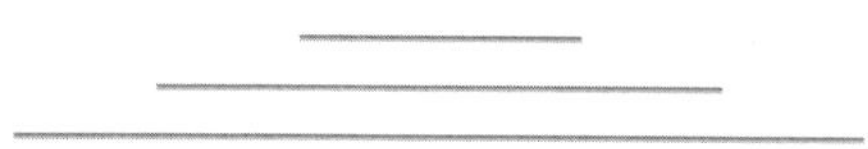

Abbildung 1.9: Drei verschieden breite Balken

> **Hinweis**
>
> Anstelle von Pixelbreiten können Sie auch Prozentwerte angeben, mit denen Sie die Breite des Balkens im Verhältnis zum Browserfenster angeben (also beispielsweise `<hr width="50%">`).

Das `<hr>`-Tag kennt ebenfalls den Parameter `size`, der die Dicke bzw. Höhe des Balkens (wiederum in Pixel) angibt. Die Ausgabe des folgenden Codes im Browser sehen Sie in der Abbildung.

```
<hr size="1">
<hr size="5">
<hr size="10">
```

Abbildung 1.10: Drei verschieden hohe Balken

Wie bereits erwähnt, kann man Attribute auch kombinieren, und zwar in beliebiger Reihenfolge. Einzige Bedingung: Der Tag-Name muss an erster Stelle stehen. Um einen fünf Pixel hohen und 200 Pixel breiten Balken zu erstellen, können Sie folgendes HTML-Konstrukt verwenden:

```
<hr width="200" size="5">
```

oder:

```
<hr size="5" width="200">
```

Abbildung 1.11: Ein fünf Pixel hoher und 200 Pixel breiter Balken

Es gibt auch Attribute, die keinen Wert haben, ähnlich Tags, die keinen Inhalt haben. Ein Beispiel für das `<hr>`-Tag ist das Attribut `noshade`. Hierdurch wird der 3D-Rahmen um den Balken herum entfernt. Ein Attribut ohne Wert wird in der Literatur auch manchmal *Parameter* genannt, wir bleiben aber beim üblicheren Begriff *Attribut*.

```
<hr noshade>
```

Das Ergebnis sehen Sie in der Abbildung; zum Vergleich finden Sie dort auch noch einmal einen Balken mit 3D-Schatten abgebildet.

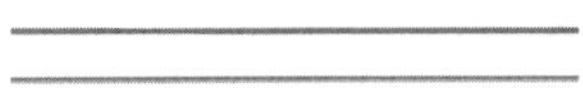

Abbildung 1.12: Ein Balken ohne 3D-Rahmen (oben) und einer mit 3D-Rahmen (unten)

Entitäten

Unter einer *Entität* (oder *Entity*) versteht man in HTML ein Sonderzeichen. Dieses wird mit einem kaufmännischen Und (`&`) eingeleitet, dann folgt der Code für das Sonderzeichen und zum Abschluss ein Semikolon. Ein Vertreter hierfür ist ` ` – das steht für *non-breaking space*, also geschütztes Leerzeichen. Sie werden später sehen, dass bei HTML der Webbrowser den Textumbruch automatisch vornimmt, logischerweise zwischen den einzelnen Wörtern. Befindet sich zwischen zwei Wörtern jedoch ein geschütztes Leerzeichen, wird an dieser Stelle nicht umbrochen. In *Kapitel 2* finden Sie weitere Beispiele für Entitäten.

XHTML

Und noch eine Abkürzung – XHTML, das steht für *extensible HTML*, also erweiterbares HTML. Es handelt sich hierbei um eine Art Weiterentwicklung von HTML. Die Funktionalität, also das, was damit möglich ist, hat sich dabei nicht geändert. Allerdings gelten nun strengere Regeln.

Zunächst einmal ist die Schreibweise der einzelnen Tags bindend. Es werden nur noch Kleinbuchstaben verwendet, also beispielsweise <b> und <i> und nicht <B> oder <I>. Doch damit nicht genug. Bei XHTML muss – im Gegensatz zu HTML – jedes Tag auch tatsächlich geschlossen werden. Damit ist <hr> nicht mehr möglich. Sie müssen also <hr></hr> verwenden oder die spezielle Kurzform <hr />. Von den Regeln her ist das Leerzeichen am Ende eigentlich nicht nötig, <hr/> würde also auch gehen. Allerdings haben manche (ältere) Browser damit Probleme, weswegen wir in diesem Buch stets die Variante mit dem Leerzeichen verwenden.

Dritte Regel: Wenn Sie Attribute verwenden, muss der Wert stets in Anführungszeichen stehen, also beispielsweise <hr width="200" />. Praktisch alle Browser zeigen die horizontale Linie auch dann an, wenn Sie die Anführungszeichen weglassen, aber XHTML verlangt das von Ihnen. Sofern ein Attribut normalerweise keinen Wert hat, müssen Sie den Attributnamen als Attributwert verwenden: <hr noshade="noshade" />.

Stellt sich nur noch die Frage, was das Ganze im Endeffekt bringt. Die Antwort: Wenn Sie sich an die (strengen) XHTML-Regeln halten, können Ihre Dateien später einfacher in ein anderes Format umgewandelt werden. Außerdem gibt es eine Reihe von mobilen Endgeräten (z. B. Handys) mit integrierten XHTML-Browsern, welche die XHTML-Regeln sehr streng auslegen. Hier sind Sie also mit XHTML auf der sicheren Seite. Die zurzeit am weitesten verbreiteten Webbrowser sind sehr gnädig, was Fehler betrifft (siehe dazu auch das Beispiel am Anfang dieses Kapitels).

Tipp

Unter *http://validator.w3.org/* können Sie Dokumente dahingehend überprüfen lassen, ob sie in korrektem XHTML verfasst worden sind. Nehmen Sie das mit diesem Standard allerdings anfangs nicht über Gebühr ernst.

Bestandteile von HTML

Nun kennen Sie die zwei wichtigsten Begriffe im Zusammenhang mit HTML, nämlich Tag und Attribut. Höchste Zeit, dass Sie in die Praxis einsteigen und die Bestandteile einer HTML-Seite kennen lernen. Mithilfe des im Folgenden vorgestellten Grundgerüsts können Sie Ihre ersten eigenen Gehversuche starten.

Grundgerüst

Eine (wohlgeformte) HTML-Seite hat immer den folgenden Aufbau:

```
<!-- DOKUMENTENTYP -->
<html>
<head>
<!-- Kopfabschnitt -->
</head>
<body>
<!-- Inhaltsabschnitt -->
</body>
</html>
```

Die Tags <html>, <head> und <body> samt End-Tags sind also in jedem HTML-Dokument enthalten. Der Kopfabschnitt, der durch <head> und </head> eingegrenzt wird, wird im *Abschnitt Kopfabschnitt* näher behandelt, der Inhaltsabschnitt (umgeben von <body> und </body>) im *Abschnitt Inhaltsabschnitt*. Die erste Zeile, die den Dokumententyp enthält, haben wir bereits vorher besprochen. Danach gilt folgende Faustregel: Eine HTML-Seite beginnt in der Regel mit <html> und endet mit </html>. Alles dazwischen hat irgendwie Auswirkungen auf das, was Sie im und am Browser sehen.

Kopfabschnitt

Der Kopfabschnitt wird durch <head> und </head> eingegrenzt. Darin werden allgemeine Informationen über die HTML-Datei angegeben, beispielsweise können Sie dort die Namen des Autors der HTML-Datei oder Copyright-Vermerke (mehr dazu in *Kapitel 11*) unterbringen. Ebenso können Sie Angaben darüber machen, wie der Inhalt der HTML-Datei für die Ausgabe im Browser formatiert werden soll (Details finden Sie in *Kapitel 9*). Der wohl am häufigsten verwendete Bestandteil im Kopfabschnitt ist jedoch das <title>-Element.

Darin können Sie den Titel der HTML-Seite angeben. Dieser Titel hat nicht nur rein informellen Charakter – nein, er wird auch in der Titelleiste des Browsers angezeigt! Betrachten Sie folgenden HTML-Code:

```
<!DOCTYPE html PUBLIC "-//W3C//DTD XHTML 1.0 Transitional//EN"
"http://www.w3.org/TR/xhtml1/DTD/xhtml1-transitional.dtd">
<html>
<head>
<title>HTML ist recht leicht zu erlernen!</title>
</head>
<body>
<!-- Inhaltsabschnitt -->
</body>
</html>
```

Sie sehen, dass der Titel zwischen `<title>` und `</title>` angegeben worden ist, und zwar als reiner Text. Wenn Sie diese Seite in Ihren Webbrowser laden, sehen Sie zunächst – nichts, denn die Seite hat keinen Inhalt. In der Titelleiste Ihres Browsers finden Sie jedoch Ihren Seitentitel wieder und dazu noch den Namen des verwendeten Browsers (siehe Abbildung).

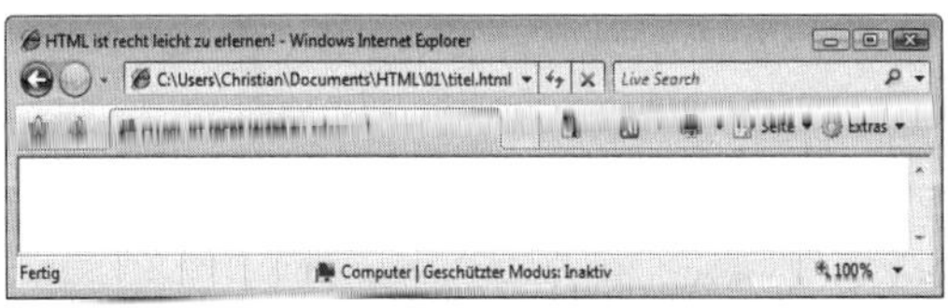

Abbildung 1.13: Der Text steht in der Titelleiste des Browsers

Vielleicht hilft Ihnen die folgende Merkregel: Die Angaben im Kopfabschnitt einer HTML-Seite bewirken keine Ausgabe im Anzeigebereich des Webbrowsers. Sie können Hintergrundinformationen über die HTML-Seite angeben und den Text in die Titelleiste des Browsers setzen. Für die Ausgabe ist der Inhaltsabschnitt zuständig.

Sie können nicht nur etwas in der Titelleiste des Browsers ausgeben, Sie sollten das auch. Wenn Sie bei einer Suchmaschine nach einem Begriff fahnden und eine Trefferliste erhalten, bekommen Sie bei jedem Treffer den Titel der Seite angezeigt – das ist genau das, was Sie zwischen `<title>` und `</title>` schreiben. Verwenden Sie also einen kurzen, aber prägnanten Titel!

Inhaltsabschnitt

Der Inhaltsabschnitt wird durch <body> und </body> eingegrenzt. Alles, was Sie dort angeben, wird im Browserfenster dargestellt. Die Ihnen bereits bekannten Tags <b>, <i> und <hr> werden also alle im Inhaltsabschnitt verwendet, im Kopfabschnitt haben sie keinen Sinn (und zeigen auch keinen Effekt). Welche Tags welche Wirkung haben, ist Teil der folgenden zehn Kapitel. Fürs Erste probieren wir die Ihnen bereits bekannten Tags einmal zusammen aus:

```
<!DOCTYPE html PUBLIC "-//W3C//DTD XHTML 1.0 Transitional//EN"
"http://www.w3.org/TR/xhtml1/DTD/xhtml1-transitional.dtd">
<html>
<head>
<title>HTML ist recht leicht zu erlernen!</title>
</head>
<body>
Hallo!
<hr />
<b>Hallo! (halbfett)</b>
<hr noshade="noshade" />
<i>Hallo! (kursiv)</i>
<hr width="50%" size="5" />
<b><i>Hallo! (halbfett und kursiv)</i></b>
</body>
</html>
```

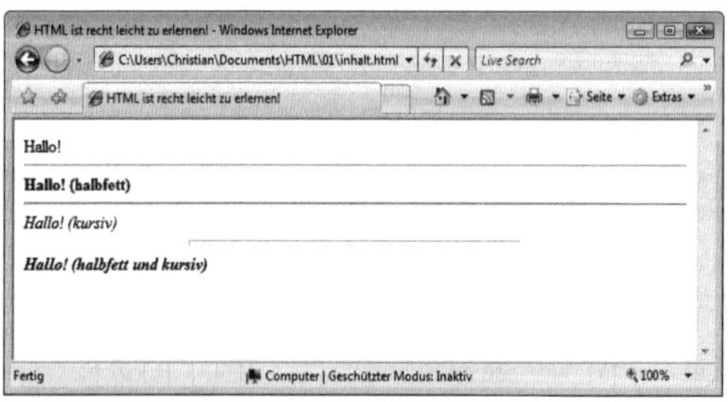

Abbildung 1.14: Unser bisheriges HTML-Repertoire

Eine erste HTML-Seite

Wir wollen diese kurze Einführung mit einer ersten Beispielseite beenden. Generell gehen Sie folgendermaßen vor, wenn Sie eine HTML-Seite erstellen:

1. Erstellen Sie in Ihrem Editor (vgl. vorhergehender Abschnitt) ein neues Dokument und speichern Sie es.

2. Beginnen Sie mit dem Doctype und danach `<html>` und `</html>`. Fügen Sie dazwischen eine ausreichende Zahl an Leerzeilen ein.

3. Erstellen Sie dann den Kopfabschnitt: `<head>` und `</head>`.

4. Geben Sie innerhalb des Kopfabschnitts zwischen `<title>` und `</title>` den Seitentitel an.

5. Fahren Sie nun fort, indem Sie zwischen `</head>` und `</html>` den Inhaltsabschnitt erstellen: `<body>` und `</body>`.

6. Geben Sie innerhalb des Inhaltsabschnitts den eigentlichen Inhalt der Seite an: Text, Balken et cetera. Welche Möglichkeiten Sie dazu haben, erfahren Sie in den nächsten Kapiteln!

7. Speichern Sie am Ende Ihrer Arbeit das Dokument erneut und speichern Sie auch zwischendurch regelmäßig: *save early, save often.*

Wir wollen nun eine erste HTML-Seite erstellen und dabei auch untersuchen, wie Text im Browser ausgegeben wird. Erstellen Sie zunächst einen HTML-Torso nach folgendem Strickmuster:

```
<!DOCTYPE html PUBLIC "-//W3C//DTD XHTML 1.0 Transitional//EN"
"http://www.w3.org/TR/xhtml1/DTD/xhtml1-transitional.dtd">
<html>
<head>
<title>Goethe</title>
</head>
<body>
</body>
</html>
```

Sie sehen, wir haben als Seitentitel »Goethe« gewählt und wollen auch im Inhaltsbereich ein geflügeltes Wort von Goethe verwenden. In *Wilhelm Meisters Wanderjahren* sind wir fündig geworden, in der folgenden Passage geht es um Freizeitgestaltung und Hypochondertum:

> *Der Mensch ist ein beschränktes Wesen. Unsere Beschränkung zu überdenken, ist der Sonntag gewidmet. Sind es körperliche Leiden, die wir im Lebenstaumel der Woche vielleicht gering achteten, so müssen wir am Anfang der neuen alsobald den Arzt aufsuchen. Ist unsere Beschränkung ökonomisch und sonst bürgerlich, so sind unsere Beamten verpflichtet, ihre Sitzungen zu halten. Ist es geistig, sittlich, was uns verdüstert, so haben wir uns an einen Freund, an einen Wohldenkenden zu wenden, dessen Rat, dessen Einwirkung zu erbitten: Genug, es ist das Gesetz, dass niemand eine Angelegenheit, die ihn beunruhigt oder quält, in die neue Woche hinübernehmen dürfte.*

Wir nehmen nun diesen Text und stellen ihn in den Inhaltsbereich der HTML-Seite. Aus satztechnischen Gründen fügen wir immer wieder Zeilensprünge ein, um einen sauberen Umbruch (im Buch) zu erhalten:

```
<!DOCTYPE html PUBLIC "-//W3C//DTD XHTML 1.0 Transitional//EN"
"http://www.w3.org/TR/xhtml1/DTD/xhtml1-transitional.dtd">
<html>
<head>
<title>Goethe</title>
</head>
<body>
Der Mensch ist ein beschränktes Wesen. Unsere
Beschränkung zu überdenken, ist der Sonntag
gewidmet. Sind es körperliche Leiden, die wir im
Lebenstaumel der Woche vielleicht gering achteten,
so müssen wir am Anfang der neuen alsobald den
Arzt aufsuchen. Ist unsere Beschränkung ökonomisch
und sonst bürgerlich, so sind unsere Beamten
verpflichtet, ihre Sitzungen zu halten. Ist es
geistig, sittlich, was uns verdüstert, so haben
wir uns an einen Freund, an einen Wohldenkenden zu
wenden, dessen Rat, dessen Einwirkung zu erbitten:
```

```
Genug, es ist das Gesetz, dass niemand eine
Angelegenheit, die ihn beunruhigt oder quält, in
die neue Woche hinübernehmen dürfte.
</body>
</html>
```

Wie, glauben Sie, wird dieses HTML-Dokument im Browser angezeigt? Umbricht der Text an den Stellen, an denen auch wir den Text umbrochen haben? Die Antworten auf diese Fragen finden Sie in der Abbildung.

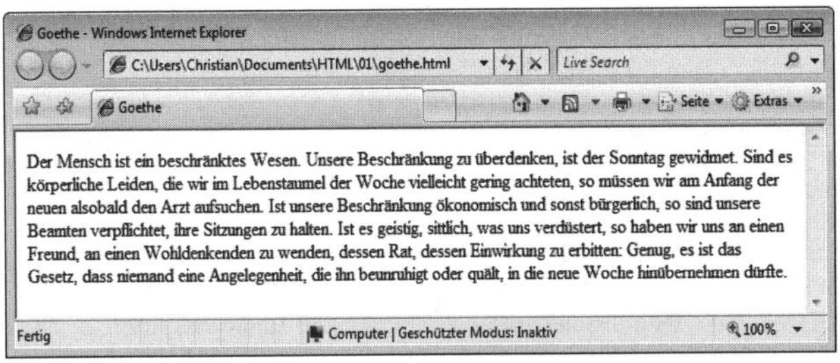

Abbildung 1.15: Der Text im Browser mit automatischen Umbrüchen

Wie Sie sehen können, hat der Browser unsere harten Umbrüche vollkommen ignoriert. Stattdessen hat er selbst für den Umbruch gesorgt, und zwar immer dann, wenn die Zeile zu Ende war. Sie können das leicht selbst überprüfen, wenn Sie die Größe des Browserfensters verändern. Es erscheinen keine Scrollbalken, sondern der Text wird einfach an einer früheren Stelle umbrochen.

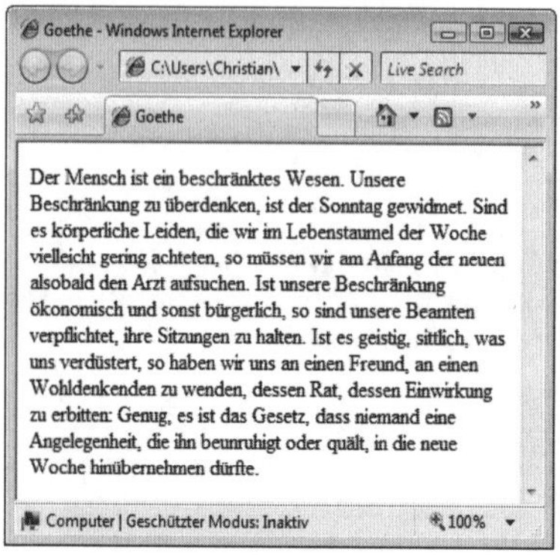

Abbildung 1.16: Derselbe Text in einem schmaleren Browserfenster

Wie Sie sehen können, haben in HTML demzufolge Zeilenumbrüche überhaupt keine Bedeutung. Für Sie ist das ein Vorteil – Sie können Ihren Code schön übersichtlich mit vielen Zeilensprüngen und kurzen Zeilen gestalten.

Aber wir wollen die Auswirkungen von Zeilensprüngen weiter untersuchen. Nachfolgend finden Sie eine modifizierte Version des Listings von gerade eben, nur sind diesmal die Zeilensprünge mitten in einem Wort:

```
<!DOCTYPE html PUBLIC "-//W3C//DTD XHTML 1.0 Transitional//EN"
"http://www.w3.org/TR/xhtml1/DTD/xhtml1-transitional.dtd">
<html>
<head>
<title>Goethe</title>
</head>
<body>
Der Mensch ist ein beschränktes Wesen. Unsere Be
schränkung zu überdenken, ist der Sonntag gewidm
et. Sind es körperliche Leiden, die wir im Leben
staumel der Woche vielleicht gering achteten, so
müssen wir am Anfang der neuen alsobald den Arzt
Arzt aufsuchen. Ist unsere Beschränkung ökonomis
ch und sonst bürgerlich, so sind unsere Beamten
```

```
verpflichtet, ihre Sitzungen zu halten. Ist es g
eistig, sittlich, was uns verdüstert, so haben w
ir uns an einen Freund, an einen Wohldenkenden z
u wenden, dessen Rat, dessen Einwirkung zu erbit
ten: Genug, es ist das Gesetz, dass niemand eine
Angelegenheit, die ihn beunruhigt oder quält, in
die neue Woche hinübernehmen dürfte.
</body>
</html>
```

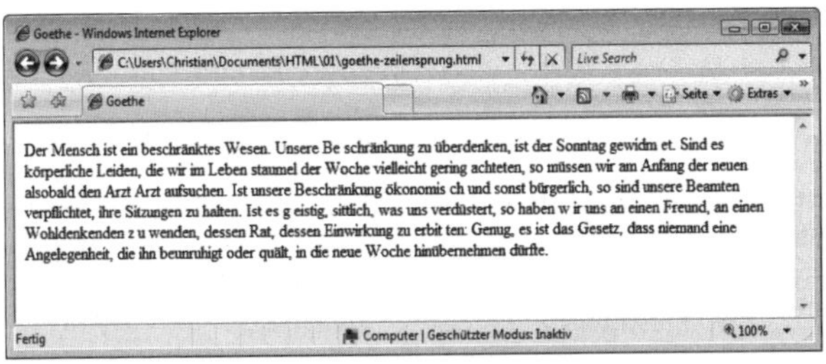

Abbildung 1.17: Aus Zeilensprüngen wurden Leerzeichen

Wie Sie der Abbildung entnehmen können, hat der Browser wieder selbst für den Umbruch gesorgt. Aus unseren manuellen Zeilensprüngen wurden jedoch Leerzeichen (siehe erste Zeile, »Be schränkung«). Der Grund ist folgender: Ein Webbrowser fasst eine Reihe von Zeichen unter dem Oberbegriff *Whitespace* zusammen. Hierzu gehören:

- Leerzeichen
- Zeilensprünge
- Tabulatorzeichen

Ein jedes solches Zeichen wird in der Darstellung wie ein Leerzeichen behandelt. Sie fragen sich nun, wieso dann bei den vorherigen Beispielen der Abstand zwischen einzelnen Wörtern nicht größer war? Auch diese Frage kann direkt mit einem Blick auf den Browser beantwortet werden. Betrachten Sie das folgende HTML-Dokument:

```
<!DOCTYPE html PUBLIC "-//W3C//DTD XHTML 1.0 Transitional//EN"
"http://www.w3.org/TR/xhtml1/DTD/xhtml1-transitional.dtd">
<html>
```

```
<head>
<title>Goethe</title>
</head>
<body>
Johann   Wolfgang   von






Goethe
</body>
</html>
```

Sie sehen hier drei Leerzeichen zwischen »Johann« und »Wolfgang«, ebenso drei zwischen »Wolfgang« und »von« sowie sechs Zeilensprünge zwischen »von« und »Goethe«. Eigentlich müsste in der Anzeige der Abstand zwischen »von« und »Goethe« doppelt so groß sein, denn die sechs Zeilensprünge zählen ja wie sechs Leerzeichen. Tippen Sie das Beispiel ab und werfen Sie einen Blick auf die Abbildung!

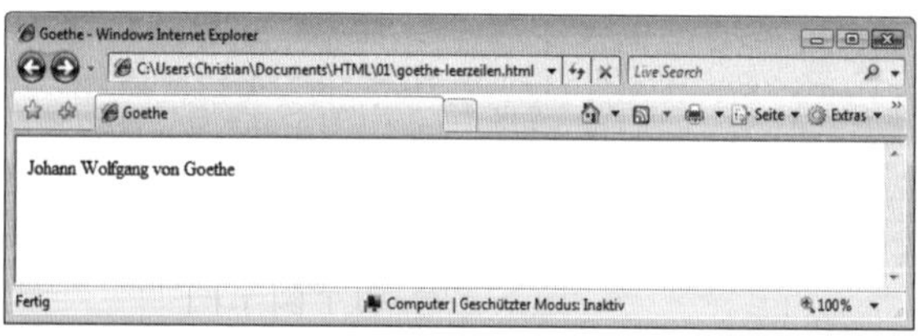

Abbildung 1.18: Wo sind die Leerzeichen hin?

Ganz im Gegenteil, die Abstände zwischen den einzelnen Wörtern sind gleich und etwa so groß wie ein Leerzeichen und nicht wie drei. Die Antwort: Mehrere aufeinanderfolgende Whitespace-Zeichen werden für die Anzeige zu einem einzelnen Leerzeichen verschmolzen, es ist also egal, ob Sie ein, fünf oder zehn Leerzeichen verwenden, das Ergebnis ist dasselbe. Um den Abstand zwischen Wörtern zu vergrößern, müssen Sie auf andere Hilfsmittel und Tricks zurückgreifen. Ein Beispiel ist die zuvor vorgestellte Entität ` `, welche ein geschütztes Leerzeichen darstellt. Nicht nur, dass bei einem solchen Leerzeichen kein

Umbruch erfolgt, nein, Sie können auch mehrere davon hintereinander setzen oder diese mit Leerzeichen kombinieren. Folgender Code sorgt dann tatsächlich für jeweils drei Leerzeichen zwischen den einzelnen Namensbestandteilen (nämlich Leerzeichen-geschütztes Leerzeichen-Leerzeichen):

```
<!DOCTYPE html PUBLIC "-//W3C//DTD XHTML 1.0 Transitional//EN"
"http://www.w3.org/TR/xhtml1/DTD/xhtml1-transitional.dtd">
<html>
<head>
<title>Goethe</title>
</head>
<body>
Johann   Wolfgang   von   Goethe
</body>
</html>
```

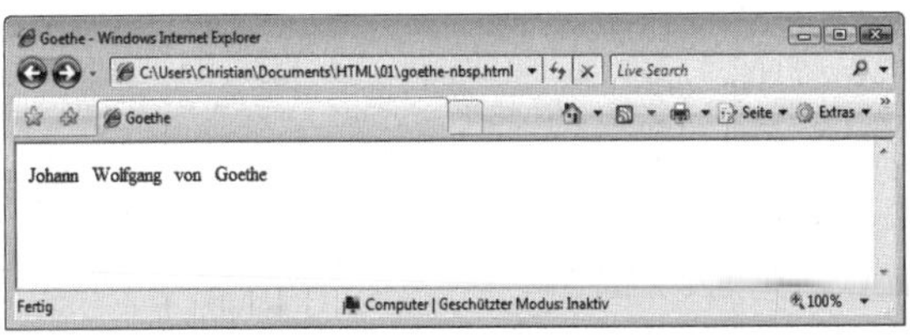

Abbildung 1.19: Der Abstand zwischen den Wörtern ist jetzt größer

Zum Abschluss dieses Kapitels wollen wir Sie noch auf eine weitere Eigenheit des bisherigen Codes hinweisen. Gehen wir einmal zurück zu dem Goethe-Zitat:

```
<!DOCTYPE html PUBLIC "-//W3C//DTD XHTML 1.0 Transitional//EN"
"http://www.w3.org/TR/xhtml1/DTD/xhtml1-transitional.dtd">
<html>
<head>
<title>Goethe</title>
</head>
<body>
Der Mensch ist ein beschränktes Wesen. Unsere
Beschränkung zu überdenken, ist der Sonntag
```

```
gewidmet. Sind es körperliche Leiden, die wir im
Lebenstaumel der Woche vielleicht gering achteten,
so müssen wir am Anfang der neuen alsobald den
Arzt aufsuchen. Ist unsere Beschränkung ökonomisch
und sonst bürgerlich, so sind unsere Beamten
verpflichtet, ihre Sitzungen zu halten. Ist es
geistig, sittlich, was uns verdüstert, so haben
wir uns an einen Freund, an einen Wohldenkenden zu
wenden, dessen Rat, dessen Einwirkung zu erbitten:
Genug, es ist das Gesetz, dass niemand eine
Angelegenheit, die ihn beunruhigt oder quält, in
die neue Woche hinübernehmen dürfte.
</body>
</html>
```

Unter gewissen Umständen – falsche Einstellungen beim Speichern der Datei, fehlende Unterstützung für Sonderzeichen im Browser – wird diese HTML-Seite in etwa wie in der Abbildung zu sehen dargestellt.

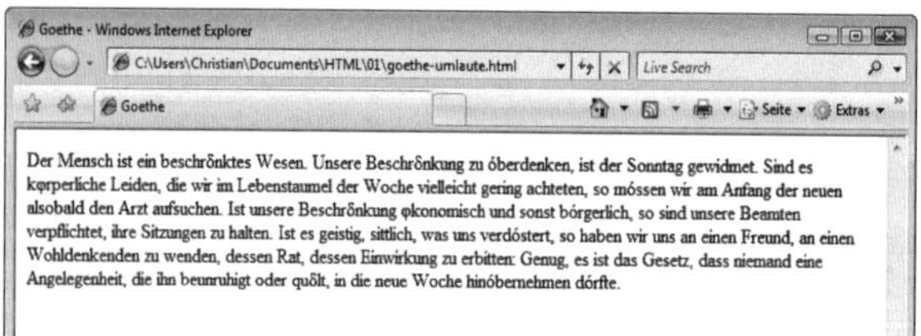

Abbildung 1.20: Wo sind die Umlaute hin?

Alle Umlaute sind durch offensichtlich griechische Buchstaben ersetzt worden. Der Hintergrund sind verschiedene Zeichensatztabellen. Es gibt einen Basissatz an Zeichen (beispielsweise a–z, A–Z, 0–9), der überall identisch ist; des Weiteren gibt es noch einen erweiterten Zeichensatz. In Deutschland beinhaltet der unter anderem die Umlaute sowie das ß, in Griechenland jedoch die griechischen Buchstaben. An der Stelle, an der sich im deutschen Zeichensatz das *ä* befindet, liegt im griechischen Zeichensatz das (kleines Delta). So wird in der Anzeige aus »beschränkt« eben »beschrnkt«. Wie Sie dies verhindern und insbesondere sicherstellen können, dass Ihre Seiten international korrekt angezeigt werden, auch die Umlaute, erfahren Sie ebenfalls in *Kapitel 2*. Nur so viel vorweg: Für Umlaute und Konsorten gibt es spezielle Entitäten, die international funktionieren.

Damit beenden wir dieses Kapitel. Sie haben die Grundbegriffe und den Grundaufbau von HTML kennen gelernt und eine erste HTML-Seite erstellt. Im nächsten Kapitel wollen wir dieses Wissen ausbauen und auf die Ausgabe von Text sowie die dazugehörigen Formatierungsmöglichkeiten eingehen.

Fragen

1. Welche Elemente sind in jeder HTML-Seite Pflicht?
2. Ist `<b>Hallo</B>` gültiges HTML und/oder gültiges XHTML?

Das können Sie schon

Was ist HTML? 12

Browser 14

Editoren 16

HTML-Grundgerüst 21

XHTML 27

Bestandteile von HTML 28

Eine erste HTML-Seite 31

Das lernen Sie neu

Textausgabe 42

Textformatierung mit Überschriften und Zeichenformaten 54

Kapitel 2

Informationen satt

Am Anfang war das Wort. Und auch in diesem Buch wollen wir mit dem Wort beginnen, beziehungsweise mit Text. In diesem Kapitel sehen Sie, wie Sie Text auf HTML-Seiten ausgeben können, welche Formatierungsmöglichkeiten (Schriftart, -größe) es für Text gibt und welche Möglichkeiten der Textausrichtung zur Verfügung stehen. Noch eine Vorbemerkung: Ab diesem Kapitel geben wir in der Regel nur den Inhaltsabschnitt der HTML-Seite an, denn das Grundgerüst ist bei allen Seiten mehr oder weniger gleich und dieser Platz lässt sich besser füllen.

Textausgabe

Wie Sie bereits im vorhergehenden Kapitel gesehen haben, ist die Textausgabe bei HTML kein größeres Problem. Der Browser erledigt automatisch den Umbruch und Sie sind nur noch für die eigentliche Produktion des Textes zuständig.

Zugegeben, das ist ein wenig übertrieben. Sie haben natürlich Eingriffsmöglichkeiten, insbesondere auf die Umbrüche.

Umbrüche

Wenn Sie ganz sauberes HTML programmieren wollen – und davon gehen wir einmal aus –, müssen Sie Ihren Text in Absätzen anordnen. Text steht also nicht frei im Inhaltsabschnitt der HTML-Seite herum, sondern immer innerhalb eines Absatzes. Ein solcher Absatz wird durch das HTML-Tag `<p>` gekennzeichnet. Im folgenden HTML-Code sehen Sie zwei Absätze:

```
<p>
Der Mensch ist ein beschränktes Wesen. Unsere
Beschränkung zu überdenken, ist der Sonntag
gewidmet. Sind es körperliche Leiden, die wir im
Lebenstaumel der Woche vielleicht gering achteten,
so müssen wir am Anfang der neuen alsobald den
Arzt aufsuchen. Ist unsere Beschränkung ökonomisch
und sonst bürgerlich, so sind unsere Beamten
verpflichtet, ihre Sitzungen zu halten. Ist es
geistig, sittlich, was uns verdüstert, so haben
wir uns an einen Freund, an einen Wohldenkenden zu
wenden, dessen Rat, dessen Einwirkung zu erbitten:
Genug, es ist das Gesetz, dass niemand eine
Angelegenheit, die ihn beunruhigt oder quält, in
die neue Woche hinübernehmen dürfte.
</p>
<p>
Aus: Johann Wolfgang von Goethe,
Wilhelm Meisters Wanderjahre
</p>
```

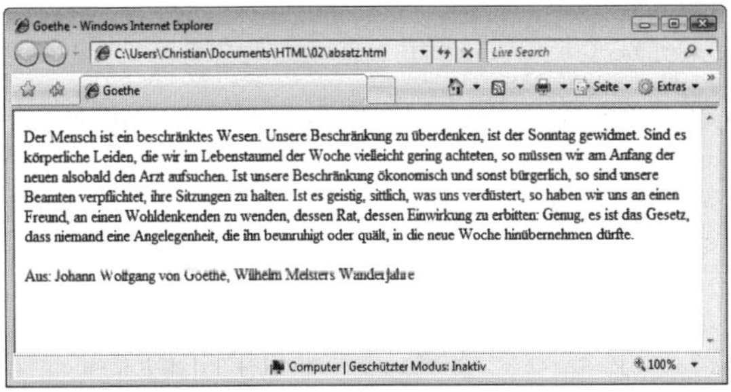

Abbildung 2.1: Die zwei Absätze im Browser

Sie können der Abbildung entnehmen, dass ein neuer Absatz gleichzeitig für einen entsprechenden Abstand sorgt. Dieser Abstand ist relativ groß, ein Absatzabstand eben. Wenn Sie einen normalen Zeilenabstand erzeugen wollen (also den Abstand zwischen zwei Zeilen im Fließtext), benötigen Sie das `<br />`-Tag. Hierbei steht das `br` für *break*, zu Deutsch Umbruch.

Ein Umbruch mittels `<br />` beendet den Absatz nicht, Sie sollten das Tag also immer innerhalb eines Absatzes platzieren. In der Praxis ist es so, dass zwei `<br />`-Umbrüche etwa den Abstand erzeugen, den Sie bei einem Absatzwechsel erhalten würden. Sie können als Merkregel festhalten: bei kleinen Abständen `<br />`, bei großen Abständen auch `<br />` (kann man nämlich besser dosieren) und bei Absatzabständen immer `<p>`. Und: Denken Sie daran, das Tag abzuschließen: `<br />`.

```
<p>
Der Mensch ist ein beschränktes Wesen. Unsere
Beschränkung zu überdenken, ist der Sonntag
gewidmet. Sind es körperliche Leiden, die wir im
Lebenstaumel der Woche vielleicht gering achteten,
so müssen wir am Anfang der neuen alsobald den
Arzt aufsuchen. Ist unsere Beschränkung ökonomisch
und sonst bürgerlich, so sind unsere Beamten
verpflichtet, ihre Sitzungen zu halten. Ist es
geistig, sittlich, was uns verdüstert, so haben
wir uns an einen Freund, an einen Wohldenkenden zu
wenden, dessen Rat, dessen Einwirkung zu erbitten:
```

```
Genug, es ist das Gesetz, dass niemand eine
Angelegenheit, die ihn beunruhigt oder quält, in
die neue Woche hinübernehmen dürfte.
<br />
<br />
Aus: Johann Wolfgang von Goethe, <br />
Wilhelm Meisters Wanderjahre
</p>
<p>
Ein empfehlenswertes Buch!
</p>
```

Abbildung 2.2: Zeilenumbrüche und Absatzwechsel nebeneinander

Betrachten Sie Abbildung 2.2: Zwischen dem Goetheauszug und der Quellenangabe befinden sich zwei Zeilensprünge, zwischen der Quellenangabe und dem Lob erfolgt ein Absatzwechsel. In der Mitte der Quellenangabe verbirgt sich noch ein Zeilenwechsel.

Normalerweise umbricht der Text ja automatisch; der Browser sucht sich dazu ein Leerzeichen (ein Umbruch mitten im Wort findet in der Regel nicht statt). Mit dem bereits erwähnten geschützten Leerzeichen ` ` können Sie einen solchen Umbruch verhindern.

Werfen Sie noch einmal einen Blick auf die vorhergehenden Abbildungen. Unser Text wurde in der ersten Zeile bis jetzt immer zwischen »es« und »körperliche« umbrochen. Hier nun ein leicht modifizierter Code:

```
<p>
Der Mensch ist ein beschränktes Wesen. Unsere
Beschränkung zu überdenken, ist der Sonntag
gewidmet. Sind es körperliche Leiden, die wir im
Lebenstaumel der Woche vielleicht gering achteten,
so müssen wir am Anfang der neuen alsobald den
Arzt aufsuchen.
</p>
```

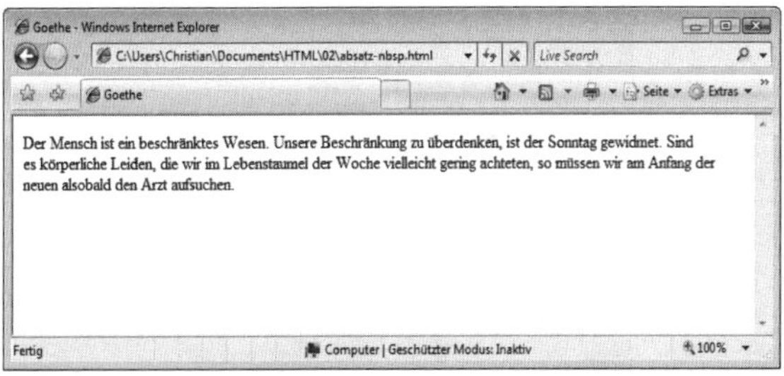

Abbildung 2.3: Kein Umbruch zwischen »es« und »körperliche«

Sie sehen. Obwohl für das Wort »der« noch Platz da gewesen wäre, umbricht der Text schon davor. Das Leerzeichen zwischen »der« und »Sonntag« ist geschützt und damit findet hier kein Umbruch statt, sondern – aus Platzgründen – schon kurz davor.

Wenn Sie ganze Bereiche eines Textes vor Umbrüchen schützen wollen, können Sie das `<nobr>`-Tag verwenden. `nobr` steht für *no break*, und genau das wird hierdurch bewirkt:

```
<p>
Der Mensch ist ein beschränktes Wesen. Unsere
Beschränkung zu überdenken, ist der Sonntag
gewidmet. <nobr>Sind es körperliche Leiden, die
wir im Lebenstaumel der Woche vielleicht gering
achteten, so müssen wir am Anfang der neuen
alsobald den Arzt aufsuchen.</nobr> Ist unsere
Beschränkung ökonomisch und sonst bürgerlich,
```

```
so sind unsere Beamten verpflichtet, ihre
Sitzungen zu halten.
</p>
```

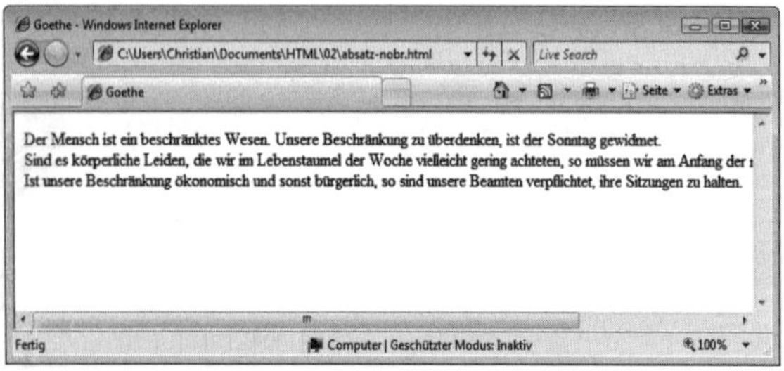

Abbildung 2.4: Der Umbruch wurde verhindert

Wie Sie Abbildung 2.4 entnehmen können, wird der zweite Satz nicht umbrochen, deswegen erscheinen die horizontalen Scrollbalken. Der nächste Satz wird wiederum automatisch am rechten Browserrand umbrochen, da er sich nicht mehr innerhalb des <nobr>-Elements befindet.

Bleibt die Frage, wozu das überhaupt gut ist. Meistens hat das optische Gründe. Stellen Sie sich vor, Sie erstellen eine Preisliste für Ihre Produkte online. Dann sollte zwischen dem Preis und der Währung kein Umbruch sein, das würde nicht schön aussehen. Verwenden Sie also Code nach folgendem Strickmuster:

```
<p>Nur 99,99 EUR.</p>
```

Bei längeren Textpassagen bietet sich <nobr> an.

> **Hinweis**
>
> Wie Sie übrigens anstelle von *EUR* das Eurozeichen (€) ausgeben können, erfahren Sie im nächsten Abschnitt!

Sonderzeichen

Erinnern Sie sich noch an die merkwürdigen Sonderzeichen bei der Verwendung von Umlauten? In Abbildung 2.5 finden Sie das noch einmal abgedruckt.

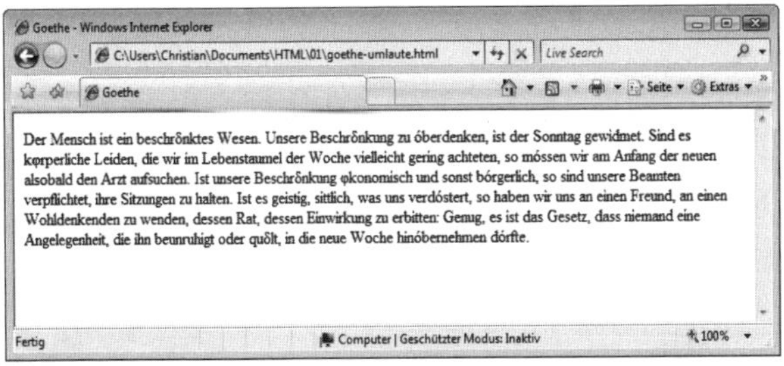

Abbildung 2.5: Umlaute werden nicht korrekt dargestellt

Auch den Grund dafür hatten wir bereits kurz erläutert: Elemente des erweiterten Zeichensatzes sind je nach Ländereinstellung unterschiedlich. Wenn Sie Ihre Webseiten für ein deutsches Publikum ausrichten und diese nur innerhalb Deutschlands betrachtet werden, haben Sie im Regelfall keine Probleme, doch wehe, die Seiten werden von einem Rechner mit anderssprachigen Ländereinstellungen aus geladen (beispielsweise von Studienkollegen im Ausland, Freunden im Urlaub oder potenziellen Kunden).

In HTML ist für dieses Problem auch eine Lösung vorgesehen. Es gibt einen weltweit einheitlichen Zeichensatz, den *Unicode*-Zeichensatz. Dort hat jedes Zeichen eine bestimmte Nummer. Über diese Nummer können Sie jedes bekannte Sonderzeichen ausgeben. Sie müssen dazu eine Entität verwenden, die nach dem Muster *&#XXX;* aufgebaut ist; hierbei ist *XXX* der Unicode-Wert des Zeichens.

Für eine deutschsprachige Website sind insbesondere die Umlaute, das ß sowie das Eurozeichen interessant. Ebenfalls wichtig sind das Copyright-Zeichen © sowie Trademark ™. Im Folgenden finden Sie die entsprechenden Entitäten für diese Zeichen:

Zeichen	Unicode-Entität
ä	ä
Ä	Ä
ö	ö
Ö	Ö
ü	ü
Ü	Ü
ß	ß
€	€
©	©
™	™

Tabelle 2.1: Ausgewählte Sonderzeichen in HTML

Eine ausführlichere Übersicht finden Sie online zum Download, Adresse siehe Vorwort!

Nummern sind recht schwer zu merken, weswegen es für die gebräuchlichsten Zeichen Abkürzungen gibt. Beispielsweise können Sie das `ä` durch `ä` darstellen, »*a* mit *Uml*aut«. Das ß ergibt sich durch `ß`, »*sz* mit *Lig*atur«. In der folgenden Tabelle finden Sie die Sonderzeichen aus Tabelle 2.1 noch einmal, aber diesmal mit den Kurzformen:

Zeichen	Entität
ä	&auml:
Ä	&Auml:
ö	ö
Ö	Ö
ü	ü
Ü	Ü
ß	ß
€	€
©	©
™	™

Tabelle 2.2: Ausgewählte Sonderzeichen in HTML

Es stellt sich natürlich die Frage, welche der beiden Varianten Sie einsetzen sollten. Die Antwort: Während Browser die *meisten* der Kurzformen korrekt interpretieren, werden *praktisch alle* Unicode-Entitäten richtig dargestellt. Achten Sie auf die feinen Nuancen in der Bewertung. Die Abkürzungen sind recht einfach zu merken und bei deutschen Sonderzeichen und Umlauten werden sie wirklich von praktisch jedem Browser unterstützt. Beim Eurosymbol ist es nicht viel anders, nur ältere Browser zeigen `€` nicht an, `&8364;` dagegen verstehen alle.

Wir können nun den Goetheauszug mit den Entitäten neu formulieren:

```
<p>
Der Mensch ist ein beschr&auml;nktes Wesen. Unsere
Beschr&auml;nkung zu &uuml;berdenken, ist der
Sonntag gewidmet. Sind es k&ouml;rperliche
Leiden, die wir im Lebenstaumel der Woche
vielleicht gering achteten, so m&uuml;ssen wir am
Anfang der neuen alsobald den Arzt aufsuchen. Ist
unsere Beschr&auml;nkung &ouml;konomisch und sonst
b&uuml;rgerlich, so sind unsere Beamten
```

```
verpflichtet, ihre Sitzungen zu halten. Ist es
geistig, sittlich, was uns verd&uuml;stert, so
haben wir uns an einen Freund, an einen
Wohldenkenden zu wenden, dessen Rat, dessen
Einwirkung zu erbitten: Genug, es ist das Gesetz,
dass niemand eine Angelegenheit, die ihn
beunruhigt oder qu&auml;lt, in die neue Woche
hin&uuml;bernehmen d&uuml;rfte.
</p>
```

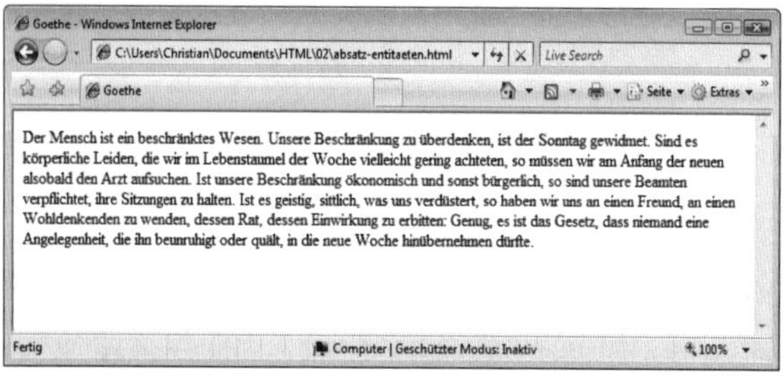

Abbildung 2.6: Alle Umlaute werden angezeigt

Alle Umlaute werden jetzt angezeigt – vorausgesetzt, die Schriftart des Benutzers enthält auch die Umlaute.

Ausrichtung

Standardmäßig ist Text immer linksbündig ausgerichtet, wie der Text in diesem Buch auch. Mit dem `align`-Attribut des `<p>`-Tags können Sie den Text jedoch auch anderweitig ausrichten. Ihnen stehen die folgenden möglichen Werte zur Verfügung:

- `"left"` – der Standard, linksbündige Ausrichtung. Wird verwendet, wenn nichts anderes angegeben wird.
- `"center"` – der Absatz wird zentriert.
- `"right"` – rechtsbündige Ausrichtung.
- `"justify"` – Blocksatz, wird aber nicht von allen älteren Browsern unterstützt.

Folgendes Listing wendet alle drei Möglichkeiten einmal an:

```
<p align="left">
Der Mensch ist ein beschr&auml;nktes Wesen. Unsere
Beschr&auml;nkung zu &uuml;berdenken, ist der
Sonntag gewidmet.
</p>
<p align="center">
Sind es k&ouml;rperliche Leiden, die wir im
Lebenstaumel der Woche vielleicht gering achteten,
so m&uuml;ssen wir am Anfang der neuen alsobald
den Arzt aufsuchen.
</p>
<p align="right">
Ist unsere Beschr&auml;nkung &ouml;konomisch und
sonst b&uuml;rgerlich, so sind unsere Beamten
verpflichtet, ihre Sitzungen zu halten.
</p>
<p align="justify">
Ist es geistig, sittlich, was uns verd&uuml;stert,
so haben wir uns an einen Freund, an einen
Wohldenkenden zu wenden, dessen Rat, dessen
Einwirkung zu erbitten: Genug, es ist das Gesetz,
dass niemand eine Angelegenheit, die ihn
beunruhigt oder qu&auml;lt, in die neue Woche
hin&uuml;bernehmen d&uuml;rfte.
</p>
```

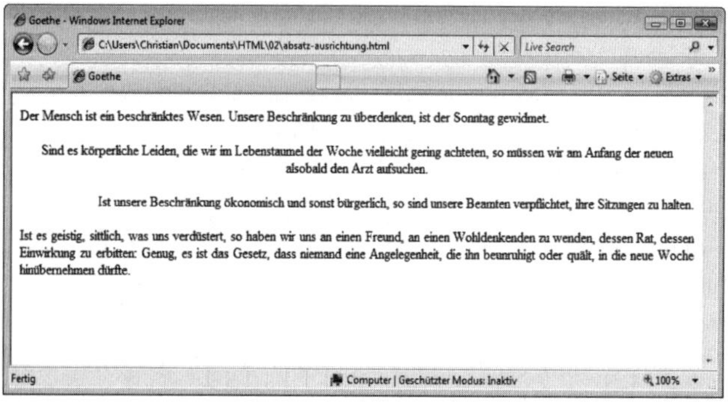

Abbildung 2.7: Ausrichtung links, mittig, rechts und Blocksatz

Das Ergebnis sehen Sie in der Abbildung: Die vier Absätze werden der Reihe nach links, zentriert, rechts und im Blocksatz ausgerichtet.

Wenn Sie mehrere Elemente als nur Absätze ausrichten wollen – Beispiele für solche Elemente finden Sie weiter unten im Kapitel sowie in den folgenden Kapiteln –, können Sie anstelle von `<p>` auch `<div>` verwenden. Die Wirkung von `<div>` ist der von `<p>` vergleichbar, mit dem Unterschied, dass `<p>` nur Text enthalten darf, aber beispielsweise keine Überschriften. Von den Attributen her kennt dieses Tag wiederum `align` mit den möglichen Werten `"left"`, `"right"` und `"center"`. Der Wert `"justify"`, also Blocksatz, fällt aus, denn nur Text lässt sich im Blocksatz ausrichten.

```
<div align="left">
Der Mensch ist ein beschr&auml;nktes Wesen. Unsere
Beschr&auml;nkung zu &uuml;berdenken, ist der
Sonntag gewidmet.
</div>
<div align="center">
Sind es k&ouml;rperliche Leiden, die wir im
Lebenstaumel der Woche vielleicht gering achteten,
so m&uuml;ssen wir am Anfang der neuen alsobald
den Arzt aufsuchen. Ist unsere Beschr&auml;nkung
&ouml;konomisch und sonst b&uuml;rgerlich, so sind
```

```
unsere Beamten verpflichtet, ihre Sitzungen zu
halten.
</div>
<div align="right">
Ist es geistig, sittlich, was uns verd&uuml;stert,
so haben wir uns an einen Freund, an einen
Wohldenkenden zu wenden, dessen Rat, dessen
Einwirkung zu erbitten: Genug, es ist das Gesetz,
dass niemand eine Angelegenheit, die ihn
beunruhigt oder qu&auml;lt, in die neue Woche
hin&uuml;bernehmen d&uuml;rfte.
</div>
```

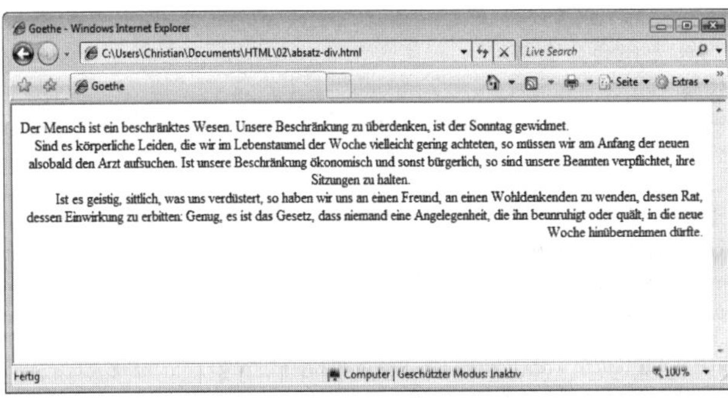

Abbildung 2.8: Die Absätze sind diesmal mit <div> realisiert

Sie sehen in der Abbildung direkt die Unterschiede: Der große Abstand zwischen den Absätzen ist nicht mehr vorhanden, die Ausrichtung und auch die Umbrüche sind aber analog vonstatten gegangen.

Früher, als es `<div>` noch nicht gab, stürzten sich die Webdesigner zumeist auf das Tag `<center>`, welches HTML-Elemente zentrieren konnte. Dieses Element gilt aber inzwischen als *deprecated*, das heißt veraltet, und soll nicht mehr eingesetzt werden.

Textformatierung

Nachdem Sie jetzt schon (fast) alle Arten, Text auszugeben, kennen, geht es nun an die Formatierung des Textes. In HTML wird zwischen *logischer* und *physischer* Formatierung unterschieden. Bei der logischen Formatierung wird durch Tags ausgedrückt, welche Absicht Sie mit der Formatierung bezwecken; die Formatierung selbst wird aber vom Browser übernommen. Ein Beispiel ist das Tag `<strong>`. Hierdurch wird ein Text »stark betont«:

```
<p>
Der Mensch ist ein <strong>beschr&auml;nktes
Wesen</strong>. Unsere <strong>Beschr&auml;nkung
</strong> zu &uuml;berdenken, ist der Sonntag
gewidmet.
</p>
```

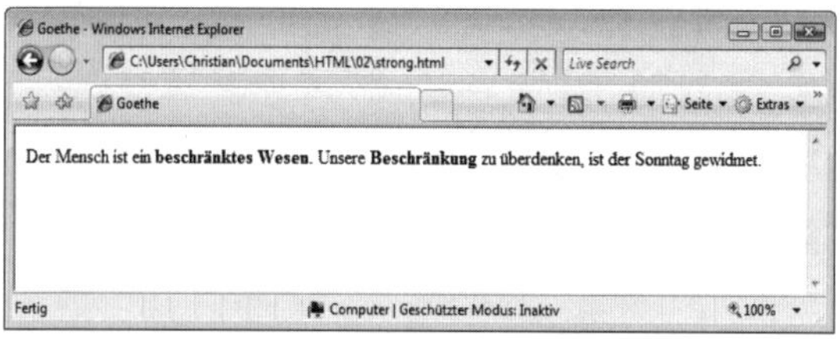

Abbildung 2.9: Der betonte Text wird halbfett dargestellt

Wie Sie der Abbildung entnehmen können, stellt der Browser die markierten Textstellen halbfett dar, aber das ist dem Browser selbst überlassen. Andere Browser könnten den Text beispielsweise kursiv auszeichnen oder gar nicht. Da die Hauptanforderungen im World Wide Web heutzutage im exakten Layout liegen, können Sie es sich gar nicht leisten, dem Browser die Interpretierung zu überlassen. Aus diesem Grund gibt es Tags, die für physische Formatierung sorgen, also Textauszeichnungen, deren Wirkung von vornherein definiert ist. Wir werden uns deswegen auf diese Art der Formatierung konzentrieren, weil das einfach mehr bringt. Beginnen werden wir aber mit einer logischen Formatierung.

Überschriften

Ihnen stehen in HTML sechs Überschriftebenen zur Verfügung. Diese sind von 1 bis 6 durchnummeriert, wobei 1 die größte Überschrift ist, 6 die kleinste. Sie können damit den Text gliedern, haben aber ansonsten keine größeren Möglichkeiten, das Aussehen und die Textgröße zu beeinflussen (in *Kapitel 9* erfahren Sie, wie Sie das dennoch können). Die Überschriften erzeugen jeweils einen neuen Absatz, müssen also nicht innerhalb eines <p>-Elements verwendet werden, sondern außerhalb. Die Tags im Einzelnen:

- `<h1>` – Überschrift 1. Ebene; fett
- `<h2>` – Überschrift 2. Ebene; fett
- `<h3>` – Überschrift 3. Ebene; fett
- `<h4>` – Überschrift 4. Ebene; fett
- `<h5>` – Überschrift 5. Ebene; fett
- `<h6>` – Überschrift 6. Ebene; fett

Folgendes Listing stellt alle Überschriftstypen einmal dar; beachten Sie, wie sich normaler Text im Verhältnis zu den Überschriften verhält!

```
<h1>&Uuml;berschrift 1. Ebene</h1>
<h2>&Uuml;berschrift 2. Ebene</h2>
<h3>&Uuml;berschrift 3. Ebene</h3>
<h4>&Uuml;berschrift 4. Ebene</h4>
<h5>&Uuml;berschrift 5. Ebene</h5>
<h6>&Uuml;berschrift 6. Ebene</h6>
<p>normaler Text</p>
```

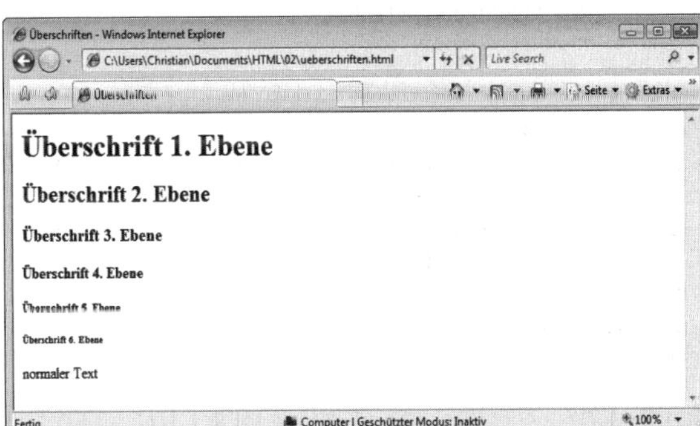

Abbildung 2.10: Die sechs Überschriftebenen

Zeichenformate

In *Kapitel 1* haben wir Ihnen bereits einige der möglichen Zeichenformate vorgestellt – erinnern Sie sich noch an den Kursiv- und Fettdruck einzelner Zeichen? An dieser Stelle zeigen wir Ihnen einige weitere Auszeichnungsmöglichkeiten. Sie können diese Markierungen auf beliebige Textelemente anwenden, nur eines ist zu beachten: Sie sollten die Tags nur innerhalb eines Absatzes verwenden, also nicht um einen Absatz herum.

Auch hier gilt wieder: Die meisten Browser akzeptieren solche Tags außerhalb von Absätzen, ganz sauber ist das Ganze aber nicht.

Hier nun eine Übersicht über die Auszeichnungsmöglichkeiten für Text, die Ihnen HTML zur Verfügung stellt – in alphabetischer Reihenfolge:

- `<b>` – Text wird fett dargestellt (*bold*)
- `<big>` – Text wird größer dargestellt
- `<blink>` – Text wird blinkend dargestellt (nur Netscape)
- `<i>` – Text wird kursiv dargestellt (*italic*)
- `<small>` – Text wird kleiner dargestellt
- `<strike>` – Text wird durchgestrichen dargestellt
- `<sub>` – Text wird tiefer gestellt
- `<sup>` – Text wird höher gestellt
- `<tt>` – Text wird dicktengleich dargestellt
- `<u>` – Text wird unterstrichen dargestellt

Folgendes Listing wendet all diese Möglichkeiten einmal an, manche davon auch in Kombination miteinander. Vergleichen Sie das Listing mit dem dazugehörigen Screenshot!

```
<p>
Der Mensch ist ein <b>beschr&auml;nktes</b> Wesen.
Unsere <big>Beschr&auml;nkung</big> zu
&uuml;berdenken, ist der <i>Sonntag</i> gewidmet.
Sind es <blink>k&ouml;rperliche Leiden</blink>,
die wir im Lebenstaumel der Woche vielleicht
<small>gering</small> achteten, so m&uuml;ssen wir
am Anfang der neuen <strike>alsobald</strike> den
Arzt aufsuchen. Ist unsere <b><small>
```

```
Beschr&auml;nkung</small></b> &ouml;konomisch und
sonst <sub>b&uuml;rgerlich</sub>, so sind unsere
Beamten verpflichtet, ihre <sup>Sitzungen</sup> zu
halten. Ist es geistig, sittlich, was uns
verd&uuml;stert, so haben wir uns an einen Freund,
an einen Wohldenkenden zu wenden, dessen Rat,
dessen Einwirkung zu erbitten: <tt>Genug, es ist
das Gesetz, dass niemand eine Angelegenheit, die
ihn beunruhigt oder qu&auml;lt, in die neue Woche
hin&uuml;bernehmen d&uuml;rfte.</tt>
</p>
```

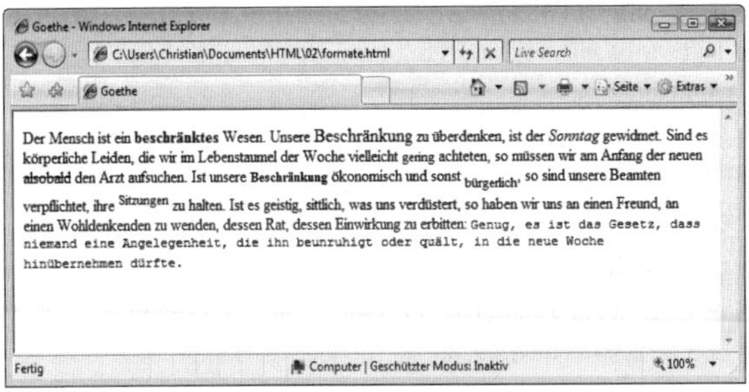

Abbildung 2.11: Die verschiedenen Formatierungen im Einsatz

Aber gehen wir auf einige dieser Tags gesondert ein.

Die wohl am häufigsten verwendeten Tags sind `<b>` und `<i>`. Fettdruck und Kursivdruck sind beliebte Gestaltungsmittel und können – sparsam eingesetzt – das Aussehen der Website bei längeren Texten enorm verschönern. Als Beispiel sehen Sie in der Abbildung einen Ausschnitt aus SPIEGEL Online (`http://www.spiegel.de/`), der auch auf Fett- und Kursivdruck setzt.

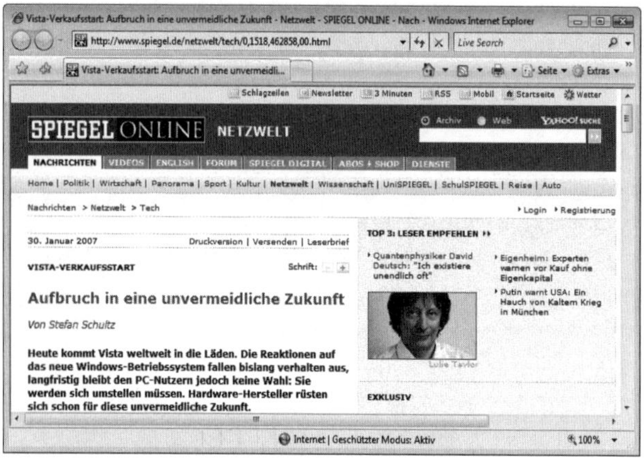

Abbildung 2.12: Der SPIEGEL setzt online (u. a.) auf kursiv und fett

Die nächsten häufig verwendeten Formatierungen sind <big> und <small>, die Text größer bzw. kleiner machen. Jedoch ist der Einsatz nicht ganz optimal, denn es ist nicht vorgeschrieben, um wie viel der Text größer oder kleiner werden soll. Später erfahren Sie, wie Sie das genauer steuern können. Es lohnt sich aber auf jeden Fall, einmal den Unterschied zu betrachten, um ein Gefühl dafür zu bekommen, wie viel größer oder kleiner die Schrift wird:

```
<p>
  <small>Goethe</small>
  Goethe
  <big>Goethe</big>
</p>
```

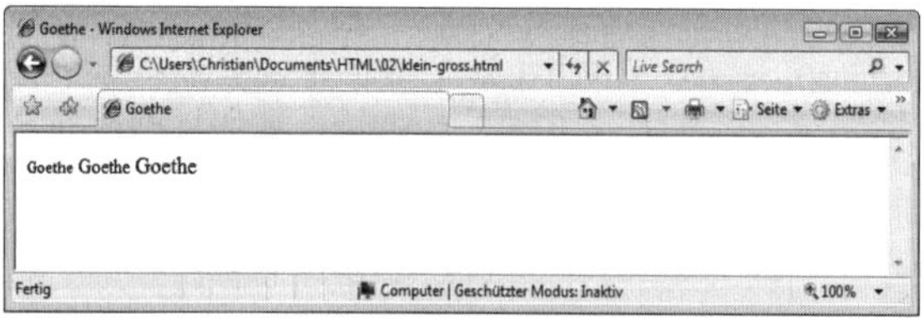

Abbildung 2.13: Der Text in klein, normal, groß

Das Hoch- und Tiefstellen von Text taucht beispielsweise in mathematischen Formeln auf:

```
<p>
  c<sub>1</sub><sup>2</sup> +
  c<sub>2</sub><sup>2</sup>=
  c<sub>3</sub><sup>2</sup>
</p>
```

Die hoch- bzw. tiefgestellten Zeichen sind jedoch nicht in der Schriftgröße verkleinert, sodass sich eine Kombination mit `<small>` anbietet:

```
<p>
  c<sub><small>1</small></sub>
  <sup><small>2</small></sup> +
  c<sub><small>2</small></sub>
  <sup><small>2</small></sup> =
  c<sub><small>3</small></sub>
  <sup><small>2</small></sup>
</p>
```

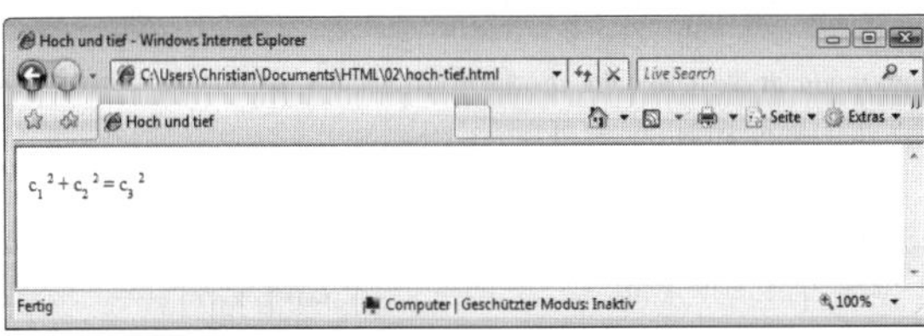

Abbildung 2.14: Exponenten und Indizes

Aber Sie können mit `<sup>` auch Fußnoten imitieren. Stellen Sie einfach eine Ziffer (oder ein Zeichen) hoch und bringen Sie am Ende des Textes einen horizontalen Balken (siehe *Kapitel 1*) und dann die entsprechende Anmerkung an. In *Kapitel 5* erfahren Sie, wie Sie dann noch per Klick auf die Fußnote zu dieser Anmerkung springen können.

```
<p>
Der Mensch ist ein beschr&auml;nktes Wesen. Unsere
Beschr&auml;nkung zu &uuml;berdenken, ist der
```

```
Sonntag<sup>1</sup> gewidmet. Sind es
k&ouml;rperliche Leiden, die wir im Lebenstaumel
der Woche vielleicht gering achteten, so
m&uuml;ssen wir am Anfang der neuen alsobald den
Arzt aufsuchen. Ist unsere Beschr&auml;nkung
&ouml;konomisch und sonst b&uuml;rgerlich, so sind
unsere Beamten verpflichtet, ihre Sitzungen zu
halten. Ist es geistig, sittlich, was uns
verd&uuml;stert, so haben wir uns an einen Freund,
an einen Wohldenkenden zu wenden, dessen Rat,
dessen Einwirkung zu erbitten: Genug, es ist das
Gesetz, dass niemand eine Angelegenheit, die ihn
beunruhigt oder qu&auml;lt, in die neue Woche
hin&uuml;bernehmen d&uuml;rfte.<sup>2</sup>
</p>
<hr />
<p>
<sup>1</sup>Siebter Tag der Woche<br />
<sup>2</sup>Aus: Wilhelm Meisters Wanderjahre
</p>
```

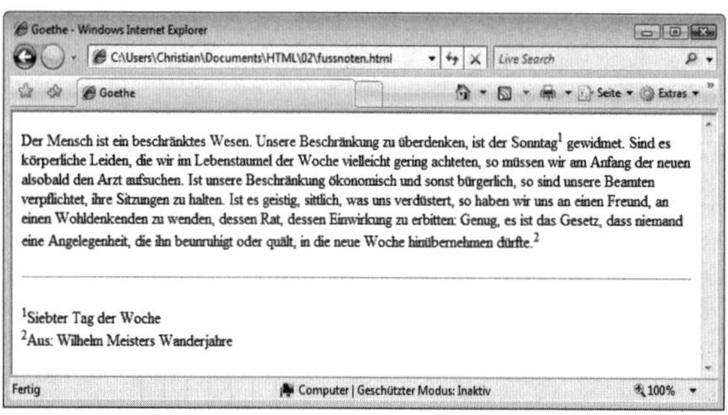

Abbildung 2.15: Der Text ist mit Fußnoten versehen worden

Zum Abschluss dieses Abschnitts wollen wir noch eine Warnung aussprechen. Die erste betrifft das <u>-Tag. Damit können Sie Text unterstrichen darstellen. Im World Wide Web ist jedoch die Unterstreichung von Text für Links vorgesehen; mehr dazu lesen Sie in *Kapitel 3*. Aus diesem Grund sollten Sie es vermeiden, dieses Tag einzusetzen.

> **Tipp**
>
> Mehr zur Formatierung und Ausrichtung von Texten und anderen HTML-Elementen erfahren Sie in *Kapitel 4*!

Fragen

1. Auf welche zwei Arten und Weisen können Sie den automatischen Zeilenumbruch innerhalb eines Absatzes verhindern?
2. Nennen Sie zwei Unterschiede zwischen <p> und <div>.

Das können Sie schon

Browser 14
Editoren 16
HTML-Grundgerüst 21
Textausgabe 42
Textformatierung mit Überschriften und Zeichenformaten 54

Das lernen Sie neu

Allgemeines 64
Interne Links 64
Externe Links 71
Textmarken 77
Zielfenster 81
Rechtliches 83

Kapitel 3

Verknüpfungen

Eine Webseite besteht aus einer einzelnen HTML-Datei und eventuell noch ein paar Grafiken (mehr dazu in Kapitel 5). Eine Website dagegen besteht aus mehreren HTML-Dateien, die miteinander verbunden sind. Einen Verweis von einer HTML-Datei auf eine andere nennt man Link (oder Hyperlink). In diesem Kapitel erfahren Sie, wie Sie solche Links einrichten können und welche Möglichkeiten Ihnen hierbei zur Verfügung stehen.

Allgemeines

Für Links ist das <a>-Tag zuständig. Das a steht für *anchor*, engl.: Anker.

Syntax

Ein Link hat folgenden Aufbau:

```
<a href="...">Linktext</a>
```

Zu den einzelnen Elementen:

- Das <a>-Tag umfasst wie gesagt den Link.
- Das `href`-Attribut gibt das Linkziel an. Beispiele hierfür finden Sie im weiteren Verlauf des Kapitels zuhauf!
- `Linktext` gibt den Text an, der als Link fungieren soll.

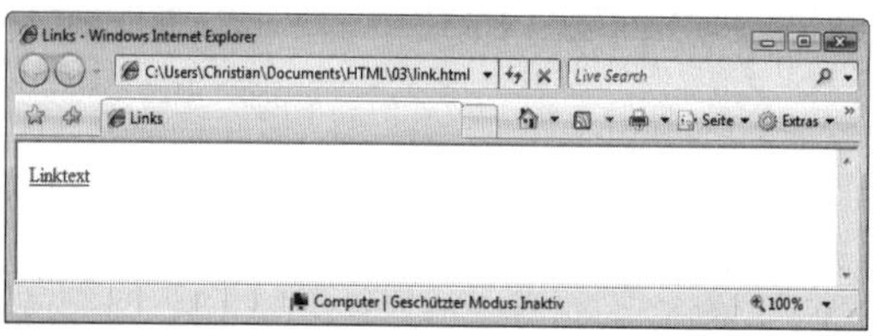

Abbildung 3.1: Der Link im Browser

In der Abbildung sehen Sie das Ergebnis: Der Linktext ist blau und unterstrichen. Wenn Sie mit dem Mauszeiger darüberfahren, verwandelt er sich in eine Hand. Ein Klick bewirkt, dass das Ziel des Links aufgerufen wird. Doch mehr dazu später!

> **Hinweis**
>
> Die Formatierung von Links ist nicht sonderlich anders als die Formatierung von Text, aber es gibt (noch) mehr Möglichkeiten. *Kapitel 4* enthält alle weiteren Informationen hierzu.

Interne Links

Wenn Sie auf eine andere Webseite verweisen wollen, gibt es prinzipiell zwei Möglichkeiten: Entweder ist diese Webseite Teil Ihres eigenen Angebots (und damit auf demselben Server) oder sie ist Teil eines fremden Angebots (beispielsweise ein Link auf die Homepage des Markt+Technik Verlags). Als Basis stellen wir den Verzeichnisaufbau eines fiktiven Webangebots in den Raum, den Sie der Abbildung entnehmen können.

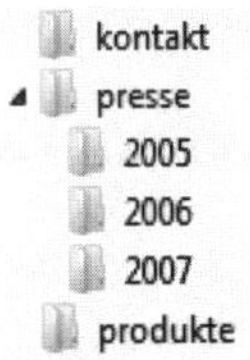

Abbildung 3.2: Der Verzeichnisbaum der (fiktiven) Website

Nehmen wir weiterhin an, in jedem der angegebenen Verzeichnisse befindet sich eine Datei *index.html* sowie eine Datei *info.html*. Von diesen Prämissen ausgehend, werden wir nun die verschiedenen Möglichkeiten der Verlinkung darstellen.

Links im gleichen Verzeichnis

Angenommen, Sie befinden sich gerade auf der Seite *index.html* im Verzeichnis PRODUKTE und wollen auf *info.html* verlinken. Dann geben Sie das genau so an:

```
<a href="info.html">Hier geht's zu info.html</a>
```

Sie sehen also: Einfach den Dateinamen angeben und schon ist der Link aktiv! Analog können Sie natürlich von der Datei *info.html* auf die Datei *index.html* zurückverweisen:

```
<a href="index.html">Zur&uuml;ck zu index.html</a>
```

So weit, so gut, das ist auch noch kein wirkliches Problem. Etwas schwieriger – aber eigentlich immer noch ziemlich einfach – ist es, auf Dateien in anderen Verzeichnissen zu verlinken. Sie haben dort diverse Möglichkeiten.

Relative Links

Verzeichnisnamen sind durch Trennzeichen aufgeteilt. Unter Windows ist das Trennzeichen der Backslash (\), unter Unix/Linux der Schrägstrich (/), unter Macintosh der Doppelpunkt (:). Bei einem Webserver ist es immer ein Schrägstrich. Wenn Sie nun auf eine Datei verweisen wollen, die in einem anderen Verzeichnis liegt als die aktuelle Datei, müssen Sie den Weg durch den Verzeichnispfad angeben und die Namen der einzelnen Verzeichnisse durch Schrägstriche voneinander trennen.

Beginnen wir mit einem einfachen Beispiel: Wir befinden uns auf der Seite *index.html* im Hauptverzeichnis des Webservers und wollen die Datei *index.html* im Verzeichnis PRESSE aufrufen. Der Link kann dann folgendermaßen aussehen:

```
<a href="presse/index.html">Zum Pressebereich</a>
```

Ist der Webserver so konfiguriert, dass bei der bloßen Angabe eines Verzeichnisnamens automatisch die Datei *index.html* geladen wird, geht auch folgende Variante:

```
<a href="presse/">Zum Pressebereich</a>
```

In der Regel ist es aber günstiger, direkt auf den Dateinamen zu verlinken, denn dann sind Sie von der Konfiguration des Webservers weitestgehend unabhängig.

Nun folgt ein minimal schwierigeres Beispiel: Von der Datei *index.html* im Hauptverzeichnis aus soll auf die Datei *info.html* im Unterverzeichnis 2007 des *presse*-Verzeichnisses verlinkt werden. Folgender HTML-Code erledigt das:

```
<a href="presse/2007/info.html">2007</a>
```

Sie sehen also: Verzeichnisnamen und Dateinamen werden aneinandergehängt und durch Schrägstriche voneinander getrennt.

Bis dato haben Sie nur gesehen, wie man ein oder mehrere Verzeichnisse tiefer in den Verzeichnisbaum einsteigen kann. Der Weg zurück blieb Ihnen bis dato verwehrt. Es gibt zwei besondere »Verzeichnisnamen«, mit denen so etwas möglich ist:

- . – bezeichnet das aktuelle Verzeichnis
- .. – bezeichnet das darüberliegende Verzeichnis

Der einzelne Punkt zur Angabe des aktuellen Verzeichnisses wird eher selten eingesetzt. Angenommen, Sie befinden sich auf der Seite *info.html* im Hauptverzeichnis des Webservers und wollen auf die Datei *index.html* im gleichen Verzeichnis verlinken, dann können Sie das folgendermaßen erledigen:

```
<a href="./index.html">Zur Startseite</a>
```

Bei entsprechender Konfiguration des Webservers ist alternativ auch folgende Kurzform möglich – da kein Dateiname angegeben wird, ergänzt der Webserver automatisch *index.html*:

```
<a href="./">Zur Startseite</a>
```

Jetzt aber zum eigentlich Interessanten: dem Sprung zurück. Wir befinden uns in der Datei *info.html* im Unterverzeichnis *2007* des *presse*-Verzeichnisses und wollen auf die Datei *index.html* im Verzeichnis *presse* verlinken. Dieses Verzeichnis ist das direkt darüberliegende, also:

```
<a href="../index.html">Zum Pressebereich</a>
```

Wie üblich ist bei entsprechender Webserver-Konfiguration auch die Kurzform möglich:

```
<a href="../">Zum Pressebereich</a>
```

Um nun mehrere Verzeichnisse zurückzuspringen, müssen Sie den zweifachen Punkt mehrmals verwenden. Um also von der Datei *info.html* im Verzeichnis *presse*/2007 auf die Datei *index.html* im Hauptverzeichnis zu verlinken, verwenden Sie folgenden Code:

```
<a href="../../index.html">Zur Hauptseite</a>
```

Alternativ geht natürlich auch folgende Kurzform – bei den meisten Webservern jedenfalls:

```
<a href="../../">Zur Hauptseite</a>
```

Wollen Sie nun aus dem Pressebereich (wie zuvor: Datei *presse/2007/info.html*) in den Kontaktbereich springen (dort Datei *index.html*), geht das mit derselben Technik:

```
<a href="../../kontakt/index.html">Zum
  Kontaktbereich</a>
```

Oder alternativ die Kurzform:

```
<a href="../../kontakt/">Zum Kontaktbereich</a>
```

Was passiert hier?

1. Am Anfang befinden wir uns im Verzeichnis *presse/2007*.
2. Durch das erste `../` wird ein Verzeichnis zurückgesprungen, ins Verzeichnis *presse*.
3. Durch das zweite `../` wird wiederum ein Verzeichnis zurückgesprungen, ins Hauptverzeichnis.
4. Durch `kontakt/` wird ins Verzeichnis *kontakt* gewechselt.
5. Durch `index.html` wird schließlich die Datei *index.html* aufgerufen.

Absolute Links

Die bisherige Verweistechnik wird als *relativ* bezeichnet – alle Verweise werden relativ zum momentanen Standpunkt aus angegeben, beginnen also mit einem Dateinamen oder einem Verzeichnisnamen.

Bei *absoluten* Links dagegen beginnt der Verweis mit einem Schrägstrich (/). Dies ist ein Verweis auf das Hauptverzeichnis des Webservers. Sie müssen also den gesamten Verzeichnisnamen der Datei angeben, auf die Sie verlinken wollen.

Wenn Ihnen das Ganze noch ein wenig zu theoretisch klingt, sollte es anhand folgender Beispiele klarer werden:

Egal von welcher Stelle aus, in Ihrer Anwendung verlinken Sie wie folgt auf die Datei *index.html* im Hauptverzeichnis:

```
<a href="/index.html">Zur Hauptseite</a>
```

Bei einem entsprechend konfigurierten Webserver geht das auch folgendermaßen, ohne Angabe des Dateinamens:

```
<a href="/">Zur Hauptseite</a>
```

Von jeder Seite Ihrer Anwendung aus verlinken Sie wie folgt auf die Datei *info.html* im Verzeichnis *presse/2007*:

```
<a href="/presse/2007/info.html">Presse 2007</a>
```

Wenn Sie sich also im Verzeichnis *produkte* und dort auf der Seite *index.html* befinden, können Sie auf die folgenden Arten und Weisen auf die Datei *info.html* im selben Verzeichnis verweisen:

1. Direkt durch Angabe des Dateinamens:

   ```
   <a href="info.html">Linktext</a>
   ```

2. Relativ:

   ```
   <a href="./info.html">Linktext</a>
   ```

3. Absolut:

   ```
   <a href="/produkte/info.html">Linktext</a>
   ```

Optimale Strategie

Es bleibt die Frage zu klären, welche Art von Links Sie verwenden sollten – relative oder absolute Links (»direkte« Links bei Dateien im selben Verzeichnis sind streng genommen auch relative Links).

Absolute Links haben den Vorteil, dass sie von jeder beliebigen Seite und von jedem beliebigen Verzeichnis aus identisch sind. Sie können von überall aus mit / auf die Hauptseite verlinken. Wenn Sie bei all Ihren Seiten denselben Kopf verwenden (beispielsweise mit Ihrem Firmenlogo) und dabei auf Ihre Homepage verlinken wollen, sind absolute Links keine schlechte Idee. Sie können das beispielsweise bei allen Unterseiten von `http://www.mozilla.com/` beobachten: Das Logo links oben ist überall gleich und verwendet absolute Links (siehe Hervorhebung in der Abbildung).

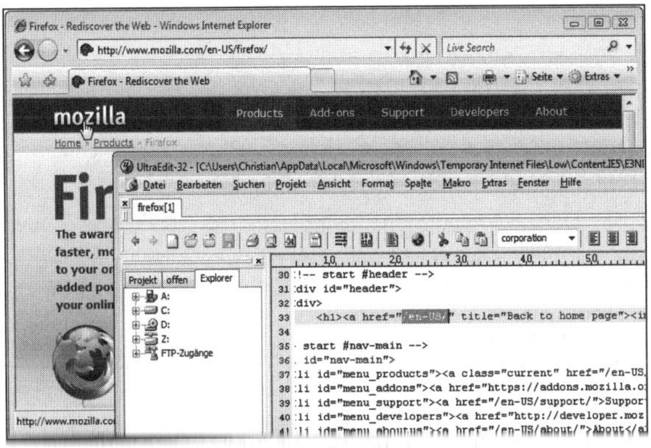

Abbildung 3.3: Mozilla verwendet absolute Links

Bei relativen Links ist es genau anders herum: Da die Links relativ zum Speicherort der aktuellen Datei sind, ist eine Verschiebung eines einzelnen Verzeichnisses meistens tödlich: Die relativen Links auf übergeordnete Verzeichnisse funktionieren dann nicht mehr. Andererseits haben relative Links auch ihre Vorteile: Ein Link auf "`info.html`" ist deutlich weniger Schreibaufwand als ein Link auf "`/presse/2007/info.html`".

Betrachten wir zwei mögliche Szenarien. Zunächst einmal der Pressebereich. Die Marketingabteilung hat festgestellt, dass neben Pressemitteilungen auch aktuelle News angeboten werden sollen. Konsequenz: Es gibt ein neues Verzeichnis */news* und diesem Verzeichnis wird das Verzeichnis *presse* untergliedert. Die ganze Sache kann dann ungefähr wie in der Abbildung aussehen.

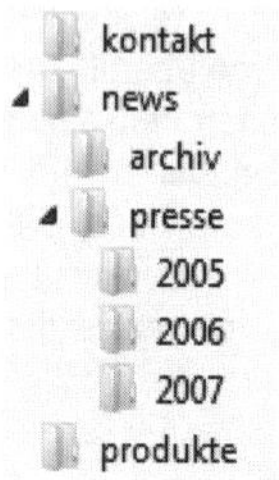

Abbildung 3.4: Die neue Verzeichnisstruktur

Was stellen Sie fest, wenn Sie nun bereits bestehende Links ausprobieren?

- Alle absoluten Links *in* das *presse*-Verzeichnis funktionieren nicht mehr.
- Alle anderen absoluten Links funktionieren weiterhin.
- Alle relativen Links (komplett) innerhalb des *presse*-Verzeichnisses oder (komplett) außerhalb des *presse*-Verzeichnisses funktionieren weiterhin.
- Relative Links vom *presse*-Verzeichnis nach außen oder umgekehrt funktionieren nicht mehr.

Im Rahmen der Fusionswelle hat sich Ihre Firma mit dem Hauptkonkurrenten zusammengeschlossen. Unter einem neuen Namen (möglichst mit *.com* oder *.de* im Firmentitel) versuchen Sie, den Markt zu beherrschen. Die neue Website ist eigentlich eine Portalseite mit zwei Verzeichnissen. Das erste enthält Ihren bisherigen Webauftritt, das zweite den Ihres neuen Partners (siehe Abbildung).

Abbildung 3.5: Die neue Verzeichnisstruktur

Ein Blick auf die Links bringt Folgendes zutage:

- Alle absoluten Links funktionieren nicht mehr.
- Alle relativen Links (komplett) innerhalb der einzelnen Anwendungen (Verzeichnis *firma1* bzw. *firma2*) funktionieren weiterhin.

Daraus können Sie das Fazit ziehen, dass relative Links in der Regel der bessere Weg sind, auch wenn das zweite Szenario ungleich unwahrscheinlicher ist als das erste. Oft hilft es auch, einen Mittelweg zu gehen: Verwenden Sie immer relative Links, außer wenn Sie auf Ihre Homepage (Startseite) verlinken, dort dann immer mit / oder */index.html*.

Externe Links

In den Anfängen des WWW waren Linklisten *der* Hit. Jedermann stellte Verweise auf seine Lieblingsseiten online, denn zu diesem Zeitpunkt waren die grafischen Möglichkeiten auf Grund der fehlenden Infrastruktur noch nicht gegeben. Heutzutage ist das natürlich anders, es muss blitzen und krachen, Farbe regiert und Linklisten sind eher in den Hintergrund gerückt. Dennoch ist der gute alte *externe Link* nicht tot.

HTTP-Links

Wenn Sie auf ein anderes Webangebot verlinken wollen, müssen Sie den vollständigen Namen angeben – Servername, Verzeichnisse und Dateiname. Folgendermaßen verlinken Sie beispielsweise auf die Homepage des Markt+Technik Verlags:

```
<a href="http://www.mut.de/">Markt+Technik</a>
```

Genau genommen ist das sogar eine Kurzform, denn wie Sie sehen, haben wir den Dateinamen unterschlagen. Ausführlicher wäre folgende Form gewesen:

```
<a
  href="http://www.mut.de/default.asp"
>Markt+Technik</a>
```

Genauso können Sie in Unterverzeichnisse verlinken – folgender Link beispielsweise verweist den Besucher auf das Support-Angebot der Autoren, wo Sie übrigens unter anderem zusätzliche Informationen zu diesem Buch finden:

```
<a
  href="http://www.hauser-wenz.de/support/"
>Support zum "HTML Easy"</a>
```

FTP-Links

FTP steht für *File Transfer Protocol* und ist *das* Internetprotokoll für Dateiübertragungen im World Wide Web. Natürlich können Sie Dateien auch mit dem herkömmlichen Protokoll HTTP übertragen (HyperText Transfer Protocol, mit dem u. a. auch HTML-Seiten übertragen werden), doch FTP ist für diese Fälle besser geeignet. Beispielsweise können abgebrochene Downloads oftmals wieder aufgenommen werden, und zwar an der Stelle, an der sie unterbrochen wurden. Wenn Sie also Software aus dem Internet herunterladen wollen und die Wahl zwischen einem HTTP- und einem FTP-Link haben, sollten Sie im Normalfall den FTP-Server wählen.

An der Linksyntax ändert sich nichts, außer dass Sie als Protokollbezeichner *ftp* verwenden müssen:

```
<a href="ftp://ftp.microsoft.com/">FTP-Server
Microsoft</a>
```

Natürlich können Sie auch direkt auf Dateien auf dem FTP-Server verlinken (Achtung, fiktiver Dateiname!):

```
<a href="ftp://ftp.microsoft.com/WindowsVista.exe">
Die neue Windows-Version gratis zum Download!</a>
```

In das FTP-Protokoll sind Kommandos zur Authentifizierung via Benutzername und Passwort eingebaut. Die meisten FTP-Server erlauben den so genannten *anonymen Zugriff* auf ihren Datenbestand, das heißt, als Benutzername wird *anonymous* gesendet, als Passwort die E-Mail-Adresse des Benutzers. Die meisten Browser sind vom letzten Punkt inzwischen auch abgegangen (aus Datenschutzgründen) und senden nur noch eine Zeichenkette der Marke *hallo@du.da*.

Wenn eine Verbindung aber dennoch ein Passwort fordert, können Sie dieses Passwort direkt im Link angeben:

```
<a
 href="ftp://benutzer:passwort@ftp.server.de/">
FTP</a>
```

> **Achtung**
>
> Beachten Sie, dass das Passwort direkt aus dem Link ersichtlich und damit absolut unsicher ist. Sie sollten es sich also genauestens überlegen, bevor Sie einen solchen Link in Ihre Seiten einbauen.

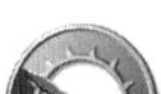

Newsgroups

In den guten alten Zeiten, als das World Wide Web noch eine ganz kleine Rolle gespielt hat, geschah das meiste im Internet per Mail oder in Newsgroups. Eine Newsgroup ist ein weltweites Diskussionsforum. Per E-Mail können Sie eine Anfrage in einer Newsgroup stellen und auf der anderen Seite des Globus antwortet Ihnen vielleicht jemand. Newsgroups sind hierarchisch in mehrere Gruppen aufgeteilt.

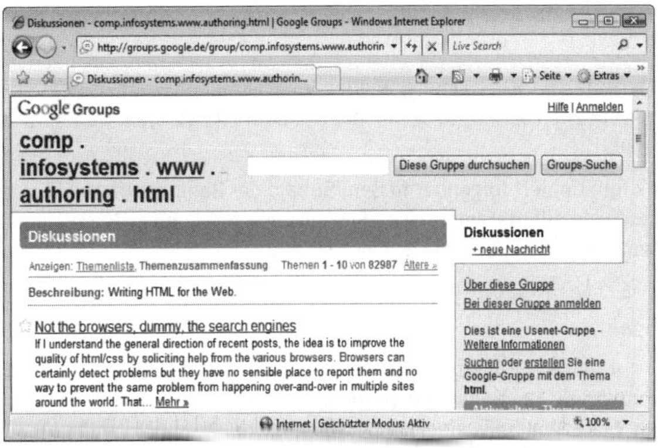

Abbildung 3.6: Nachrichten in einer Newsgroup (über Webinterface)

Wir wollen an dieser Stelle nicht weiter in die Materie einsteigen, schließlich ist das hier ein HTML-Buch. Dennoch wollen wir Ihnen zeigen, wie Sie einen Link an eine Newsgroup richten können. Als Beispiel haben wir uns (natürlich) eine Newsgroup herausgesucht, die als Thema HTML hat. Die Newsgroup heißt *comp.infosystems.www.authoring.html*, ist englischsprachig und erhält sehr viele *Postings* (Beiträge). Wenn Sie direkt darauf linken wollen, bieten Sie folgenden Link an:

```
<a
  href="news:comp.infosystems.www.authoring.html">
Zur HTML-Newsgroup</a>
```

> **Achtung**
>
> Beachten Sie, dass auf *news:* kein // folgt!

Newsgroups werden auf vielen Servern weltweit gespeichert. Wenn eine Nachricht auf einem Server veröffentlicht wird, gibt dieser sie an die anderen Server weiter. Andererseits ist es so, dass nicht jeder Server alle Newsgroups beherbergt. Außerdem benötigen Sie zum Lesen von News ein spezielles Programm, einen so genannten Newsreader. Bei den meisten Browsern ist dieses Programm integriert (oder kann zusätzlich heruntergeladen werden), aber wenn dieses Programm fehlt oder nicht korrekt konfiguriert ist, geht der Link ins Leere.

Mail-Links

Internetzeitschriften berichten immer wieder: Viele Firmen machen es dem Besucher ihrer Webseiten sehr schwer, mit ihnen in Kontakt zu treten. Dabei wäre es doch so einfach!

Ein Mail-Link funktioniert folgendermaßen: Sobald der Benutzer darauf klickt, wird das Standardmailprogramm seines Systems gestartet und er kann anfangen zu tippen. Hier die einfachste Form des Links:

```
<a href="mailto:support@pearson.de">Mail an
  M+T Support</a>
```

Durch Klick auf diesen Link öffnet sich ein Mailfenster und als Empfänger ist *support@pearson.de* voreingestellt (siehe Abbildung). Sie können so dem Support von Markt+Technik eine kurze (oder lange) Nachricht zukommen lassen.

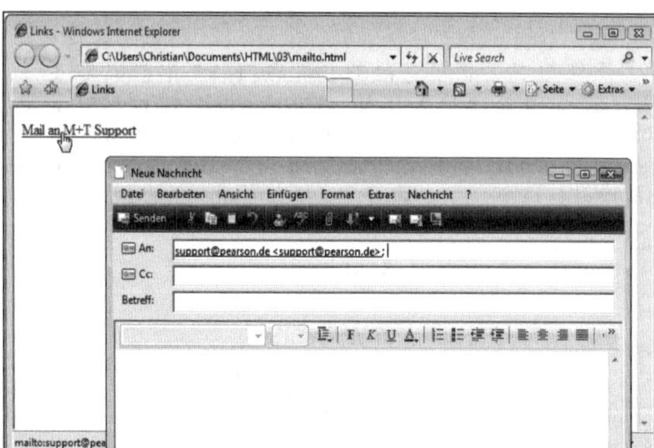

Abbildung 3.7: Das Mailfenster mit vorgegebenem Empfänger

Sie können mehrere Empfänger angeben, wenn Sie diese durch Kommata voneinander trennen:

```
<a href="mailto:support@pearson.de,info@pearson.de">
Mail an mehrere</a>
```

Microsoft-Mailprogramme verlangen Strichpunkte als Trennzeichen zwischen den E-Mail-Adressen, womit aber viele andere Mailprogramme überhaupt nicht zurechtkommen. Deswegen sollten Sie auf Kommata setzen, denn damit kommen Outlook & Co. ebenfalls zurande. Worauf Sie allerdings überhaupt keinen Einfluss haben, ist, ob die Kommunikation mit dem Mailprogramm überhaupt funktioniert. Auf manchen Systemen fehlt ein Mailprogramm, auf manchen ist es falsch konfiguriert, und unter Umständen stellt sich dem Benutzer noch eine Warnmeldung wie in der Abbildung in den Weg.

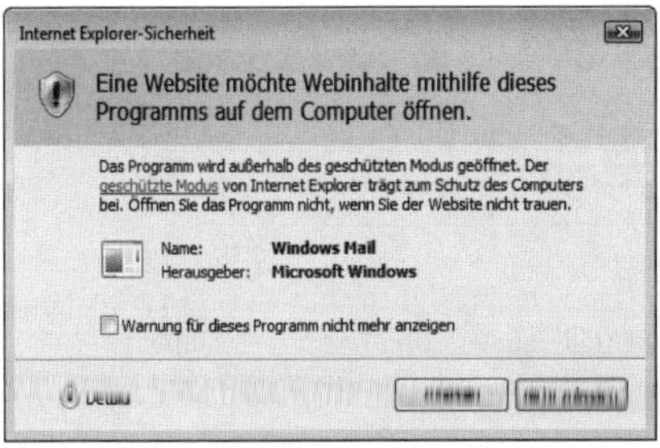

Abbildung 3.8: Sicherheitsabfrage vor dem Öffnen des Mailfensters

Nun noch ein paar Worte zu »inoffiziellen Tricks«. Mail-Links bieten noch weitere Möglichkeiten, die in der offiziellen Spezifikation zwar nicht vorgesehen sind, aber dennoch in den meisten Browsern funktionieren. Sie können an die E-Mail-Adresse des Empfängers noch mehrere weitere Optionen nach folgendem Muster anhängen:

```
<a href="mailto:support@pear-
son.de?option1=abc&option2=def&option3=ghi">
Mail </a>
```

Ihnen stehen die folgenden Optionen zur Verfügung:

- `bcc=` – fügt einen Blindkopie-Empfänger in die Mail ein
- `cc=` – fügt einen Kopie-Empfänger in die Mail ein
- `subject=` – setzt den Betreff der Mail
- `body=` – setzt den Text der Mail

Hier ein etwas ausführlicherer Link, der all diese Möglichkeiten nutzt:

```
<a href="mailto:support@pearson.de?cc=info@pear-
son.de&bcc=meine.mutter@xy.de&subject=EASY HTML&body=Ein
tolles Buch!">Mail an Pearson</a>
```

Und wie Sie der Abbildung entnehmen können – es funktioniert! Allerdings nicht bei jedem Browser und es muss natürlich beim Benutzer ein Mailprogramm vorhanden sein. Die wichtigste Angabe ist und bleibt die E-Mail-Adresse des Empfängers, der Rest ist als nettes Beiwerk zu betrachten.

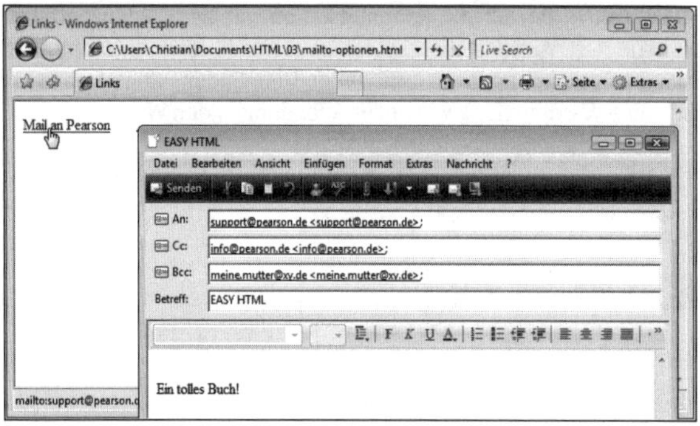

Abbildung 3.9: Das Mailfenster ist vorausgefüllt

Downloads

Wenn Sie Software oder andere Dateien zum Herunterladen (Download) anbieten wollen, können Sie die gewohnte Syntax verwenden. Sie verweisen also nicht auf eine HTML-Seite, sondern auf die entsprechende Datei. Je nach Konfiguration des Browsers wird die Datei dann direkt im Browser (beispielsweise PDF-Dateien) oder in der dazugehörigen Applikation (beispielsweise Textverarbeitungsdokumente) geöffnet oder der Browser fordert Sie dazu auf, einen Speicherort für die Datei auf Ihrer Festplatte anzugeben. Für den Link selbst können Sie eine beliebige der hier bereits vorgestellten Methoden verwenden. In der Abbildung sehen Sie ein mögliches Download-Dialogfenster am Beispiel des Firefox-Browsers.

```
<a href="downloads/datei.zip">datei.zip</a>
```

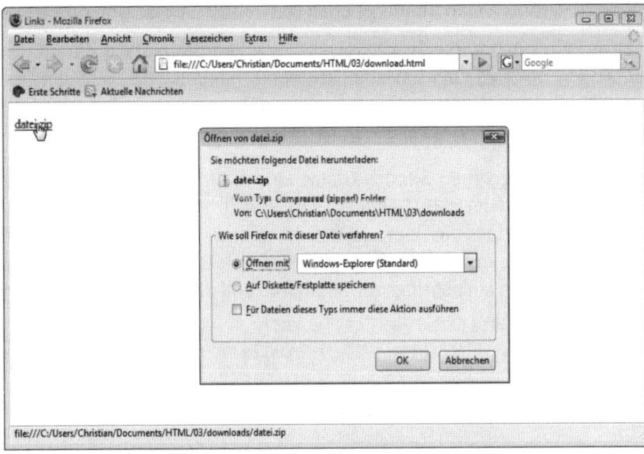

Abbildung 3.10: Die Aufforderung zum Speichern oder Ausführen (im Firefox)

Textmarken

Sie können nicht nur auf HTML-Seiten verlinken – sondern auch auf bestimmte Bereiche einer Seite. Oft sehen Sie auf Webseiten Folgendes: Ganz unten befindet sich ein Link »nach oben«, der auf geradezu wundersame Art und Weise an den Anfang der Seite scrollt. Das geht ganz ohne Magie, nur mit ein wenig HTML.

Sie können sich eine Textmarke wie eine Positionsmarkierung auf einer HTML-Seite vorstellen. Diese Markierung wird im Browser nicht explizit angezeigt, aber es ist klar, an welcher Stelle sie sich befindet. Sie setzen eine solche Markierung wie folgt:

```
<a name="oben">Irgendein Text</a>
```

Damit ist die Textmarke definiert. Die Stelle darf nicht leer sein, auch wenn wir später ein Gegenbeispiel präsentieren werden. Um eine Textmarke ganz oben auf einer Seite zu definieren, verwenden Sie doch als Text die Überschrift oder setzen Sie ein (kaum sichtbares) Leerzeichen innerhalb des <a>-Elements.

Der Name einer Textmarke muss die folgenden Bedingungen erfüllen, damit das Ganze auch in allen Browsern funktioniert:

- Er darf nur aus den Buchstaben a–z bzw. A–Z bestehen.
- Er darf insbesondere keine Leerzeichen enthalten (das mag der Internet Explorer überhaupt nicht).

- Erst recht verboten sind Sonderzeichen wie beispielsweise Umlaute.

Um nun auf eine Textmarke zu verweisen, verlinken Sie einfach darauf! Um klarzumachen, dass es sich um eine Textmarke handelt und nicht um eine Datei, stellen Sie dem Namen der Textmarke ein Doppelkreuz (#) voran:

```
<a href="#oben">nach oben</a>
```

In folgendem Listing sehen Sie das Ganze einmal an einem etwas realitätsnäheren Beispiel. Auf der Seite befindet sich viel Text (zugegeben, er wurde ein wenig gestreckt), sodass die Überschrift nicht mehr sichtbar ist, wenn man am Ende des Textes angekommen ist (zugegeben, bei einem kleinen Browserfenster). Ein Klick auf den Link springt zur Textmarke und damit zurück nach oben:

```
<!DOCTYPE html PUBLIC "-//W3C//DTD XHTML 1.0 Transitional//EN"
"http://www.w3.org/TR/xhtml1/DTD/xhtml1-transitional.dtd">
<html>
<head>
  <title>Textmarken</title>
</head>
<body>
<a name="oben">
<h2>Wilhelm Meisters Wanderjahre</h2>
</a>
<p>
  Der Mensch ist ein beschr&auml;nktes Wesen. <br />
  Unsere Besch&auml;nkung zu &uuml;berdenken, <br />
  ist der Sonntag gewidmet. Sind es <br />
  k&ouml;rperliche Leiden, die wir im <br />
  Lebenstaumel der Woche vielleicht gering <br />
  achteten, so m&uuml;ssen wir am Anfang der <br />
  neuen alsobald den Arzt aufsuchen. <br />
  Ist unsere Beschr&auml;nkung &ouml;konomisch<br />
  und sonst b&uuml;rgerlich, so sind unsere <br />
  Beamten verpflichtet, ihre Sitzungen zu <br />
  halten. Ist es geistig, sittlich, was uns <br />
  verd&uuml;stert, so haben wir uns an einen <br />
```

```
  Freund, an einen Wohldenkenden zu wenden, <br />
  dessen Rat, dessen Einwirkung zu erbitten: <br />
  Genug, es ist das Gesetz, dass niemand eine <br />
  Angelegenheit, die ihn beunruhigt oder <br />
  qu&auml;lt, in die neue Woche <br />
  hin&uuml;bernehmen d&uuml;rfte.
</p>
<p><a href="#oben">nach oben</a></p>
</body>
</html>
```

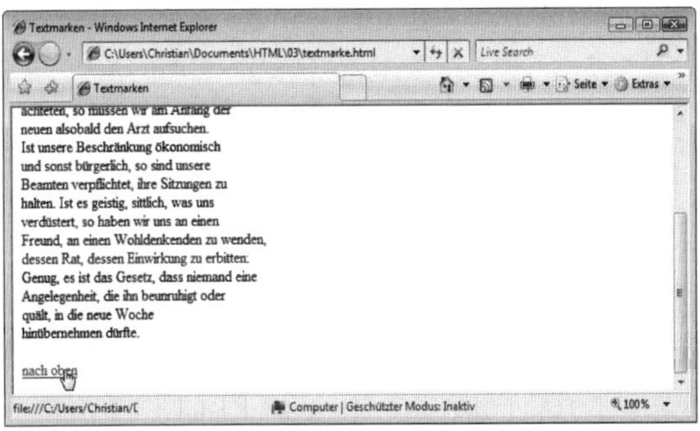

Abbildung 3.11: Der Link unten springt ...

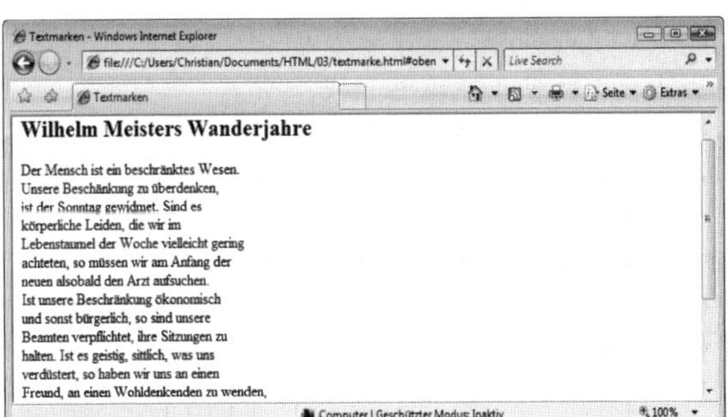

Abbildung 3.12: ... wieder nach oben!

Längere Seiten lassen sich so untergliedern. Am Anfang der Seite stehen die Kernpunkte der Seite. Jeder Punkt ist mit dem entsprechenden Abschnitt auf der Seite verlinkt und kann so direkt angesprungen werden. Ein Beispiel hierfür sind zahlreiche Einträge in der Online-Enzyklopädie Wikipedia (siehe Abbildung unten, hier am Beispiel der deutschen Seite zu HTML). In dem Kasten oben auf der Seite stehen die wichtigsten Punkte, die per Textmarke direkt angesprungen werden können.

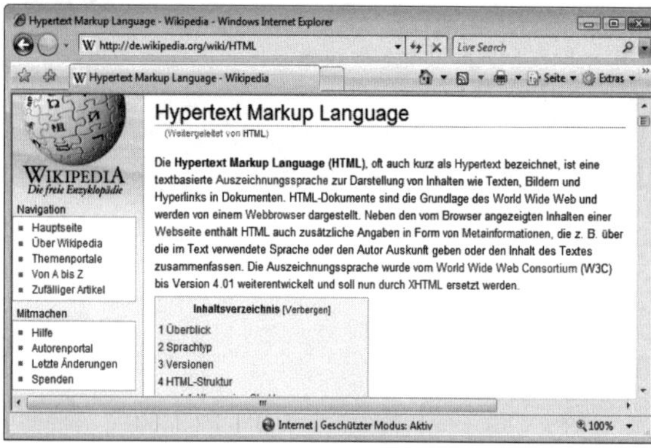

Abbildung 3.13: Die Wikipedia-Seite zu HTML (natürlich keine Konkurrenz zum Buch ;-))

Hier ein (angepasster und verkürzter) Auszug aus dem Code:

```
<a href="#.C3.9Cberblick">1 Überblick</a>
<a href="#Sprachtyp">2 Sprachtyp</a>
<a href="#Versionen">3 Versionen</a>
<a href="#HTML-Struktur">4 HTML-Struktur</a>
```

Betrachten wir den zweiten Link auf *2 Sprachtyp*. Dieser verweist auf eine Textmarke namens *Sprachtyp*, und tatsächlich, etwas weiter unten im Code finden wir:

```
<p><a name="Sprachtyp" id="Sprachtyp"></a></p>
```

Sie sehen also, auch professionelle Seiten sind mit einfachen Mitteln gestrickt. Nebenbei fällt Ihnen wohl auch auf, dass die Textmarke keinen Inhalt hat, was nicht sehr sauber ist, mittlerweile aber von allen Browsern toleriert wird.

Sie können auch von anderen Seiten aus direkt auf Textmarken verlinken. Verwenden Sie dazu die Techniken, die wir in diesem Kapitel bis jetzt vorgestellt haben, und hängen Sie an den Dateinamen # und den Namen der Textmarke an. Folgender Link führt beispielsweise direkt zu der eben betrachteten Textmarke auf Wikipedia:

```
<a href="http://de.wikipedia.org/wiki/HTML#Sprach-
typ">Infos zum Sprachtyp von HTML bei Wikipedia</a>
```

Zielfenster

An dieser Stelle wollen wir noch kurz auf einen weiteren Punkt eingehen, der in *Kapitel 11* weiter ausgeführt wird. Normalerweise werden Links im aktuellen Fenster geöffnet, Sie haben aber die Möglichkeit, die Links auch in einem anderen Fenster zu aktivieren. Dazu müssen Sie das `target`-Attribut des `<a>`-Tags setzen. Sie haben zunächst zwei Möglichkeiten:

- `"_self"` – Hiermit öffnen Sie das Ziel des Links im aktuellen Fenster (Standardeinstellung, muss nicht angegeben werden).
- `"_blank"` – Hiermit öffnen Sie das Ziel des Links in einem neuen Fenster.
- `"beliebig"` – öffnet das Ziel des Links auch in einem neuen Fenster, außer der Name *beliebig* wurde bereits einmal verwendet, dann in diesem Fenster.

Sie sehen die beiden Möglichkeiten im Überblick: zunächst einmal die Option `_blank`:

```
<a href="http://www.pearsoned.de/" target="_blank">
  Pearson Education</a><br />
<a href="http://www.mut.de/" target="_blank">
  Markt+Technik</a><br />
<a href="http://www.addison-wesley.de/" target="_blank">
  Addison-Wesley</a>
```

Egal, wie oft Sie auf welchen Link klicken, jedes Mal öffnet sich ein neues Fenster.

Anders ist es in folgendem Fall:

```
<a href="http://www.pearsoned.de/" target="neu">
  Pearson Education</a><br />
<a href="http://www.mut.de/" target="neu">
```

```
  Markt+Technik</a><br />
<a href="http://www.addison-wesley.de/" target="neu">
  Addison-Wesley</a>
```

Beim ersten Klick auf einen Link öffnet sich ein neues Fenster; alle weiteren Klicks auf diesen Link öffnen die Seite ebenfalls in diesem neuen Fenster, denn der Fenstername *neu* ist mit dem geöffneten Fenster assoziiert.

Sie können automatisch alle Links in einem bestimmten Fenster öffnen, wenn Sie in den `<head>`-Abschnitt der HTML-Seite `<base target="neu" />` schreiben. Das gilt dann für alle Links, außer Sie geben bei einem Link das `target`-Attribut explizit an.

```
<!DOCTYPE html PUBLIC "-//W3C//DTD XHTML 1.0 Transitional//EN"
"http://www.w3.org/TR/xhtml1/DTD/xhtml1-transitional.dtd">
<html>
<head>
  <title>Links</title>
  <base target="neu" />
</head>
<body>
<h3>Eine Auswahl von Links</h3>
<a href="http://www.pearsoned.de/" target="_self">
  Pearson Education</a><br />
<a href="http://www.mut.de/">Markt+Technik</a><br />
<a href="http://www.addison-wesley.de/">Addison-Wesley</a>
</body>
</html>
```

Zur Analyse des Codes: Durch `<base target="neu" />` werden die Ziele aller Links in einem neuen Fenster namens *neu* geöffnet. Ausnahme ist der Link auf Pearson Education, denn der wird im aktuellen Fenster geöffnet; `target="_self"` überschreibt die Vorgabe durch `<base target />`.

Kapitel 4

Es wird bunt

Mit Style Sheets definieren Sie Formatierungen für Tags. Bei HTML-Seiten wird als Sprache für die Style Sheets das Format Cascading Style Sheets (CSS) verwendet. Die Entwicklung obliegt der Verantwortung des W3C-Konsortiums (`w3c.org`) und mittlerweile liegt CSS in der Version 2.0 vor.

> **Hinweis**
>
> Wenn wir uns hier auf Style Sheets beziehen, meinen wir immer Cascading Style Sheets. Es gibt noch andere Konventionen wie XLS. Dies ist eine Style-Sheet-Sprache für XML.

Die Version 1.0 von CSS funktioniert mit Netscape Navigator ab Version 4 und mit dem Internet Explorer ab Version 3. Mit der Implementation von 2.0 wurde ab dem IE 4 bzw. Netscape 4 begonnen. Das heißt, CSS in Version 2.0 und größtenteils auch in Version 2.1 kann heute problemlos eingesetzt werden.

Verschiedene Arten von Style Sheets

Man unterscheidet die Arten von Style Sheets nach der Stelle, an der sie eingebunden sind. Man kann einzelnen HTML-Befehlen Stile zuweisen oder aber man definiert sie am Kopf der HTML-Seite. Wenn Sie ein Style Sheet global für mehrere Dokumente definieren wollen, legen Sie es als eigene Datei mit dem Dateiende *.css* an und laden es im Kopf der HTML-Seite.

Wenn Sie mehrere Arten von Style Sheets in einem Dokument gebrauchen, gibt es eine eindeutige Reihenfolge, in der die Style Sheets verwendet werden. Zuerst werden die Style-Sheet-Definitionen oben in der HTML-Seite ausgelesen, dann die darunterliegenden. Gibt es unterschiedliche Stile zu denselben HTML-Befehlen, werden die oberen durch die unteren ersetzt. Daraus ergeben sich folgende Regeln:

- Stile in HTML-Befehlen überschreiben immer die Definitionen aus dem Kopf der HTML-Seite.
- Style-Sheet-Definitionen im Kopf der HTML-Seite – egal, ob extern oder nicht – überschreiben bei Überschneidungen immer die entsprechenden vorhergehenden Stildefinitionen.

Stil im HTML-Tag

Wenn Sie einen Stil in einem HTML-Tag definieren, ist der Stil nur für dieses Tag definiert.

In diesem Beispiel legen wir für einen Absatz einen Stil fest.

```
<p style="color: blue; font-family: Courier">Blaue Schrift
in Courier</p>
```

Das obige Beispiel lässt sich in folgenden Schritten realisieren:

1 Im <p>-Tag definieren Sie mit dem Attribut `style` den Stil für den Absatz.

2 Als Erstes wird die Farbe der Schrift im Absatz vergeben. Dazu dient `color:`. Hier geben Sie entweder eine Farbe in hexadezimaler Notation oder einen Farbwert an. Diese Werte werden im Abschnitt *Schriftformatierung* in diesem Kapitel erläutert.

3 Die verschiedenen Einstellungen des Stils werden mit einem Strichpunkt (`;`) getrennt.

4 Die zweite Einstellung ist `font-family: Courier`, die die Schrift des Absatzes auf Courier setzt.

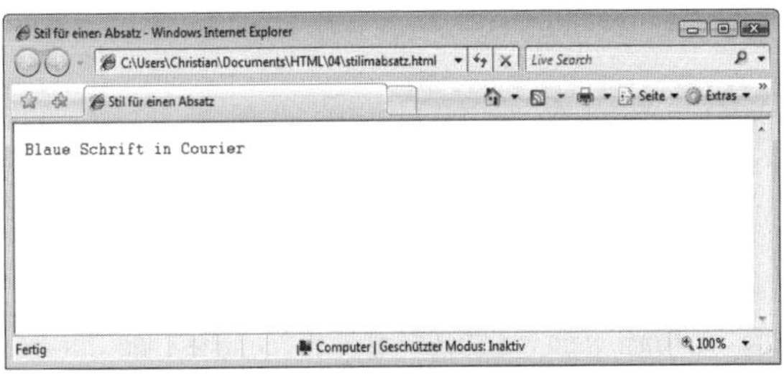

Abbildung 4.1: Für den Absatz wurde ein Stil definiert

Wenn Sie einen Stil nicht für einen ganzen Absatz, eine Liste oder eine Tabellenzelle definieren wollen, sondern für einen Textausschnitt, den Sie selbst bestimmen, verwenden Sie das Tag <span>. Innerhalb dieses Tags legen Sie mit dem Attribut `style` einen Stil für die Bereiche innerhalb des Tags fest.

```
<p>Ein normaler Absatz mit
<span style="color: blue; font-family: Courier">blauer
Schrift in Courier</span>
 zwischendrin</p>
```

Das obige Beispiel verdeutlicht die Funktionsweise des <span>-Tags. Der im <span>-Tag definierte Stil wird nur auf Text vom Beginn bis zum Ende (</span>) des Tags angewendet.

Hinweis

Wenn im <p>-Tag ein Stil definiert worden wäre, würde dieser von dem Stil im <span>-Tag überschrieben, da er in der Reihenfolge danach käme.

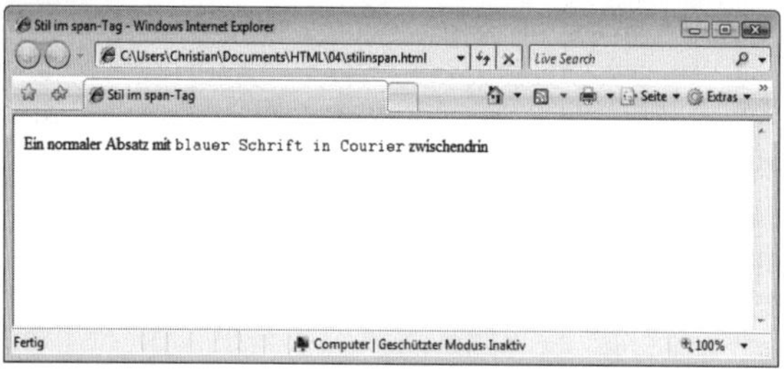

Abbildung 4.2: Eine Style-Sheet-Definition in <span>-Tags

Style Sheet im Kopf der HTML-Seite

Eine der wichtigsten Funktionen von Style Sheets ist, Formatierungen für große Bereiche vorgeben zu können. Dies wird natürlich mit Stildefinitionen in HTML-Tags nicht genutzt. Globaler wird es, wenn Sie Stile im Kopf der HTML-Seite definieren. Dafür müssen Sie zwischen `<head>` und `</head>` das Tag `<style>` einfügen.

```
<html>
<head>
 <title>Stil im Kopf</title>
 <style type="text/css">
  <!--
  p {color: blue; font-family:Courier}
  -->
 </style>
</head>
<body>
 <p>Ein normaler Absatz mit blauer Schrift in Courier</p>
```

```
 <p>Ein weiterer Absatz mit blauer Schrift in Courier</p>
</body>
</html>
```

Das obige Beispiel wurde in folgenden Schritten erstellt:

1 Zuerst wurde im Kopf der HTML-Seite zwischen <head> und </head> ein Style Sheet definiert. Dazu dient das Tag <style>.

2 Im <style>-Tag wird mit `type="text/css"` die Art des Style Sheets festgelegt. `text/css` bedeutet, dass es sich um ein Cascading Style Sheet handelt.

> **Hinweis**
>
> Die Angabe `type` können Sie auch weglassen. Dann findet der Browser automatisch heraus, um welche Art von Style Sheet es sich handelt. Für eine saubere Programmierung sollten Sie `type` allerdings immer angeben.

3 Die Style-Sheet-Definition beginnt man immer mit dem Anfang eines Kommentars `<!--`. Damit vermeiden Sie, dass ältere Browser die Inhalte der Style-Sheet-Definition falsch auslegen. Der Kommentar wird nach den Inhalten mit `-->` wieder geschlossen.

4 Mit `p` legen Sie fest, dass der Stil für alle <p>-Tags in der HTML-Seite verwendet werden soll. Die Definition des Stils erfolgt in geschweiften Klammern.

5 Im Körper der HTML-Seite haben wir als Beispiel zwei Absätze eingefügt – beide ohne eigenen Stil. Deshalb wird für beide die Stildefinition aus dem Kopf der HTML-Seite verwendet.

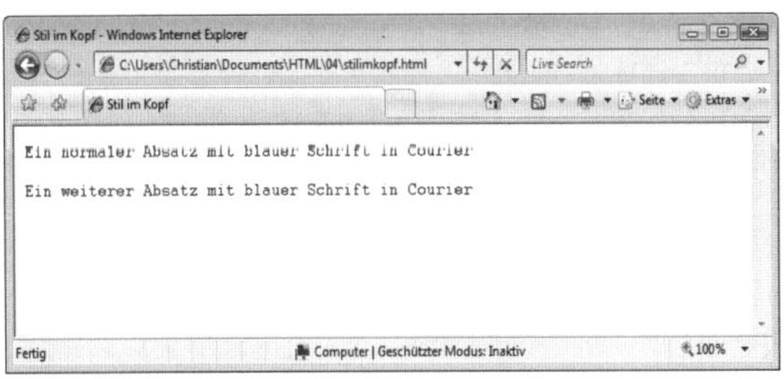

Abbildung 4.3: Beide Absätze sind blau und in Courier, da dieser Stil im Kopf der HTML-Seite definiert wurde

Hinweis

Die Style-Sheet-Definitionen im Kopf der HTML-Seite werden nicht nur von Stilen in Tags, sondern auch von Einstellungen mit dem `<font>`-Tag überschrieben. Haben Sie beispielsweise im Kopf der Tabelle eine Textfarbe definiert, wird diese von einer Farbdefinition im `<font>`-Tag überlagert.

Externes Style Sheet importieren

Wenn Sie eine große Website mit vielen HTML-Seiten erstellen wollen, sollten Sie ein Style Sheet nicht oben in jeder HTML-Seite definieren. Stattdessen legen Sie eine Style-Sheet-Datei an und importieren diese in jede HTML-Seite.

Achtung

Das Importieren mit `@import` funktioniert nur mit dem Internet Explorer, nicht mit dem Netscape Navigator oder Mozilla. Im nächsten Abschnitt zeigen wir Ihnen, wie Sie für diese Browser externe Style Sheets verlinken.

Die externe Style-Sheet-Datei erzeugen Sie am besten mit einem Text- oder HTML-Editor. Speichern Sie die Datei mit der Dateiendung *.css*.

Tipp

Manche HTML-Editoren haben eingebaute Funktionen, um Style-Sheet-Dateien zu erstellen.

Für dieses Beispiel haben wir die Datei *style.css* genannt. Sie hat folgenden Inhalt:

```
p {color: blue; font-family:Courier}
```

Von der Syntax her entspricht dies exakt der Style-Sheet-Definition im Kopf der Seite. Allerdings fällt das `<style>`-Tag weg.

In der HTML-Seite sieht das Ganze ein wenig anders aus:

Hier muss die externe Style-Sheet-Datei importiert werden. Dies geschieht im `<style>`-Tag im Kopf der Seite.

```
<html>
<head>
 <title>Externe Style Sheets</title>
 <style type="text/css">
  <!--
  @import url(style.css);
  li {color: red; font-family:Verdana}
  -->
 </style>
</head>
<body>
 <p>Ein normaler Absatz mit blauer Schrift in Courier</p>
 <p>Ein weiterer Absatz mit blauer Schrift in Courier</p>
 <ul>
  <li>Eine Liste in Rot und Verdana</li>
 </ul>
</body>
</html>
```

Folgende Funktionen sind in diesem Beispiel enthalten:

1 Innerhalb des `<style>`-Tags wird nach den gewohnten Kommentarzeichen der Befehl `@import url(style.css)` dazu verwendet, die Datei mit dem Namen *style.css* zu importieren. In den Klammern bei `url` können Sie natürlich jede Art von Links einfügen.

2 Nach dem Importbefehl und dem Strichpunkt (;) können Sie beliebige andere Stile definieren. Diese gelten dann nur für diese HTML-Seite. In diesem Beispiel ist das die Definition einer Farbe und Schriftart für das `<li>`-Tag.

> **Hinweis**
>
> Die Stile, die nach dem Importbefehl definiert werden, überschreiben bei Überschneidungen die Stile der externen Style-Sheet-Datei.

3 Im Körper der HTML-Seite haben wir für dieses Beispiel zwei normale Absätze und eine Liste angelegt. Diese zeigen die Funktionsweise der Style Sheets.

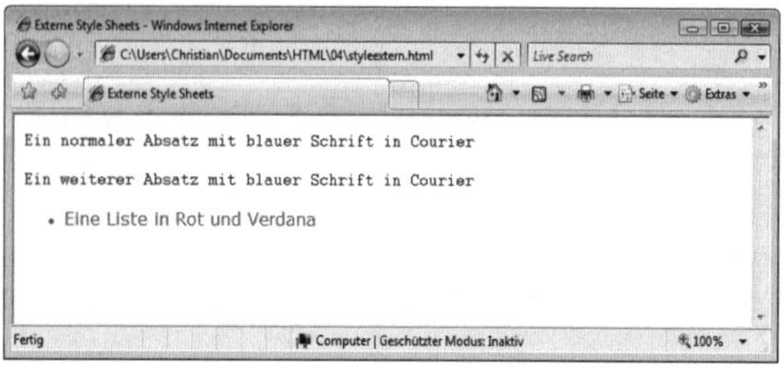

Abbildung 4.4: Formatierung mit einem importierten Style Sheet

Externes Style Sheet linken

Wenn Sie ein globales Style Sheet verwenden, können Sie es nicht nur importieren, sondern auch darauf linken (verweisen). Dazu dient das Tag `<link>` im Kopf der jeweiligen HTML-Seite.

Für dieses Beispiel verwenden Sie wieder die Style-Sheet-Datei *style.css* aus dem letzten Abschnitt.

Die HTML-Seite, in der das externe Style Sheet gelinkt wird, sieht für das Beispiel folgendermaßen aus:

```
<html>
<head>
 <title>Externe Style Sheets verlinken</title>
 <link href="style.css" rel=stylesheet type="text/css"
title="stylesheet1">
 <style type="text/css">
  <!--
  li {color: red; font-family: Verdana}
  -->
 </style>
</head>
<body>
 <p>Ein normaler Absatz mit blauer Schrift in Courier</p>
 <p>Ein weiterer Absatz mit blauer Schrift in Courier</p>
 <ul>
```

```
  <li>Eine Liste in Rot und Verdana</li>
 </ul>
</body>
</html>
```

Zum Verlinken eines Style Sheets sind folgende Schritte nötig:

1 Fügen Sie zwischen `<head>` und `</head>` nach dem Titel das Tag `<link>` ein.

2 Dieses Tag erhält folgende Elemente:

- `href` gibt den Ort der Style-Sheet-Datei an. Hier kann sowohl ein relativer als auch ein absoluter Link verwendet werden.
- `rel` zeigt dem Browser, um welche Art es sich bei der verlinkten Datei handelt. Der Wert `stylesheet` gibt an, dass es sich um ein Style Sheet handelt.
- Bei `type` geben Sie an, dass es sich um ein Cascading Style Sheet handelt.
- `title` vergibt einen Namen für das Style Sheet. Damit können Sie mehrere Style Sheets in einem HTML-Dokument unterscheiden.

3 Innerhalb der `<style>`-Tags definieren Sie noch weitere Stile. Diese überschreiben – bei Überschneidungen – die Definitionen des externen Style Sheets.

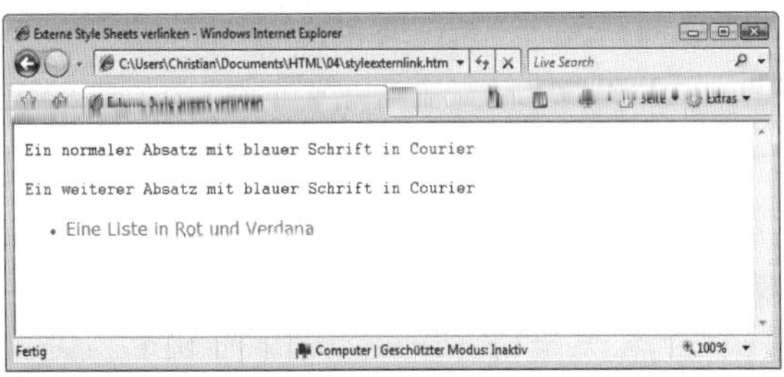

Abbildung 4.5: Das externe Style Sheet zeigt Wirkung

> **Tipp**
>
> Externe Style Sheets sind für erfolgreiche Websites unabdingbar. Wenn Sie einen Stil ändern wollen, müssen Sie das nur an einer zentralen Stelle statt in allen Dokumenten tun. Mit externen Style Sheets wird beispielsweise das Corporate Design für Schrift und Links für alle Seiten einer Website geregelt.

Stile zuweisen

In diesem Abschnitt zeigen wir Ihnen, welchen Elementen Sie Stile zuweisen können. Im letzten Abschnitt haben wir für Style Sheets immer nur Stile für ein Tag zugewiesen. Dies wird sich hier ändern.

> **Hinweis**
>
> Wir arbeiten in diesem Abschnitt mit einem Style Sheet im Kopf der HTML-Datei. Natürlich würde das hier besprochene auch mit externen Style Sheets funktionieren.

Ein Stil für ein Tag

Die Zuweisung für ein Tag folgt immer dem gleichen Muster.

```
li {color: red; font-family: Verdana}
```

Zuerst wird das entsprechende Tag notiert, innerhalb der geschweiften Klammern folgen dann die einzelnen Stilzuweisungen. Getrennt werden die Stilzuweisungen mit Kommata (,). Eine Stilzuweisung besteht aus dem Attribut wie `color` oder `font-family` und dem Wert des Attributs wie `red` und `Verdana`. Attribut und Wert werden von einem Doppelpunkt (:) getrennt.

Wenn Sie mehrere Tags mit den gleichen Stilzuweisungen versehen wollen, schreiben Sie die Tags einfach mit Kommata (,) getrennt hintereinander. Die Stilanweisungen folgen danach in geschweiften Klammern.

```
p, h1 {color: blue; font-family: Arial}
```

Verschiedene Stile für verschachtelte Tags

Manche Tags wie beispielsweise Listen lassen sich über mehrere Ebenen tief verschachteln. Sie können jeder Ebene einen eigenen Stil zuweisen, indem Sie das einleitende Tag so oft wiederholen, wie es Verschachtelungsebenen gibt.

```
<html>
<head>
 <title>Stile für verschachtelte Tags</title>
 <style type="text/css">
  <!--
  ul li {color: red; font-family:Verdana}
```

```
  ul ul li {color: blue; font-family:Courier}
  -->
 </style>
</head>
<body>
 <ul>
  <li>Eine Liste in Rot und Verdana
  <ul>
   <li>Die untergeordnete Liste in Blau und Courier</li>
  </ul>
  </li>
 </ul>
</body>
</html>
```

In unserem Beispiel wurde die erste Ebene der Liste in Rot und Verdana dargestellt. Die zweite wird mit `ul ul li` adressiert und die Schrift blau und in Courier formatiert.

> **Tipp**
>
> Wenn Sie einen Stil für jede Art von Listeneintrag mit `li` definieren, so wird dieser immer von den Definitionen der speziellen Ebenen mit `ul li`, `ul ul li` etc. überschrieben. Dies ist unabhängig von der Reihenfolge im Style Sheet.

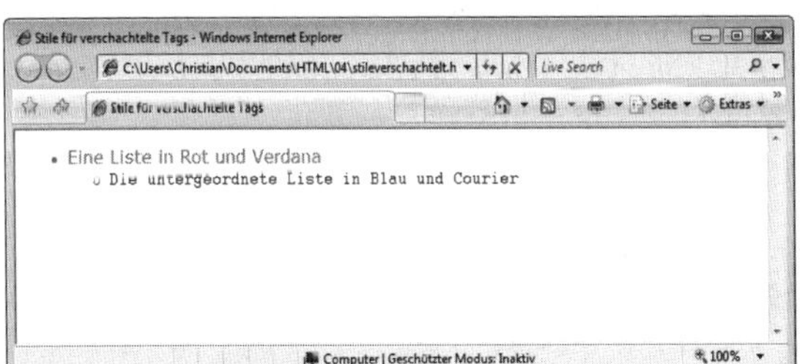

Abbildung 4.6: Einer verschachtelten Liste verschiedene Stile zuweisen

Stile für Tags in anderen Tags

Wenn Sie einem Tag nur dann einen Stil zuweisen wollen, wenn dieser in einem anderen Tag enthalten ist, geben Sie zuerst das äußere, dann das innere Tag mit einem Leerzeichen getrennt ein.

```
p b {color: red}
```

Im obigen Beispiel werden alle Textstellen, die sich in einem <b>-Tag befinden, das selbst in einem <p>-Tag enthalten ist, rot dargestellt.

Stile mit Klassen

Mit Klassen können Sie für ein Tag verschiedene Stile festlegen. Alternativ dazu erstellen Sie eine Tag-unabhängige Klasse, die sich auf jedes beliebige Tag anwenden lässt. Beide Möglichkeiten zeigen wir Ihnen im Folgenden.

Wenn Sie für ein Tag mehr als einen Stil haben wollen, müssen Sie für dieses Tag unterschiedliche Klassen erstellen. Dies kann beispielsweise bei Absätzen oder Tabellenzellen sinnvoll sein.

Sie schreiben einfach das gewünschte Tag und durch einen Punkt (.) getrennt den Namen der Klasse. Dahinter folgt dann die Stildefinition in geschweiften Klammern.

Im Folgenden sehen Sie ein kurzes Beispiel:

```
<html>
<head>
 <title>Stile mit Klassen</title>
 <style type="text/css">
  <!--
  p.klasse1 {color: red; font-weight: bold}
  p.klasse2 {color: blue; font-style: italic}
  -->
 </style>
</head>
<body>
 <p class="klasse1">Ein Absatz mit rotem und fettem Text</p>
 <p class="klasse2">Ein Absatz mit blauem und kursivem
Text</p>
```

```
  <p>Ein Absatz ohne Stil</p>
</body>
</html>
```

Im obigen Beispiel sind folgende Schritte wichtig:

1 Im Kopf der HTML-Seite wird ein Style Sheet definiert, das zwei Klassen für das `<p>`-Tag enthält.

2 Die erste Klasse für das `<p>`-Tag heißt `klasse1` und legt roten und fetten Text fest.

> **Hinweis**
>
> Das Attribut `font-weight` steht für den Schnitt der Schrift. Mit dem Wert `bold` heben Sie Text fett hervor.

3 Die zweite Klasse heißt `klasse2` und ist mit `p.` ebenfalls für das `<p>`-Tag zuständig. Mit ihr wird der Text blau und kursiv.

> **Hinweis**
>
> Das Attribut `font-style` steht für den Schriftstil. Der Wert `italic` formatiert den Text kursiv.

4 Im `<p>`-Tag für einen Absatz legen Sie mit dem Attribut `class` fest, welche Klasse eingesetzt wird. Die Klasse wird dabei mit ihrem Namen aufgerufen. Wenn im `<p>`-Tag keine Klasse angegeben ist (wie im letzten Absatz unseres Beispiels), so wird nur eine Formatierung, die ohne Klasse angegeben ist, übernommen.

> **Achtung**
>
> Eine Klasse, die einem bestimmten Tag zugewiesen ist, kann nicht innerhalb eines anderen Tags aufgerufen werden.

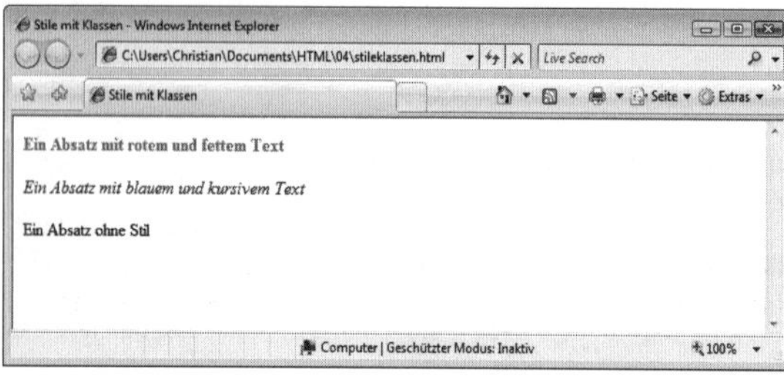

Abbildung 4.7: Mit Klassen wurden unterschiedlichen Absätzen verschiedene Stile zugewiesen

Um eine Klasse unabhängig von einem Tag zu definieren, schreiben Sie den Namen der Klasse hinter einen Punkt (.). Vor dem Punkt fehlt allerdings der Tag-Name.

Wir illustrieren Ihnen dies anhand des folgenden Beispiels:

```
<html>
<head>
 <title>Stile mit unabh&auml;ngigen Klassen</title>
 <style type="text/css">
  <!--
  .klasse1 {color: red; font-weight: bold}
  .klasse2 {color: blue; font-style: italic}
  -->
 </style>
</head>
<body>
 <p class="klasse1">Ein Absatz mit rotem und fettem Text</p>
 <p class="klasse2">Ein Absatz mit blauem und kursivem
Text</p>
 <ul>
  <li class="klasse1">
  Eine Liste mit rotem und fettem Text
  </li>
```

```
  </ul>
</body>
</html>
```

Um die allgemeinen Klassen für das obige Beispiel einzubinden, sind folgende Schritte nötig:

1 Im Style Sheet im Kopf der HTML-Seite definieren Sie die zwei allgemeinen Klassen. Zuerst kommt der Punkt (`.`). Er zeigt an, dass es eine allgemeine Klasse ist, die keinem Tag zugeordnet ist. Dann folgt mit `klasse1` oder `klasse2` der Name der Klasse.

2 Die Stileinstellungen folgen jeweils in geschweiften Klammern.

3 In den Tags im Körper der HTML-Seite werden die allgemeinen Klassen mit dem Attribut `class` aufgerufen. Die zugewiesene Schriftformatierung reicht dabei nur bis zum Ende des jeweiligen Tags.

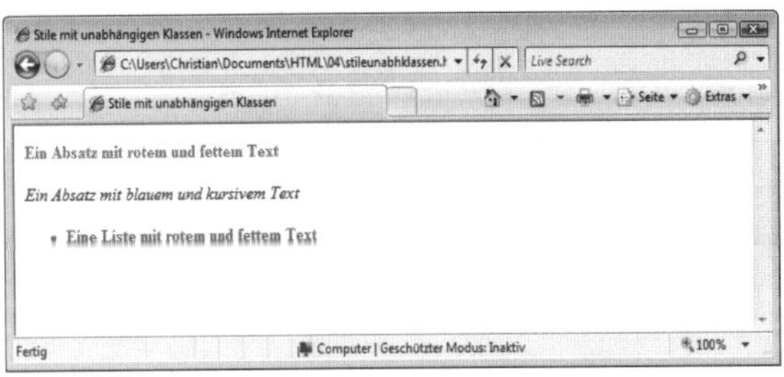

Abbildung 4.8: Die Absätze und die Liste wurden mit allgemeinen Klassen formatiert

> **Tipp**
>
> Wenn Sie eine Klasse für mehrere Tags zuweisen wollen, schreiben Sie die Tags mit Kommata getrennt hintereinander. Ein Beispiel wäre `p.klasse1, li.klasse1`. Mit diesem Code können Sie die Klasse namens `klasse1` in <p>- und <li>-Tags einsetzen. Natürlich können Sie eine Klasse auch für verschachtelte Tags auf verschiedenen Hierarchieebenen einsetzen. Ein Beispiel hierfür wäre `ul li.klasse1`. Damit werden die nachfolgenden Stile allen Listeneinträgen der ersten Ebene zugewiesen.

Stile mit IDs

Im offiziellen CSS-Standard des W3C-Konsortiums wird die Verwendung von IDs an Stelle von Klassen nicht empfohlen, da eine ID normalerweise nur für ein Element als Identifizierer dienen sollte (ID von Identifier). Dennoch wollen wir sie hier kurz vorstellen.

IDs funktionieren im Prinzip genauso wie Klassen. Man kann sie an Tags binden oder auch als allgemeine IDs definieren. IDs werden statt mit einem Punkt mit einem Doppelkreuz (#) vom Tag getrennt beziehungsweise als allgemeine IDs gekennzeichnet.

Im Folgenden zeigen wir ein kurzes Beispiel für die Funktionsweise:

```
<html>
<head>
 <title>Stile mit IDs</title>
 <style type="text/css">
  <!--
  p#ID1 {color: red; font-weight: bold}
  #ID2 {color: blue; font-style: italic}
  -->
 </style>
</head>
<body>
 <p id="ID1">Ein Absatz mit rotem und fettem Text</p>
 <p id="ID2">Ein Absatz mit blauem und kursivem Text</p>
 <ul>
  <li id="ID2">
  Eine Liste mit blauem und kursivem Text
  </li>
 </ul>
</body>
</html>
```

Im obigen Beispiel sind folgende Besonderheiten zu finden:

1 Im Style Sheet im Kopf der HTML-Seite legen Sie die IDs fest. Die erste ID ist mit p# an das <p>-Tag gebunden.

2 Die zweite ID ist allgemein, da vor dem Doppelkreuz (#) kein Tag steht.

3 In den Tags wird die jeweilige ID mit dem Attribut `id` aufgerufen. Der Wert des Attributs ist der Name der jeweiligen ID. Eine ID, die an ein Tag gekoppelt ist, kann auch nur in diesem Tag angewendet werden. Eine allgemeine ID lässt sich in jedem Tag aufrufen.

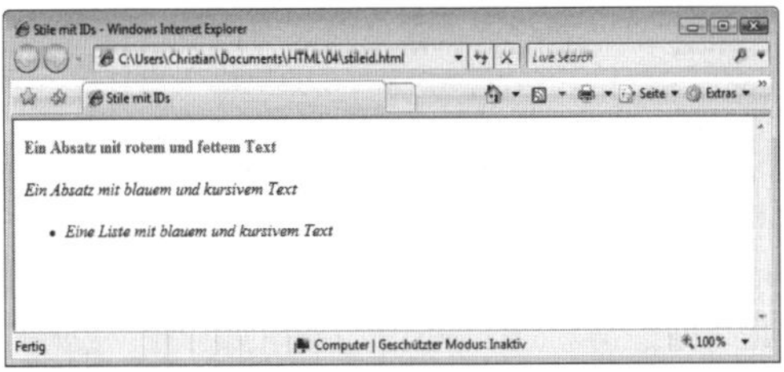

Abbildung 4.9: Die Stile für die Absätze und die Liste wurden mit IDs zugewiesen

> **Hinweis**
>
> Wenn Sie in einer HTML-Seite sowohl IDs als auch Klassen einsetzen, werden die IDs den Klassen vorgezogen.

> **Tipp**
>
> Wie bei Klassen können Sie IDs für mehrere Tags zuweisen, die mit Kommata getrennt sind. Auch verschiedene Hierarchieebenen von Listen lassen sich mit einer eigenen ID versehen.

Formatierung

In diesem Abschnitt zeigen wir Ihnen einige Formatierungsmöglichkeiten mit Style Sheets.

> **Hinweis**
>
> Für einen kompletten Überblick fehlt leider der Platz. Hier verweisen wir Sie auf eine entsprechende Referenz wie beispielsweise `http://www.css4you.de/`.

Schriftformatierung

Style Sheets bieten hervorragende Möglichkeiten, größere Textpassagen zu formatieren. Einige davon haben Sie schon in den vorigen Abschnitten kennen gelernt.

Das Attribut `font` enthält die meisten anderen Attribute. Sie werden einfach durch Leerzeichen getrennt hintereinander aufgereiht.

```
p {font: italic bold 18pt Arial;}
```

Wichtig ist dabei die Reihenfolge. Wenn diese nicht stimmt, wird überhaupt keiner der Werte umgesetzt. Die richtige Reihenfolge ist: `font-style`, `font-weight`, `font-size`, `font-face`.

Neben der Formatierung mit `font` gibt es alle Formatierungsangaben auch als einzelne CSS-Attribute. So steht `font-family` beispielsweise für die Schriftart, `font-size` für die Größe und `font-weight` für Fettdruck. Hier ein einfaches Beispiel:

```
p {
  font-family: Arial, Helvetica, sans-serif;
  color: red;
  font-style: italic;
  font-weight: bold;
  font-size: 1.2em;
}
```

Absätze werden hier mit `font-family` in der Schriftart Arial formatiert, wenn diese auf dem System installiert ist. Arial gehört zu den Standardschriftarten, die auf den meisten Rechnern installiert sind. Nur Schriftarten, die auf dem System des Nutzers installiert sind, kann der Browser verwenden und darstellen. Ist Arial nicht vorhanden, versucht der Browser, die nächste Schriftart in der Liste zu verwenden, hier Helvetica (ähnlich der Arial und vor allem am Mac verbreitet). Gibt es auch keine Helvetica, verwendet der Browser `sans-serif`, sprich eine Schrift ohne Serifen (das sind die kleinen Schnörkel an Schriften wie der Times New Roman), die als Standard im Browser vorgesehen ist.

Als Nächstes folgt die Definition der Farbe. Vor dem CSS-Befehl `color` steht kein *font-*, weil es sich hier rein logisch um die Vordergrundfarbe handelt. Sie ist allerdings in der Praxis vor allem für die Schriftfarbe entscheidend. Im Beispiel wird ein in HTML definierter Farbwert verwendet. Farbwerte können in HTML und CSS auf zweierlei Arten und Weisen angegeben werden: entweder anhand ihres Namens oder anhand ihres RGB-Codes. Dazu ein wenig Hintergrundwissen aus der Grafikerecke: Bildschirmfarben werden aus den drei Grundfarben Rot, Grün und Blau (im Gegensatz zu den subtraktiven Grundfarben Gelb, Rot und Blau, die man aus der Schule kennt) gemischt. Sie müssen nun angeben, wie viele Teile Rot, Grün und Blau in einer Farbe enthalten sind, und zwar in HTML und CSS als eine Zahl zwischen 0 und 255. Beispielsweise ergeben 255 Teile Rot, 0 Teile Grün und 0 Teile Blau ein sattes, reines Rot, während 255 Teile Rot, 255 Teile Grün und 0 Teile Blau die Farbe Gelb ergeben. 255 Teile Rot, 255 Teile Grün und 255 Teile Blau ergeben Weiß und jeweils 0 Teile von jeder Grundfarbe Schwarz.

Diese Anteile müssen Sie nun in Hexadezimalwerte umrechnen. Hierzu ein kleiner Exkurs:

Im Dezimalsystem gibt es zehn Ziffern von 0 bis 9. Im Hexadezimalsystem dagegen sind es 16 Ziffern: 0 bis 9 und dann a bis f. Die »Ziffer« f hat also den Wert 15. Wenn Sie nun eine zweistellige Zahl haben, beispielsweise FF, dann müssen Sie die erste Ziffer mit 16 multiplizieren und dazu die zweite Ziffer addieren, um den Wert der Zahl zu erlangen. Bei ff ist das beispielsweise 15 * 16 + 15 = 255.

Aber zurück zu den Farben: Um einen so genannten Farbcode zu erzeugen, müssen Sie die Anteile für Rot, Grün und Blau in zweistellige Hexadezimalzahlen umwandeln, aneinanderhängen und ein Doppelkreuz (#) davorstellen. Somit hat Rot den Farbcode #ff0000 (255 Teile Rot, 0 Teile von den restlichen Farben), Gelb hat den Farbcode #ffff00, Weiß hat #ffffff und Schwarz #000000. In CSS können Sie alternativ auch die Zahlenwerte aneinanderhängen und innerhalb von `rgb()` schreiben:

```
color: rgb(255, 0, 0);
```

Wenn Ihnen das zu kompliziert ist, können Sie auch eine Abkürzung wählen und vordefinierte Farbnamen verwenden. In folgender Tabelle finden Sie eine Übersicht über einige in HTML und CSS vordefinierten Farbnamen sowie die dazugehörigen Farbcodes.

Farbname	Farbcode
black	#000000
silver	#c0c0c0
gray	#808080
white	#ffffff
maroon	#800000
red	#ff0000

Tabelle 4.1: Die Grundfarben von HTML und CSS

Farbname	Farbcode
purple	#800080
fuchsia	#ff00ff
green	#008000
lime	#00ff00
olive	#808000
yellow	#ffff00
navy	#000080
blue	#0000ff
teal	#008080
aqua	#00ffff

Tabelle 4.1: Die Grundfarben von HTML und CSS (Forts.)

Zur Hervorhebung bietet CSS die Befehle `font-style` und `font-weight`. `font-style` erhält als Wert meist `italic` für Schrägstellung der Schrift (= kursiv). `font-weight` wird meist auf `bold` gesetzt, um Text fett darzustellen. Soll ein Text, beispielsweise eine Überschrift, nicht fett sein, vergeben Sie den Wert `normal`.

Die Schriftgröße kann in CSS per `font-size` angegeben werden. Hier sind absolute und relative Maßeinheiten möglich. Absolute Angaben sind aus der Textverarbeitung bekannt und werden meist in Punkt (`pt`) angegeben. Der Nachteil ist, dass die Größe auf verschiedenen Auflösungen unterschiedlich gut zu lesen ist. Alternativ lässt sich hier Pixel (`px`) einsetzen. Ein Pixel entspricht dabei einem Bildschirmpunkt. Beide Einheiten haben aber den Nachteil, dass Sie sich mit manchen Browsern (z. B. Internet Explorer 6) nicht vom Nutzer vergrößern lassen. Heute sind deswegen relative Angaben mit Prozent oder em am verbreitetsten. Ein em entspricht dabei der Standardschriftgröße im Browser (16 Punkt). Die Einheit hat ihren Namen von der Standardbreite des Buchstabens m. Beachten Sie, dass relative Schriftgrößen auch relativ zum übergeordneten Element sind. Haben Sie beispielsweise für einen Absatz 0.8 em vergeben und für ein `<span>`-Tag darin noch einmal 0.8 em, so hat der Text im `<span>`-Tag nur noch eine Größe von 0.8 * 0.8 = 64 % der ursprünglichen Schriftgröße des Browsers.

In der folgenden Tabelle haben wir Ihnen die wichtigsten Attribute zur Textformatierung noch einmal zusammengefasst.

Attribut	Beschreibung	Werte
color	Legt die Schriftfarbe fest	Ein Farbname (Red, Black etc.) oder ein hexadezimaler RGB-Wert (z. B. #ff0000 für Rot) oder ein RGB-Wert (rgb(255,0,0) für Rot).
font-family	Legt eine Schriftfamilie fest	Eine Schrift (z. B. Arial) oder eine Schriftfamilie (`serif`, `sans-serif` etc.)
font-style	Legt den Schriftstil fest	`italic` (kursiv) `oblique` (Hervorhebung, kursiv) – verwendet eventuell vorhandenen Schriftschnitt `oblique` der Schrift
font-variant	Erlaubt Ihnen, einen Text nur als Kleinbuchstaben darzustellen. Funktioniert nur mit dem Internet Explorer	`smallcaps` (Text in Kleinbuchstaben)
font-size	Legt die Größe der Schrift fest	Numerische Werte. Können in Punkt (`pt`), Pixel (`px`), Prozent von der normalen Schriftgröße (%), in relativer Größe als `em` oder mit absoluten Begriffen wie `small`, `medium` und `large` angegeben werden
font-weight	Stärke der Schrift	`bold` (fett) Numerisch in einer Skala von 100 bis 1.000 (400 = normal, 700 = fett)
text-align	Die Ausrichtung des Texts	`center` (zentriert) `justify` (Blocksatz; funktioniert nicht mit gängigen Browsern) `left` (links) `right` (rechts)
text-decoration	Besondere Textauszeichnungen	`underline` (unterstrichen) `blink` (Text blinkt) `line-trough` (Text durchgestrichen) `overline` (Linie über Text)

Tabelle 4.2: Attribute zur Schriftformatierung

> **Hinweis**
>
> Für die meisten Attribute aus der oberen Tabelle ist die Standardeinstellung `normal`. Wenn die Attribute nicht zugewiesen sind, wird diese Standardeinstellung verwendet.

Absatzanfang

Neben den drei Pseudoklassen für Links gibt es noch zwei weitere für das <p>-Tag. Dies sind:

- `p:first-line` – diese Pseudoklasse erlaubt Ihnen, einen Stil für die erste Zeile eines Absatzes festzulegen.
- `p:first-letter` – bietet Ihnen die Möglichkeit, für den ersten Buchstaben eines Absatzes einen anderen Stil zu vergeben.

> **Hinweis**
>
> Diese Funktion kann dazu verwendet werden, die aus dem Druckbereich bekannten »großen« Anfangsbuchstaben zu erzeugen.

Linkformatierung

Links werden genauso wie normaler Text formatiert. Allerdings müssen Sie beispielsweise für die Formatierung der Linkfarbe immer direkt auf den Link zugreifen:

```
p { color: green; }
```

formatiert beispielsweise den Absatz, nicht aber darin enthaltene Links. Um diese zu formatieren, müssen Sie direkt das <a>-Tag ansprechen:

```
p a { color: green; }
```

Für Links gibt es neben den Standardformatierungen vier so genannte Pseudoklassen. Das sind vier Zustände eines Links, für die Sie jeweils getrennt Stile zuweisen können:

- `a:link` erlaubt Ihnen, einen Stil für den Link im Normalzustand festzulegen.
- `a:visited` bestimmt einen Stil für einen Link auf eine schon besuchte Seite.

- `a:focus` steuert den Stil für einen Link, der den Fokus erhält, also beispielsweise mit der Tabulatortaste angesurft wird.
- Mit `a:active` legen Sie einen Stil für einen gerade vom Nutzer angeklickten Link fest.

Eine fünfte Pseudoklasse ist `a:hover`. Sie sorgt für einen Rollover-Effekt. Mehr dazu lesen Sie in *Kapitel 9*.

Ein Beispiel für den Einsatz einer Pseudoklasse wäre folgende Codezeile:

```
a:link
```

Sie sorgt dafür, dass alle noch nicht aktivierten oder besuchten Links ohne Unterstreichung dargestellt werden. Diese Funktion wird von vielen großen Seiten genutzt. Beispielsweise stellt der Spiegel (`http://www.spiegel.de/`) seine Links rot und nicht unterstrichen dar. Aktivierte Links werden im selben Rot abgebildet und auch besuchte Links entsprechen normalen Links. Dies wird mit einem einfachen Style Sheet erreicht:

```
a:link {color: #990000; text-decoration: none}
a:visited {color: #990000; text-decoration: none}
a:active {color: #990000; text-decoration: none}
```

Abbildung 4.10: Der Spiegel stellt die Links rot und nicht unterstrichen dar

Eine Schriftart für die ganze Seite

Eines der häufigsten Anwendungsgebiete bei der Schriftformatierung ist, eine Schriftart für die gesamte Seite festzulegen. Dafür müssen Sie die Schriftart sowohl dem `<body>`- als auch dem `<td>`-Tag für Tabellen (siehe *Kapitel 7*) zuweisen.

```
<html>
<head>
 <title>Schriftart f&uuml;r die ganze Seite</title>
 <style type="text/css">
  <!--
  body, td {font-family: Arial, sans-serif}
  -->
 </style>
</head>
<body>
 <h1>Überschrift</h1>
 <p>Ein normaler Absatz</p>
 <table>
  <tr>
   <td>Tabelle</td>
  </tr>
 </table>
 <ul>
  <li>
  Eine Liste
  </li>
 </ul>
</body>
</html>
```

Die Zuweisung der Schriftart erfolgt in folgenden Schritten:

1 Im Kopf der HTML-Seite wird ein Style Sheet eingefügt.

2 Das Style Sheet erhält eine Stildefinition für das `<body>`- und alle `<td>`-Tags (`body, td`).

3 In den geschweiften Klammern hinter den Tags wird der Stil definiert. Mit dem Attribut `font-family` wählen Sie eine Schriftart. In unserem Beispiel haben wir `Arial` gewählt und als Alternative nach dem Komma eine andere serifenlose (`sans-serif`) Schrift angegeben.

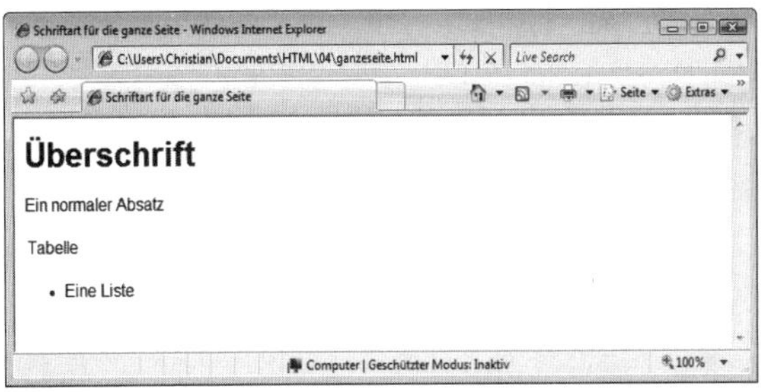

Abbildung 4.11: Eine Schriftart für die gesamte Seite wurde festgelegt

Fragen

1. Geben Sie drei Möglichkeiten an, ein Style Sheet in einer HTML Seite zu verwenden.
2. Mit welcher Anweisung erreichen Sie, dass der komplette Text einer Webseite in Verdana gestaltet wird?

Das können Sie schon

Textausgabe	42
Textformatierung	54
Interne Links	64
Externe Links	71
Textmarken	77
Zielfenster	81
Verschiedene Arten von Style Sheets	86
Stile zuweisen	94
Formatierung mit Style Sheets	101

Das lernen Sie neu

Dateiformate	112
Das <img>-Tag	113
Eine Grafik als Hintergrund	124
Imagemaps	127

Kapitel 5

Es wird bunter

Zu Anfang dieses Kapitels lesen Sie eine nicht allzu gewagte Prognose: Mindestens 99 % aller Websites setzen in irgendeiner schönen oder weniger schönen Form Grafiken ein. Denn ein Bild, richtig eingesetzt, sagt mehr als tausend Worte. In diesem Kapitel wollen wir klären, welche Dateiformate in HTML (im Web) verwendbar und für welchen Zweck sie jeweils sinnvoll sind. Anschließend zeigen wir Ihnen, wie Sie Grafiken mit dem `<img>`*-Tag in den HTML-Code einbauen. Zum krönenden Abschluss widmen wir uns Imagemaps, unterteilen ein Beispielfoto in verschiedene Bereiche und versehen diese mit Links.*

Dateiformate

Im Web sind drei Dateiformate für Bitmapgrafiken gebräuchlich: GIF, JPEG und PNG.

> **Hinweis**
>
> Bitmapgrafik bezeichnet eine Grafik, die aus lauter Bildpunkten (sog. Pixel) besteht. Im Gegensatz dazu gibt es auch Vektorgrafiken (fürs Web z. B. das Flash-Format), die aus geometrischen Figuren bestehen.

Je nach Einsatzgebiet wählt man unterschiedliche Dateiformate. Die folgende Tabelle gibt Ihnen Aufschluss über die Möglichkeiten:

Abkürzung	**Name**	**Transparenz**	**Farbtiefe**	**Komprimierung**	**Einsatzgebiet**
GIF	Compuserve Graphics Interchange Format	Ja	Max. 8 Bit; dies entspricht 256 Farben	Verlustfreie LZW-Komprimierung, die vor allem Farbflächen gut komprimiert	Grafiken mit größeren Farbflächen, Buttons, Schrift etc.
JPEG od. JPG	Kommt von Joint Picture Experts Group	Nein	24 Bit; dies entspricht 16,78 Millionen Farben	Verlustbehaftete Komprimierung	Fotos, Grafiken mit sehr vielen Farben
PNG	Portable Network Graphics	Ja PNG-24: Alphatransparenz (halbtransparente Pixel)	Bis 8 Bit (PNG-8); 24 Bit (PNG-24)	Verlustfrei	Für alle Bereiche einsetzbar; Verbreitung noch relativ gering, wird aber von allen gängigen Browsern unterstützt. Nur die Alphatransparenz-Unterstützung bei PNG-24 fehlt im Internet Explorer 6 und älteren Versionen.

Tabelle 5.1: Dateiformate für das Web

Das <img>-Tag

In diesem Abschnitt binden wir eine Grafik in HTML ein. Dazu dient das Tag <img> (*img* steht für Image, zu Deutsch Bild). Es ist eines der wenigen Tags, die nicht unbedingt beendet werden müssen. Sauberer, sprich XHTML-konform, ist es allerdings. Sie verwenden dazu das Tag </img> oder die Kurzform <img />.

> **Hinweis**
>
> Neben dem <img>-Tag können Sie eine Grafik auch als Hintergrundbild definieren. Näheres dazu erfahren Sie im Abschnitt *Eine Grafik mit einem Link versehen.*

Das <img>-Tag enthält einige Attribute, mit denen Sie die unterschiedlichsten Möglichkeiten haben. Das src-Attribut legt die Bildquelle fest, height und width steuern die Größe und border bestimmt den Bildrahmen. Jedem dieser Attribute ist ein eigener Abschnitt gewidmet.

Das Attribut src

Ohne src kein Bild. Diese Regel ist grundlegend und muss eigentlich nicht erwähnt werden. Denn src definiert die Quelle der Bilddatei (von engl.: source = Quelle). Dies ist die Position, an der das Bild zu finden ist. Funktional gleicht src dem href-Attribut eines normalen Links.

> **Hinweis**
>
> Für die nun folgenden Beispiele verwenden wir eine Grafikdatei namens *bild.jpg*. Wollen Sie lieber eine andere Bilddatei einsetzen, ändern Sie in den Listings und Codebeispielen nur den Namen *bild.jpg* in den Namen Ihrer Bilddatei.

```
<img src="bild.jpg" />
```

Im obigen Codebeispiel rufen Sie die Datei *bild.jpg* auf, die sich im gleichen Verzeichnis wie die HTML-Datei befindet. Wollen Sie eine Datei aufrufen, die in einem anderen Verzeichnis liegt, müssen Sie nur darauf verweisen:

```
<img src="grafiken/bild.jpg" />
```

Die obige Codezeile verweist beispielsweise auf ein Bild im Verzeichnis *grafiken*.

Achtung

Da das <img>-Tag kein End-Tag besitzt, schließen wir es XHTML-konform mit einem Schrägstrich (/) ab.

Natürlich sind mit dem src-Attribut auch absolute Verweise auf URLs möglich.

```
<img src="http://www.mut.de/grafiken/bild.jpg" />
```

In diesem Beispiel wird auf die Markt+Technik-Website und dort in den Ordner *Grafiken* gelinkt.

Hinweis

Dies ist nur ein Beispiel, die Datei existiert dort nicht wirklich.

Das Attribut border

Mit src haben wir also bereits eine Bildquelle definiert. Nun geht es ans Feintuning. Das Attribut border legt die Breite des Bildrahmens in Pixel fest. Wie dieser Rahmen aussieht, bleibt dem jeweiligen Browser überlassen.

```
<img src="bild.jpg" border="2" />
```

Dieses Codebeispiel zieht einen zwei Pixel breiten Rahmen um das Bild (siehe Abbildung 5.1).

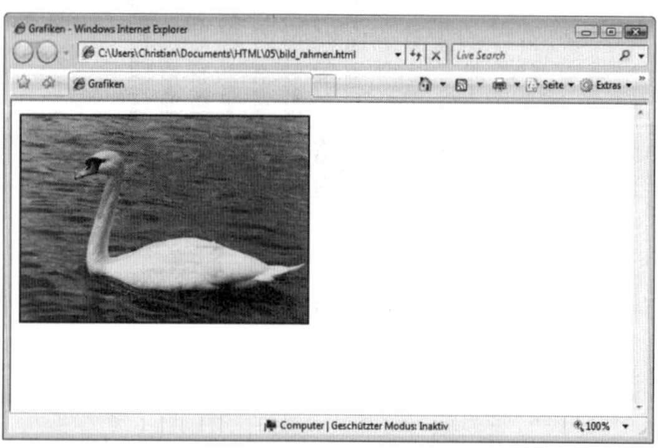

Abbildung 5.1: Ein Bild mit einem zwei Pixel breiten Rahmen

Wenn Sie `border` weglassen, erscheint kein Rand um das Bild. Eine Ausnahme ist, wenn das Bild mit einem Link versehen wurde. In diesem Fall wird der ein Pixel breite Rahmen in der normalen Linkfarbe dargestellt. Um ihn zu entfernen, müssen Sie `border` auf `0` setzen.

Die Attribute height und width

Mit den Attributen `height` und `width` steuern Sie die Größe des Bildes. `height` steht dabei für die Höhe, `width` für die Breite. Sind die beiden Attribute nicht angegeben, so wird die Originalgröße des Bildes verwendet. Breite und Höhe werden normalerweise in Pixel angegeben. Ein Pixel ist ein Punkt der Bildschirmauflösung. Heute sind Bildschirmauflösungen von 1024 * 768 Pixel am weitesten verbreitet.

```
<img src="bild.jpg" height="231" width="350" />
```

Unserem Beispielbild weist die obige Codezeile eine Höhe von 231 Pixel und eine Breite von 350 Pixel zu. Neben der Größe in Pixel können Sie die Maße eines Bildes in Prozent der Größe des Inhalts vom Browserfenster angeben.

```
<img src="bild.jpg" height="200%" width="200%" />
```

Abbildung 5.2: Das Bild mit Prozentwerten von jeweils 200 %

> **Achtung**
>
> Wenn Sie für die Breite und Höhe eines Bildes andere Werte als die Originalgröße angeben, skaliert der Browser das Originalbild. Die daraus resultierenden Ergebnisse sind meist nicht sehr gut. Deshalb sollten Sie ein Bild lieber mit einem Grafikprogramm verzerren bzw. skalieren und dann in der neuen Größe einbinden.

Die Attribute name, id und alt

Das `name`-Attribut legt einen Namen für das Bild fest. Dieser Name wird beispielsweise dazu verwendet, ein Bild aus einem Script aufzurufen.

```
<img src="bild.jpg" name="Schwan" />
```

Mit obigem Code weisen Sie dem Bild den Namen `Schwan` zu. Wenn Sie es nun beispielsweise in JavaScript aufrufen wollen, reicht es, wenn Sie den Namen `Schwan` angeben. Etwas moderner als der Name ist die `id`. Sie ist ein eindeutiger Identifikator für das Bild. Dem `id`-Attribut wird in JavaScript auch der Vorzug über das `name`-Attribut gegeben:

```
<img src="bild.jpg" id="Schwan" />
```

Das `alt`-Attribut legt einen alternativen Text fest, falls die Grafik nicht angezeigt werden kann. Dieser Text wird auch angezeigt, wenn eine größere Grafik erst noch geladen werden muss. Außerdem bieten manche Browser auch eine Hilfe in einem gelben Kästchen, wenn man mit der Maus über die Grafik fährt. Der Text in diesem Kästchen kommt ebenfalls vom `alt`-Attribut.

```
<img src="bild.jpg" alt="Ein Schwan" />
```

Allerdings ist für den Hinweistext im gelben Kästchen (auch QuickInfo genannt) eigentlich das `title`-Attribut gedacht. Dementsprechend interpretieren modernere Browser für den Hinweistext nicht mehr das `alt`-, sondern nur noch das `title`-Attribut.

```
<img src="bild.jpg" alt="Ein Schwan" title="Ein Schwan" />
```

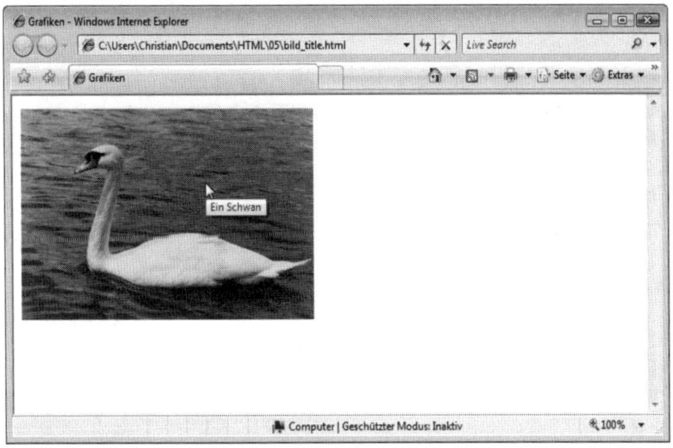

Abbildung 5.3: Unser Schwan mit Hilfetext im gelben Kästchen

Der Vollständigkeit halber sei an dieser Stelle eine neue Funktion in HTML 4.0 erwähnt: das Attribut `longdesc`. Es dient dazu, längere Beschreibungen für ein Bild anzugeben. Allerdings wird es von den aktuellen Browsern noch nicht unterstützt.

Ein kurzes Beispiel erklärt Ihnen die Funktionsweise:

```
<a name="Schwan">Hier steht eine Beschreibung des Bildes</a>
<img src="bild.jpg" longdesc="#Schwan" />
```

In einen Anker an einer beliebigen Stelle wird ein Beschreibungstext geschrieben. Der Anker wird mit einem Namen versehen. Der Einfachheit halber haben wir für unser Beispiel den Anker auf die gleiche Seite wie das Bild gesetzt. In der Praxis wird diese Funktion wohl ihre volle Wirkung erst entfalten, wenn die Beschreibung auf einer anderen Seite steht.

Zurück zur Funktionsweise: Das `longdesc`-Attribut im `<img>`-Tag ruft den Anker mit dem Beschreibungstext auf. Die Referenzierung erfolgt wie bei einem normalen Link auf einen Anker mit `#`. Auch relative und absolute Links auf andere Verzeichnisse oder Webseiten sind möglich.

Hinweis

Die letztgenannten Attribute sind vor allem dann wichtig, wenn auch Nutzer, die beispielsweise schlecht oder gar nicht sehen, etwas mit der Seite anfangen können sollen. Sie werden deswegen häufig im Zusammenhang mit Barrierefreiheit (engl.: Accessibility) oder Barrierearmut einer Website genannt.

Das Attribut align

Das Attribut `align` dient dazu, Texte an Grafiken auszurichten. Konzeptionell hat das W3C-Forum dies als Grundlage für die Bildbeschriftung verstanden. In der Praxis kommt diese Funktionalität auch bei anderen Texten häufig zum Einsatz.

```
<img src="bild.jpg" align="top" />beliebiger Text
```

Mit obigem Code wird ein Beschreibungstext an der Oberkante des Bildes ausgerichtet.

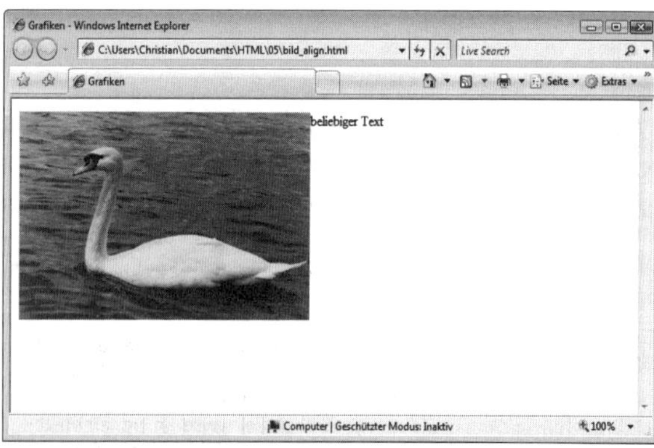

Abbildung 5.4: Ein Beschreibungstext, der an der Oberkante des Bildes ausgerichtet wurde

Hinweis

Wenn Sie das `<img>`-Tag mit `</img>` schließen, macht es in den gängigen Browsern keinen Unterschied, ob der Text innerhalb der `<img>`-Tags oder außerhalb steht.

Achtung

Achten Sie darauf, dass der Beschriftungstext neben der Grafik nicht zu lang wird. Der Browser akzeptiert maximal eine Zeile, und zwar abhängig von der Fenstergröße auf dem Rechner des Nutzers. Ist der Text dort länger als eine Zeile, wird der restliche Text unter der Grafik angezeigt. Als Faustregel hat sich ergeben, nicht mehr als drei Worte oder 20 Zeichen für die Grafikbeschriftung zu verwenden, da der Effekt sonst unkontrollierbar ist.

Welche verschiedenen Werte gibt es nun für `align`? In der folgenden Tabelle finden Sie die komplette Übersicht:

Wert für align	Beschreibung
top	Richtet den Text an der Oberkante des Bildes aus
middle	Richtet den Text an der Mitte des Bildes aus
bottom	Richtet den Text an der Unterkante des Bildes aus
texttop (nicht standardisiert)	Richtet den kompletten Text zur Grafikbeschriftung an der kleinsten Schriftgröße in diesem Text an der Oberkante des Bildes aus. Mit `texttop` ragt also beispielsweise ein größerer Text über die Oberkante des Bildes hinaus. Sie sehen diesen Effekt in Abbildung 5.5.
absmiddle (nicht standardisiert)	Richtet den Text an der Mitte des Bildes aus. Als Orientierungspunkt gilt der Text mit der kleinsten Schriftgröße.

Tabelle 5.2: Die möglichen Werte für das Attribut align

Wert für align	Beschreibung
absbottom (nicht standardisiert)	Richtet den Text an der Unterkante des Bildes aus. Als Orientierungshilfe dient der Text mit der kleinsten Schriftgröße.
baseline (nicht standardisiert)	Entspricht dem Wert `bottom`

Tabelle 5.2: Die möglichen Werte für das Attribut align (Forts.)

Hinweis

Sie haben in unserer Tabelle sicher bemerkt, dass der einzelne Unterschied zwischen den »normalen« Befehlen wie `top` und den etwas »komplizierteren« wie `texttop` oder `absbottom` darin besteht, dass die komplizierteren sich bei verschiedenen Schriftgrößen im Text an der kleinsten Schriftgröße orientieren. Wenn Sie nur eine Schriftgröße verwenden, was bei dem kurzen Beschreibungstext der Normalfall sein sollte, gibt es keine Unterschiede.

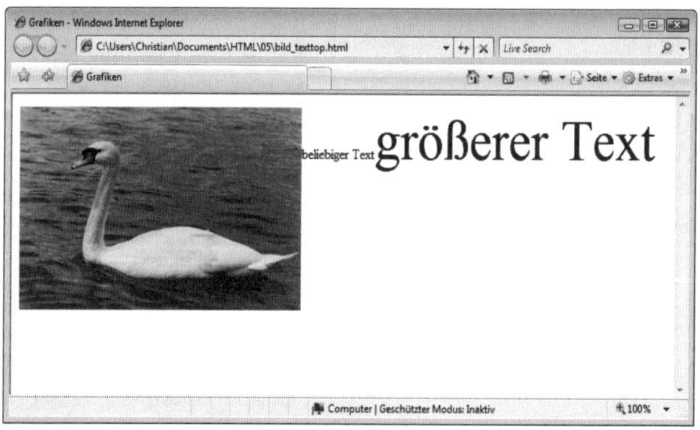

Abbildung 5.5: Verschiedene Schriftgrößen bei einer Ausrichtung mit texttop

Die Attribute vspace und hspace

Mit den Attributen `vspace` und `hspace` legen Sie den Abstand des Texts von der Grafik fest. Der Abstand wird selbstverständlich auch in Pixel gemessen. `vspace` (von engl.: vertical space = vertikaler Abstand) bestimmt den Abstand ober- und unterhalb der Grafik, `hspace` (von engl.: horizontal space = horizontaler Abstand) links und rechts neben der Grafik.

> **Achtung**
>
> `vspace` und `hspace` differenzieren nicht zwischen oben und unten bzw. links und rechts. Das heißt, wenn Sie `vspace` verwenden, hat der die Grafik umfließende Text automatisch oben und unten einen Abstand. Benötigen Sie mal ein wenig mehr Feintuning und wollen oben und unten oder links und rechts unterschiedliche Abstände einrichten, dann müssen Sie Cascading Style Sheets verwenden. Diese Materie behandelt das *Kapitel 9* ausführlich.

Im Folgenden sehen Sie ein kurzes Beispiel, das Ihnen die Funktionsweise des Textabstands plastisch vor Augen führt.

```
<p align="center">Text über dem Bild</p>
<p align="center">Text links vom Bild<img src="bild.jpg"
align="absmiddle" hspace="50" vspace="50" />Text rechts vom
Bild</p>
<p align="center">Text unter dem Bild</p>
```

Die Texte über und unter dem Bild werden in jeweils eigenen Absätzen angeordnet. Im Absatz um das Bild finden Sie die Texte links und rechts vom Bild. Die Ausrichtung der Texte links und rechts erfolgt über `align=absmiddle`. Die Texte oben und unten und das Bild selbst werden mit `align="center"` in den `<p>`-Tags zentriert ausgerichtet.

> **Hinweis**
>
> Statt die Zentrierung in jedem Absatz einzeln vorzunehmen, könnte man sie auch mit einem `<div>`- oder (veraltet) `<center>`-Tag alle zusammen ausrichten. Wir haben dies hier unterlassen, da es uns um die Modularität der einzelnen Elemente ging.

Abbildung 5.6: Vier Texte rund um eine Grafik mit einem Abstand von 50 Pixel

Eine Grafik mit einem Link versehen

Als Nächstes greifen wir auf Ihr Grundwissen zum Thema Links aus dem letzten Kapitel zurück und versehen eine Grafik mit einem Link. Nehmen wir an, unser Schwan sollte uns an Schwanensee erinnern und auf die Website der Bayerischen Staatsoper in München verweisen
(die URL lautet `http://www.staatstheater.bayern.de/staatsoper/welcome.htm`). Was müssen Sie dafür tun?

Die Antwort ist einfach: Umschließen Sie das Bild mit einem Link, der auf die Staatsoper verweist. Dies erledigen Sie mit folgendem Code:

```
<a href="http://www.staatstheater.bayern.de/staatsoper/welcome.htm">
<img src="bild.jpg" />
</a>
```

Das Ergebnis sehen Sie in Abbildung 5.7.

Abbildung 5.7: Der Schwan wurde mit einem Link versehen, hat aber noch einen störenden Rahmen

Aber Moment, etwas haben wir noch vergessen: nämlich den Rand um das Bild mit `border="0"` zu entfernen. Außerdem fügen wir noch einen alternativen Beschreibungstext hinzu und geben dem Bild einen Namen.

```
<a href="http://www.staatstheater.bayern.de/staatsoper/wel-
come.htm">

<img src="bild.jpg" name="Schwan" alt="Ein Schwan als Symbol
für die Bayerische Staatsoper" title="Die Bayerische Staats
oper" border="0" />

</a>
```

Jetzt sieht es gut aus und der Nutzer weiß durch unseren Hilfetext auch, wohin er sich bewegt.

Abbildung 5.8: Der Schwan linkt auf die Staatsoper

> **Hinweis**
>
> Im obigen Beispiel haben wir einen absoluten Link verwendet. Natürlich ist auch ein relativer Link auf ein anderes Verzeichnis oder nur ein Link auf eine Datei im gleichen Verzeichnis möglich. Wenn Sie noch einmal nachlesen wollen, wie das funktioniert, legen wir Ihnen *Kapitel 3* ans Herz.

Eine Grafik als Hintergrund

Das `<img>`-Tag ist nicht der einzige Ort auf einer HTML-Seite, der für eine Grafik geeignet ist. Das Attribut `background` im `<body>`-Tag der HTML-Seite erlaubt es Ihnen, ein Bild als Hintergrund für die Seite festzulegen. Das Bild wird, wenn es für die Auflösung des jeweiligen Rechners zu klein ist, beliebig oft neben- und untereinandergelegt. Daraus ergibt sich ein Kacheleffekt.

Abbildung 5.9: Unser Schwan wurde in den Hintergrund verbannt

Ein großer Vorteil eines Hintergrundbildes ist, dass Sie im Vordergrund beliebig andere Elemente und Bilder darüberlegen können. Ein Bild kann sich also anders darüberlagern. Normalerweise sind solche Effekte nur mit einem Grafikprogramm möglich.

Der Code für das Hintergrundbild ist sehr einfach. Wir zeigen ihn im kompletten HTML-Gerüst, um die Position klarzumachen:

```
<html>
<head><title>Bild im Hintergrund</title>
</head>
<body background="bild.jpg">
Text über dem Hintergrund
</body>
</html>
```

Und so funktioniert es: Die Quelle des Bildes, egal, ob relativ oder absolut, wird dem Attribut `background` im `<body>`-Tag als Wert zugeordnet. Der normale Inhalt der Seite steht wie gewohnt zwischen den `<body>`-Tags.

Hintergründe in der gestalterischen Praxis

Dieser Abschnitt ist ein kurzer Exkurs zu den optischen Möglichkeiten des `background`-Attributs. In den frühen Webdesign-Tagen war es üblich und weit verbreitet, Muster oder (noch hässlicher) aufgehellte Logos in den Hintergrund zu stellen. Durch den übermäßigen Gebrauch dieser Funktion haben sich Nutzer daran sattgesehen und Webdesigner den weißen Hintergrund wiederentdeckt. So ist es noch bis heute. Die meisten »großen« Websites verwenden einfarbige, meist weiße Hintergründe, da nur so Übersichtlichkeit und Bedienkomfort gewährleistet sind.

Allerdings haben auch Hintergründe ihre Nische gefunden. Dies ist hauptsächlich der künstlerische und gestalterische Bereich. Hier wird beispielsweise mit Strukturen im Hintergrund experimentiert. Damit diese ihre monotone Regelmäßigkeit verlieren, werden im Vordergrund Unregelmäßigkeiten als Grafiken eingebaut. Ein Beispiel: Sie verwenden die Rinde eines Baumes als Struktur. Dann macht es sich optisch sehr gut, wenn Sie (im Vordergrund) ein Astloch als Bild einfügen.

Wenn Sie mit Hintergründen arbeiten wollen, müssen Sie auf mehrere Dinge achten:

- Der Hintergrund darf nicht zu monoton werden. Bringen Sie Unregelmäßigkeiten hinein, am besten mit Vordergrundbildern.
- Wenn Sie ein sehr großes Hintergrundbild erstellen, das auf den gesamten Bildschirm passen soll (mind. 1.280 * 1.024 Pixel), achten Sie unbedingt auf die Dateigröße. Die gesamte Seite – einschließlich Hintergrundbild – sollte 50 Kbyte nur in Ausnahmefällen überschreiten.
- Schneiden Sie das Hintergrundbild sauber aus. Sie können den Kacheleffekt mit einem Grafikprogramm simulieren. Adobe Photoshop bietet dafür beispielsweise vielfältige Möglichkeiten.

> **Tipp**
>
> In *Kapitel 9* finden Sie noch mehr Möglichkeiten, mit Hintergründen zu arbeiten.

Imagemaps

Der letzte Abschnitt in diesem Kapitel zeigt Ihnen, wie Sie ein Bild in mehrere Bereiche aufteilen und diese mit Links versehen können. Dazu dient in HTML eine Funktion namens *Imagemap*. Imagemap heißt dem Namen nach eine Karte für ein Bild. Deshalb wird die Imagemap auch in die Tags `<map>` und `</map>` eingeschlossen. Ein Teil in der Karte ist ein Bereich, eingeschlossen mit den Tags `<area>` und `</area>`. Aus diesem Bereich kann beliebig verlinkt werden.

> **Hinweis**
>
> Man unterscheidet client- und serverseitige Imagemaps. An dieser Stelle beschäftigen wir uns nur mit clientseitigen Imagemaps, die sich innerhalb der HTML-Seite befinden (serverseitige Imagemaps laufen – wie der Name schon sagt – auf dem Server ab).

Als Praxisbeispiel für diesen Abschnitt haben wir eine Weltkarte ausgesucht. Auf dieser wollen wir die einzelnen Kontinente auswählen und verlinken.

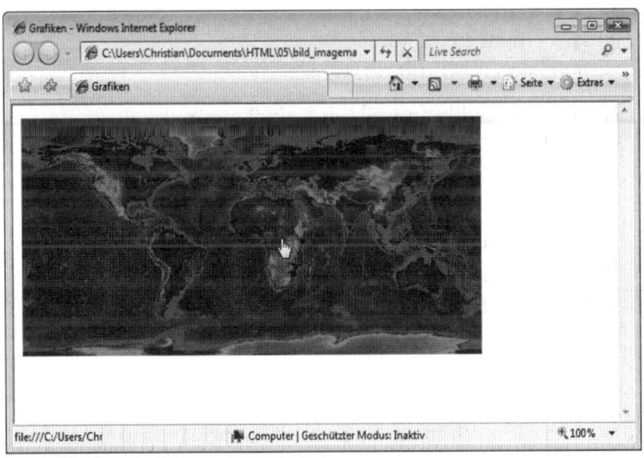

Abbildung 5.10: Die Weltkarte

Zuerst ein kleines Geständnis: Wir haben die Imagemap nicht von Hand definiert, sondern ein Programm dafür verwendet. In unserem Fall war das Adobe Dreamweaver. Dies geht wesentlich einfacher, als jeden Eckpunkt von Hand zu setzen.

> **Hinweis**
>
> Fast jeder Editor und sehr viele Grafikprogramme (Adobe Photoshop, Paint Shop Pro, The GIMP) erlauben Ihnen, komfortabel Imagemaps zu setzen. Wer heute noch Imagemaps von Hand setzt, hat meist zu viel Zeit oder eine besonders schwierige Aufgabe. Sollten Sie wirklich mal kein geeignetes Programm haben, nehmen Sie ein Grafikprogramm mit Koordinatensystem, um das Bild auszumessen.

Im Folgenden wollen wir Ihnen anhand eines vom Editor produzierten Quellcodes zeigen, wie eine Imagemap in der Theorie funktioniert.

```
<img src="world.gif" width="532" height="252" usemap="#karte"
border="0" />

<map name="karte">

   <area shape="rect" coords="394,122,560,212"
href="ozeanien.htm" />

   <area shape="rect" coords="358,19,536,121"
href="asien.htm" />

   <area shape="rect" coords="231,26,356,79"
href="europa.htm" alt="Europa" />

   <area shape="rect" coords="241,81,359,187"
href="afrika.htm" />

   <area shape="rect" coords="18,7,193,115"
href="nordamerika.htm" />

   <area shape="rect" coords="139,115,221,220"
href="suedamerika.htm" />

</map>
```

Zuerst sehen Sie im Quellcode das `<img>`-Tag mit dem Bild. Die Definition von Bildquelle und -größe ist Ihnen ja schon aus dem letzten Abschnitt bekannt. Neu ist das Attribut `usemap`. Es enthält ein Doppelkreuz (`#`) und den Namen der Imagemap.

> **Hinweis**
>
> Der Verweis auf eine Imagemap funktioniert wie ein Anker. Es ist allerdings nicht möglich, mit einem relativen oder absoluten Link auf Imagemaps in anderen Dokumenten zu verweisen.

> **Tipp**
>
> Imagemaps müssen irgendwo zwischen <body> und </body> stehen. Um Ordnung zu bewahren, sollten Sie sie am Anfang oder am Ende des Dokuments sammeln.

Das nächste Element im Quelltext ist das <map>-Tag. Mit ihm wird der Beginn der Imagemap signalisiert. Das Attribut name vergibt den Namen der Imagemap, der auch als Referenz für den Verweis im <img>-Tag auf die Imagemap dient. Mit anderen Worten: name legt fest, wie die Imagemap heißt. Im <img>-Tag wird sie dann immer mit ihrem Namen aufgerufen.

Nun folgen bis zum </map>-Tag die einzelnen Bereiche. Wir wollen hier Europa als Beispiel herausgreifen:

```
<area shape="rect" coords="231,26,356,79" href="europa.htm"
alt="Europa" />
```

Für einen Bereich steht das <area>-Tag. Innerhalb dieses Tags gibt es mehrere Attribute. shape bestimmt die Form des Bereichs. Es stehen drei Möglichkeiten zur Auswahl: rect für Rechteck, circle für Kreis und polygon für ein Polygon. Das Attribut coords legt die Koordinaten für den Bereich fest. Diese werden mit Kommata getrennt hintereinandergestellt. Je nach Form ergeben sich unterschiedliche Koordinatenmuster. Grundlage bildet ein x/y-Koordinatensystem mit dem Ursprung in der linken oberen Ecke des Bildes. Diese Ecke hat also die Koordinaten 0/0. In Tabelle 5.3 finden Sie eine Beschreibung der Formen und der jeweils zu Grunde liegenden Koordinatensysteme.

shape (Form)	coords (Koordinaten)
rect (Rechteck)	x_{lio},y_{lio},x_{reu},x_{reu} x- und y-Koordinate der linken oberen Ecke; dann x- und y-Koordinate der rechten unteren Ecke
circle (Kreis)	x_m,y_m,r x- und y-Koordinate des Mittelpunkts und Radius des Kreises
polygon (Polygon)	x_1,y_1,x_2,y_2, ... x_n,y_n x- und y-Koordinate des ersten, des zweiten ... und des n-ten Punkts
default	Gilt für alle Bereiche, die nicht in anderen `<area>`-Tags vorkamen, deshalb sind Koordinaten nicht erforderlich

Tabelle 5.3: Form und Koordinaten eines Bereichs in einer Imagemap

Das nächste Attribut ist `href`. Es gibt an, auf welche Seite gelinkt wird, wenn der Nutzer auf den Bereich in der Imagemap klickt. Der Link kann relativ oder absolut sein. In unserem Fall verweist er auf eine Datei im gleichen Verzeichnis namens *europa.htm*.

Das letzte Attribut ist `alt`. Es definiert einen Beschreibungs- und Hilfetext für den Bereich. Dieser wird in einem gelben Hilfekästchen angezeigt, wenn Sie mit der Maus über den Bereich fahren.

Fragen

1. Welches Dateiformat ist für fotorealistische Darstellungen im Web am besten geeignet?
2. Wie verhindern Sie den Rahmen um eine verlinkte Grafik?
3. Wie geben Sie im HTML-Code an, dass Sie eine Imagemap namens `"Weltkarte"` verwenden möchten?

Das können Sie schon

HTML-Grundgerüst	21
Textausgabe	42
Links	63
Style Sheets	85
Grafiken	111

Das lernen Sie neu

Aufzählungslisten	134
Nummerierte Listen	143
Weitere Listen	151
Listen formatieren	154

Kapitel 6

Ordnungsfimmel

Dieses Buch besteht aus vielen Aufzählungslisten. Um ein Geheimnis zu verraten: Wir haben bei diesen Aufzählungslisten die Nummerierung nicht von Hand erledigt und wir haben auch nicht die Einrückungen mühsamst manuell durchgeführt – unser Texterfassungssystem hat das (fast) ganz allein gemacht. Wenn Sie eine HTML-Seite erstellen und diese durchnummerieren wollen, haben Sie auch die Wahl: Machen Sie alles von Hand oder lassen Sie den Browser die Arbeit erledigen? Entscheiden Sie sich für Letzteres; alles dazu Notwendige erfahren Sie in diesem Kapitel.

Aufzählungslisten

Angenommen, Sie arbeiten an einer Präsentation und wollen einige Ihrer Argumente stichpunktartig aufbereiten. Zugegeben, dazu verwenden Sie meistens eine Präsentationssoftware wie beispielsweise Microsoft PowerPoint, aber HTML hat den Vorteil, dass sie plattformunabhängig und auf fast jedem Rechner zu betrachten ist, der einen Webbrowser installiert hat – und das ist bei den meisten der Fall.

Liste erstellen

Wenden wir uns nun der Erstellung einer solchen Aufzählungsliste zu. Gehen Sie wie folgt vor:

1 Erstellen Sie zunächst ein HTML-Grundgerüst.

2 Beginnen Sie die Aufzählungsliste im `<body>`-Abschnitt mit dem Tag `<ul>` – das steht für *unordered list*, ungeordnete Liste.

3 Erstellen Sie nun das erste Element der Liste und umgeben Sie es mit `<li>` und `</li>`. Das steht für *list item*, Listenelement.

4 Wiederholen Sie Schritt 3 mehrmals und fügen Sie weitere Elemente in die Liste ein.

5 Beenden Sie die Aufzählungsliste mit `</ul>`.

Nachdem Sie diese Schritte durchgeführt haben, sehen Sie in Ihrem Editor einen Code nach folgendem Strickmuster vor sich (das HTML-Grundgerüst haben wir weggelassen):

```
<ul>
  <li>
    Apfel
  </li>
  <li>
    Birne
  </li>
  <li>
    Orange
  </li>
</ul>
```

Im Browser sieht das dann wie in Abbildung 6.1 aus.

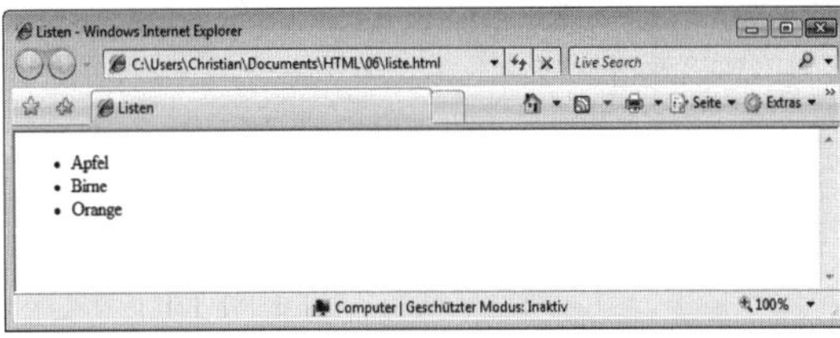

Abbildung 6.1: Die Aufzählungsliste im Browser

Innerhalb eines Listenelements können Sie alles Mögliche anstellen, beispielsweise Farben und Schriftarten ändern oder auch Umbrüche herbeiführen. Das ist einer der großen Pluspunkte einer Aufzählungsliste, denn jedes Element wird eingerückt. Am besten sehen Sie das an einem Beispiel. Im folgenden Listing gibt es zwei Aufzählungspunkte, der erste enthält einen längeren Text, der zweite enthält einige Umbrüche.

```
<ul>
  <li>
    Der Mensch ist ein beschr&auml;nktes Wesen.
    Unsere Besch&auml;nkung zu &uuml;berdenken,
    ist der Sonntag gewidmet. Sind es
    k&ouml;rperliche Leiden, die wir im
    Lebenstaumel der Woche vielleicht gering
    achteten, so m&uuml;ssen wir am Anfang der
    neuen alsobald den Arzt aufsuchen.
  </li>
  <li>
    Vorstehender Text ist ein Auszug aus<br />
     <i>Wilhelm Meisters Wanderjahre</i><br />
    von Goethe.
  </li>
</ul>
```

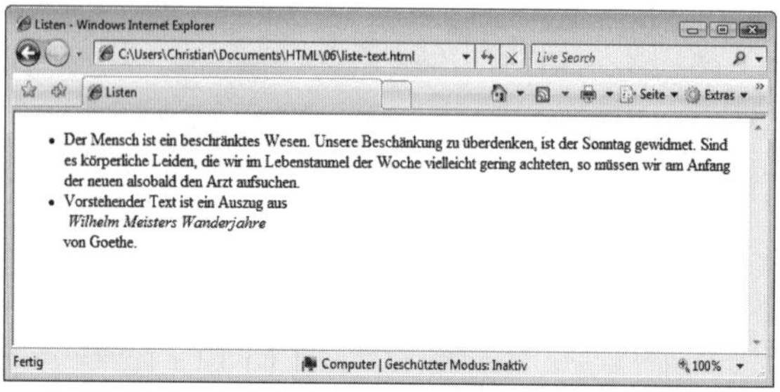

Abbildung 6.2: Die Texte sind alle eingerückt

Beim Betrachten der Abbildung sollte Ihnen Folgendes auffallen:

1. Der längere Text umbricht automatisch am rechten Rand des darstellbaren Bereichs; die nächste Zeile ist entsprechend eingerückt.
2. Der Text mit den manuellen Umbrüchen umbricht an den angegebenen Stellen und auch hier sind die nächsten Zeilen eingerückt.

Sie sehen also – Sie müssen sich um den Umbruch nicht mehr großartig kümmern. Außerdem sind Sie jetzt von der Auflösung und Browserfenstergröße der Benutzer unabhängig, denn der Browser berechnet den Umbruch für Sie. Natürlich können Sie denselben Effekt mit »harten« (manuellen) Umbrüchen und vielen Leerzeichen (bzw. ` `) erzielen, aber dadurch haben all Ihre Zeilen eine feste Breite.

Symbole ändern

Wie Sie sehen, verwendet der Browser als Aufzählungssymbol einen kleinen Kreis. Dies ist bei allen aktuellen Browsern so. Ihnen stehen jedoch mehrere Möglichkeiten zur Verfügung. In HTML gibt es drei Symboltypen:

- `"circle"` – Kreis
- `"disc"` – Scheibe
- `"square"` – Quadrat

Sie können diese Werte als `type`-Attribut des `<ul>`-Tags angeben. Folgendes Listing als Beispiel wendet alle Symboltypen an:

```
<ul type="circle">
  <li>
    Apfel
```

```
  </li>
  <li>
    Birne
  </li>
  <li>
    Orange
  </li>
</ul>
<ul type="disc">
  <li>
    Kartoffel
  </li>
  <li>
    Salat
  </li>
  <li>
    Zwiebel
  </li>
</ul>
<ul type="square">
<li>
    Ketchup
  </li>
  <li>
    Mayonnaise
  </li>
  <li>
    Senf
  </li>
</ul>
```

Das Ergebnis im Browser ist in modernen Browsern mehr oder minder konsistent, aber kleine Darstellungsunterschiede gibt es doch. Die erste Abbildung zeigt den Firefox, die zweite Abbildung den Internet Explorer.

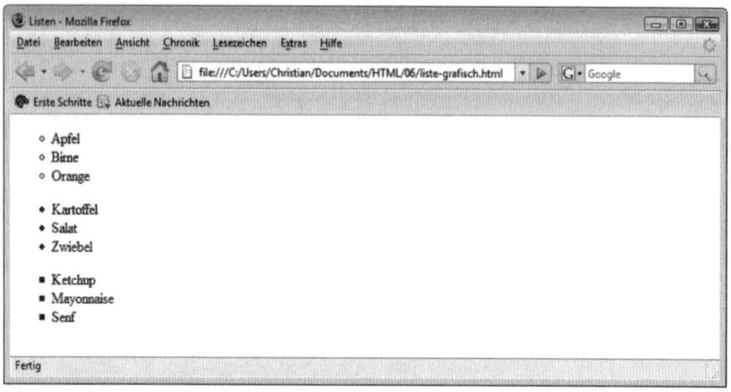

Abbildung 6.3: Firefox: Alle Symbole sind da

Abbildung 6.4: Internet Explorer: auch alle Symbole, minimal anders

Listen verschachteln

Sie haben bereits zuvor gesehen, dass Sie als Listenelement auch HTML-Elemente verwenden können, die neue Absätze erzeugen. Diese Aussage kann auch noch allgemeiner gefasst werden: Als Listenelement können Sie fast jedes beliebige HTML-Element verwenden, somit auch andere Listen. Sie können damit Ihre Aufzählungspunkte feiner untergliedern. Von der Syntax her ändert sich nichts, Sie müssen lediglich als Listenelement ein weiteres `<ul>`-`</ul>`-Konstrukt verwenden.

```
<ul>
  <li>
    Apfel
    <ul>
      <li>Granny Smith</li>
      <li>Granatapfel</li>
    </ul>
  </li>
  <li>
    Birne
    <ul>
      <li>gro&szlig;e Birne</li>
      <li>kleine Birne</li>
    </ul>
  </li>
  <li>
    Orange
    <ul>
      <li>Blutorange</li>
      <li>Valencia-Orange</li>
    </ul>
  </li>
</ul>
```

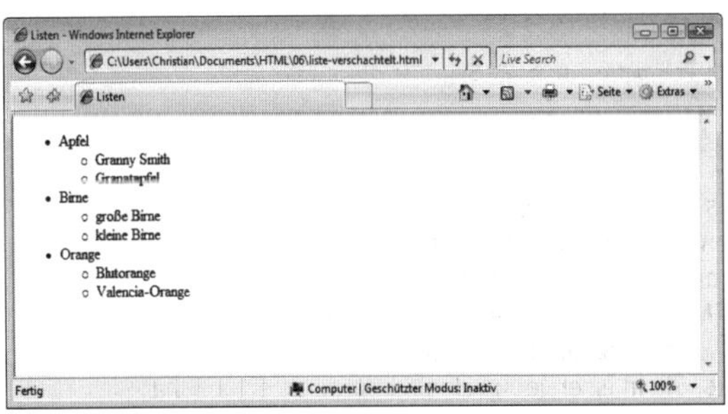

Abbildung 6.5: Verschachtelte Aufzählungslisten

Sie können in der Abbildung erkennen, dass die tiefer liegenden Ebenen der Aufzählungsliste mit anderen Symbolen dargestellt werden – auch im Internet Explorer. Sie können auch hier versuchen, den Symboltyp durch das `type`-Attribut zu erzwingen, werden aber beim Internet Explorer zurzeit sprichwörtlich auf Granit beißen.

Sie können im Listing sehen, dass die Listenelemente für Apfel, Birne und Orange jeweils aus Text (nämlich *Apfel*, *Birne* und *Orange*) und einer Aufzählungsliste bestehen. Diese Aufzählungsliste muss *nicht* durch `<br />` oder Ähnliches vom Text abgegrenzt werden, denn eine Liste beginnt *immer* in einer neuen Zeile.

Fehlersuche

Achten Sie immer darauf, durch Einrückungen klarzumachen, welches Listenelement sich auf welcher Ebene befindet. Insbesondere bei ausführlicheren Listen ersparen Sie sich so eine Menge Ärger bei Tippfehlern. Betrachten Sie einmal folgendes Listing:

```
<ul>
<li>
Apfel
<ul>
<li>Granny Smith
<ul>
<li>gelb
<ul>
<li>1 kg</li>
<li>2 kg</li>
</ul>
</li>
<li>gr&uuml;n
<ul>
<li>1 kg</li>
<li>2 kg</li>
</ul>
</li>
```

```
</li>
<li>Granatapfel</li>
</ul>
</li>
</ul>
```

Nicht gerade übersichtlich, oder? Im Browser sehen Sie dann auch, dass irgendwo der Wurm drin sein muss, denn der Eintrag *Granatapfel* befindet sich in der falschen Liste.

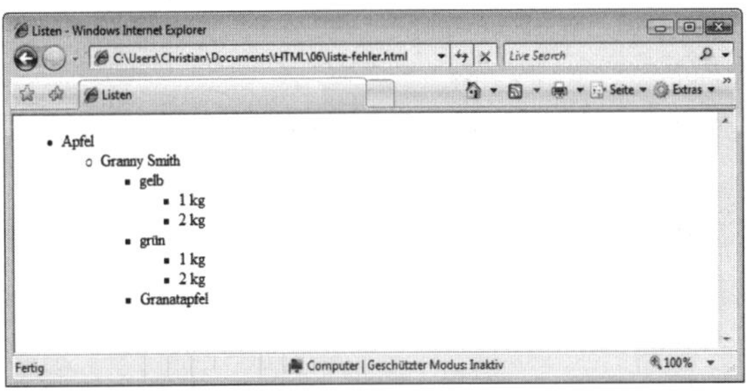

Abbildung 6.6: Wo ist der Fehler?

Wenn Sie jedoch den Code entsprechend einrücken, stoßen Sie mehr oder weniger schnell auf die Ursache des Übels: Die Aufzählungsliste mit den Einträgen *gelb* und *grün* wurde nicht abgeschlossen, `</ul>` fehlt. Der Code sieht korrigiert folgendermaßen aus:

```
<ul>
  <li>
    Apfel
    <ul>
      <li>Granny Smith
        <ul>
          <li>gelb
            <ul>
              <li>1 kg</li>
              <li>2 kg</li>
```

```
            </ul>
          </li>
          <li>gr&uuml;n
            <ul>
              <li>1 kg</li>
              <li>2 kg</li>
            </ul>
          </li>
        </ul>
      </li>
      <li>Granatapfel</li>
    </ul>
  </li>
</ul>
```

Und in der Tat – auch der Browser gibt grünes Licht und zeigt die Liste(n) wie beabsichtigt an.

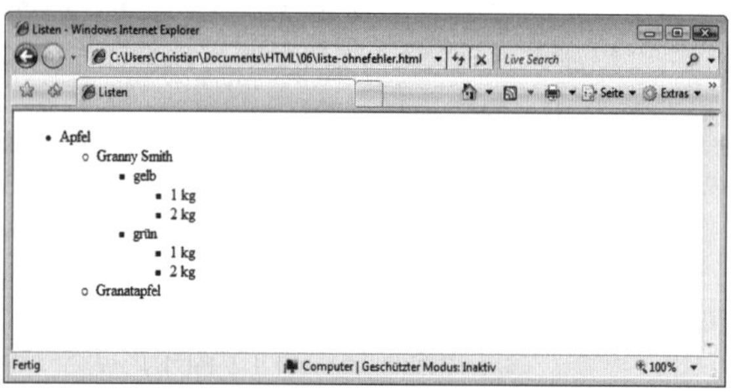

Abbildung 6.7: Jetzt stimmt alles!

Sie merken bereits: Ab der vierten Unterebene gehen den Browsern die Aufzählungssymbole aus. Wenn Sie flexibler sein wollen, müssen Sie Grafiken als Aufzählungssymbole verwenden. Mehr zu Grafiken haben Sie in *Kapitel 5* erfahren; wie Sie diese Grafiken so anordnen können, dass sie auch tatsächlich eine Aufzählungsliste nachahmen können, steht in *Kapitel 7*.

Nummerierte Listen

Dieses Buch enthält eine ganze Reihe von Schritt-für-Schritt-Anleitungen. Diese Anleitungen sind jeweils nummeriert. Wie bereits eingangs erwähnt, ist dies nicht allein unser Werk, ein wenig Automatismus war auch dabei. HTML kann das übrigens auch!

Liste erstellen

Die Erstellung einer nummerierten Liste geschieht in mehreren Schritten, die in diesem Buch ebenfalls nummeriert sind:

1. Erstellen Sie ein HTML-Grundgerüst.

2. Beginnen Sie die Aufzählungsliste im `<body>`-Abschnitt mit dem Tag `<ol>` – *ordered list*, geordnete Liste.

3. Erstellen Sie nun wie gehabt die einzelnen Elemente der Liste und umgeben Sie sie mit `<li>` und `</li>`. Das steht, wie bereits gesagt, für *list item*, Listenelement.

4. Beenden Sie die Aufzählungsliste mit `</ol>`.

Um also die folgenden Schriftsteller in aufsteigender Reihenfolge ihrer Geburtsdaten auszugeben, können Sie folgenden HTML-Code erstellen:

```
<ol>
  <li>
    Goethe
  </li>
  <li>
    Schiller
  </li>
  <li>
    Kleist
  </li>
  <li>
    Rowling
  </li>
</ol>
```

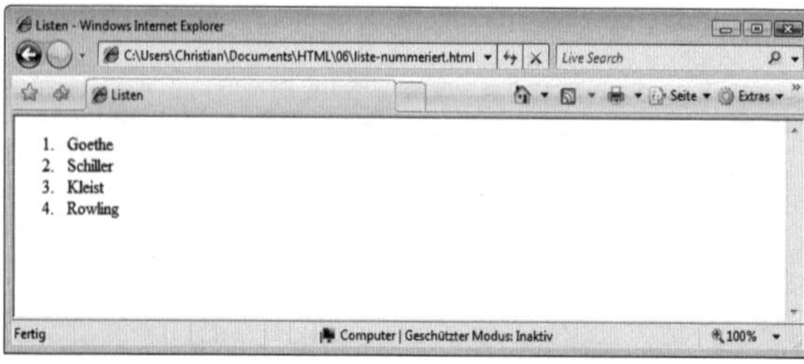

Abbildung 6.8: Eine nummerierte Liste

Auch für nummerierte Listen gilt, was wir bereits eingangs für unnummerierte Listen gesagt haben: Als Listenelement ist fast alles erlaubt, insbesondere auch Zeilenumbrüche:

```
<ol>
  <li>
    Goethe<br />
      u. a. Wilhelm Meisters Wanderjahre
  </li>
  <li>
    Schiller<br />
      u. a. Wilhelm Tell
  </li>
  <li>
    Kleist<br />
      u. a. Der zerbrochene Krug
  </li>
  <li>
    Rowling<br />
      haupts&auml;chlich Harry Potter
  </li>
</ol>
```

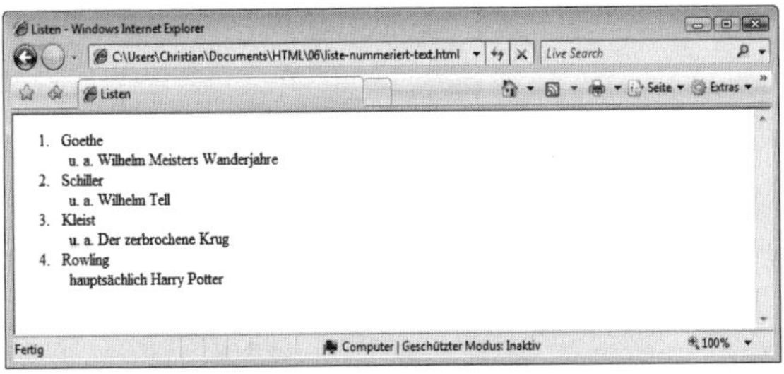

Abbildung 6.9: Die Liste mit Umbrüchen (Einrückung automatisch)

Aufzählungstypen

Die meisten Aufzählungen in der Praxis erfüllen das folgende Schema:

- Es wird mit arabischen Ziffern (1, 2, 3, ...) aufgezählt.
- Die Zählung beginnt bei 1.

Hin und wieder kommt es jedoch vor, dass die Aufzählung anderen Gesetzmäßigkeiten gehorchen muss. HTML bietet hier in eingeschränktem Maße Möglichkeiten, die wir im Folgenden vorstellen wollen.

Zunächst einmal muss eine Aufzählung nicht bei 1 beginnen. Angenommen, wir wollen – aus welchem Grund auch immer – die Liste erst beim Wert 13 beginnen lassen. Dazu müssen wir lediglich im `<ol>`-Tag das `start`-Attribut auf den Startwert, in diesem Fall 13, setzen:

```
<ol start="13">
  <li>
    Goethe<br />
      u. a. Wilhelm Meisters Wanderjahre
  </li>
  <li>
    Schiller<br />
      u. a. Wilhelm Tell
  </li>
  <li>
    Kleist<br />
      u. a. Der zerbrochene Krug
```

```
    </li>
    <li>
      Rowling<br />
        haupts&auml;chlich Harry Potter
    </li>
  </ol>
```

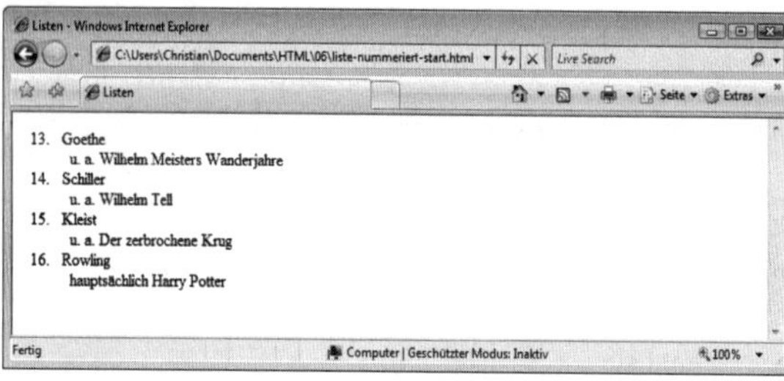

Abbildung 6.10: Die Nummerierung beginnt bei 13

Innerhalb der Liste können Sie auch Sprünge durchführen. Mit dem `value`-Attribut des `<li>`-Tags können Sie direkt den Wert für das aktuelle Element angeben. Die Zählung wird dann ab diesem Element mit dem neuen Startwert weitergeführt. Geben Sie also einem Element den Wert 24, so hat das nächste Element den Wert 25.

```
<ol start="13">
  <li>
    Goethe<br />
      u. a. Wilhelm Meisters Wanderjahre
  </li>
  <li>
    Schiller<br />
      u. a. Wilhelm Tell
  </li>
  <li>
    Kleist<br />
      u. a. Der zerbrochene Krug
```

```
  </li>
  <li value="24">
    Rowling<br />
      haupts&auml;chlich Harry Potter
  </li>
  <li>
    Wenz/Hauser<br />
      nur Fachliteratur
  </li>
</ol>
```

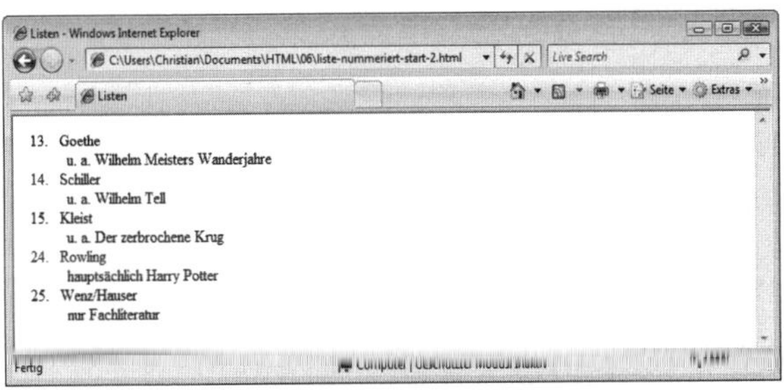

Abbildung 6.11: Nicht durchgehende Nummerierung

So viel zu dem Gerücht, nummerierte Listen müssten immer bei 1 beginnen. Wenden wir uns nun der zweiten vermeintlichen Einschränkung zu, die Nummerierung würde immer nur numerisch sein. Auch hier bietet HTML Alternativen:

- Nummerierung in kleinen römischen Ziffern: i., ii., iii., iv., ...
- Nummerierung in großen römischen Ziffern: I., II., III., IV., ...
- Nummerierung in kleinen Buchstaben: a., b., c., ...
- Nummerierung in großen Buchstaben: A., B., C., ...

Im `type`-Attribut des `<ol>`-Tags können Sie angeben, welche Art der Nummerierung Sie wünschen. Geben Sie nichts an, erhalten Sie Ziffern. Bei `i` bzw. `I` erhalten Sie kleine bzw. große römische Ziffern, bei `a` bzw. `A` kleine bzw. große Buchstaben. Nachfolgend ein Listing, das alle Möglichkeiten gleichzeitig darstellt:

```
<ol>
  <li>
    Goethe
    <ol type="i">
      <li>Wilhelm Meisters Lehrjahre</li>
      <li>Wilhelm Meisters Wanderjahre</li>
    </ol>
  </li>
  <li>
    Schiller
    <ol type="I">
      <li>Wilhelm Tell</li>
      <li>Macbeth</li>
    </ol>
  </li>
  <li>
    Kleist
    <ol type="a">
      <li>Der zerbrochene Krug</li>
      <li>Penthesilea</li>
    </ol>
  </li>
  <li>
    Rowling
    <ol type="A">
      <li>Harry Potter 1</li>
      <li>Harry Potter 2</li>
      <li>Harry Potter 3</li>
      <li>Harry Potter 4</li>
      <li>Harry Potter 5</li>
      <li>Harry Potter 6</li>
      <li>Harry Potter 7</li>
```

```
      </ol>
    </li>
    <li>
      Wenz/Hauser
      <ol>
        <li>EASY Die eigene Website</li>
        <li>PHP Kompendium</li>
      </ol>
    </li>
</ol>
```

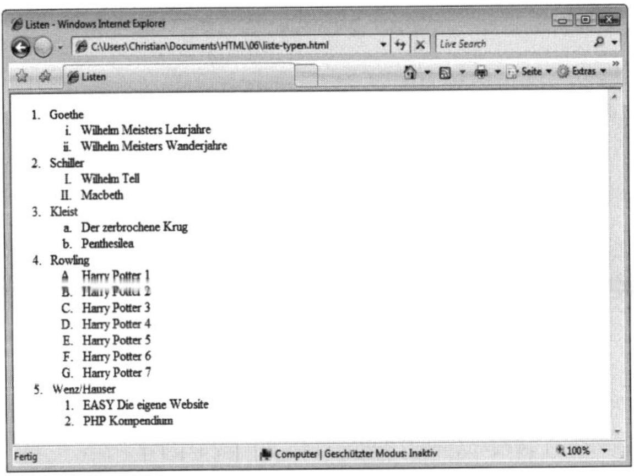

Abbildung 6.12: Die verschiedenen Aufzählungstypen

Sie können in der Abbildung zweierlei erkennen:

1. Auch bei nummerierten Listen können Sie Listen verschachteln, indem Sie als Listenelemente weitere Listen verwenden.
2. Die Nummerierung erfolgt nicht hierarchisch, also nicht 1.i., 1.ii. etc.

Listen mischen

Es ist ohne weiteres möglich, bei der Verschachtelung von Listen verschiedene Listentypen zu verwenden, also z. B. eine nummerierte mit einer unnummerierten Liste zu gebrauchen:

```
<ol>
  <li>
    Goethe
    <ul>
      <li>Wilhelm Meisters Lehrjahre</li>
      <li>Wilhelm Meisters Wanderjahre</li>
    </ul>
  </li>
  <li>
    Schiller
    <ul>
      <li>Wilhelm Tell</li>
      <li>Macbeth</li>
    </ul>
  </li>
  <li>
    Kleist
    <ul>
      <li>Der zerbrochene Krug</li>
      <li>Penthesilea</li>
    </ul>
  </li>
</ol>
```

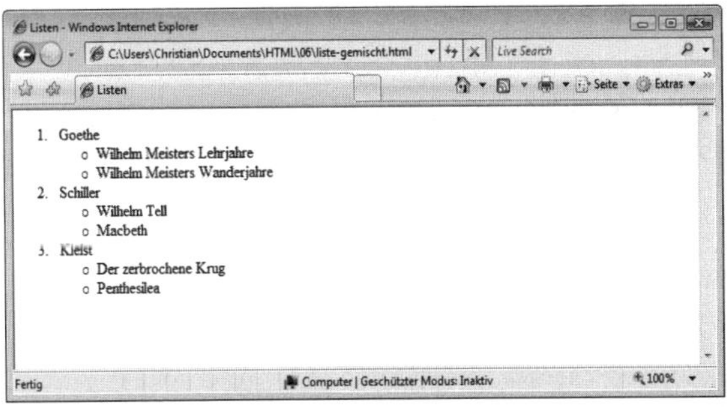

Abbildung 6.13: Listentypen gemischt

Weitere Listen

HTML bietet noch weitere Listen an. Diese werden zwar nicht nummeriert, sorgen aber durch eine automatische Einrückung für ein sauberes Layout, was Sie sonst eher mühsam mit Tabellen (mehr dazu in den *Kapiteln 7* und *8*) bewerkstelligen müssten.

Definitionslisten

Eine Definitionsliste dient allein schon dem Namen nach der Definition von Begriffen und wird deswegen oft in Glossaren verwendet. Sie besteht aus zwei Elementen, dem Begriff und seiner Definition. Natürlich ist Ihnen freigestellt, wofür Sie Definitionslisten einsetzen, dem Browser ist es egal, was inhaltlich in den einzelnen HTML-Elementen steht. Sie können den grafischen Effekt also auch für andere Zwecke nutzen.

Um eine Definitionsliste zu erstellen, gehen Sie wie folgt vor:

1 Erstellen Sie ein HTML-Grundgerüst.

2 Beginnen Sie die Liste (im `<body>`-Abschnitt der HTML-Seite) mit `<dl>` – für *definition list*.

3 Fügen Sie einen zu definierenden Begriff ein und umgeben Sie ihn mit den Tags `<dt>` und `</dt>` (*definition term*).

4 Fügen Sie nun die Definition des Begriffs ein und umgeben Sie sie mit den Tags `<dd>` und `</dd>` (*definition definition*).

5 Wiederholen Sie die Schritte 3 und 4, bis Sie alle Begriffe und Definitionen untergebracht haben.

6 Beenden Sie die Definitionsliste mit `</dl>`.

Hier ein Beispielcode; das Ergebnis im Browser sehen Sie in Abbildung 6.14:

```
<dl>
  <dt>
    Goethe
  </dt>
  <dd>
    Johann Wolfgang von;
    geboren 1749 in Frankfurt/Main
  </dd>
  <dt>
    Schiller
  </dt>
  <dd>
    Friedrich von; geboren 1759 in Marbach
  </dd>
  <dt>
    Kleist
  </dt>
  <dd>
    Heinrich von; geboren 1777 in Frankfurt/Oder
  </dd>
</dl>
```

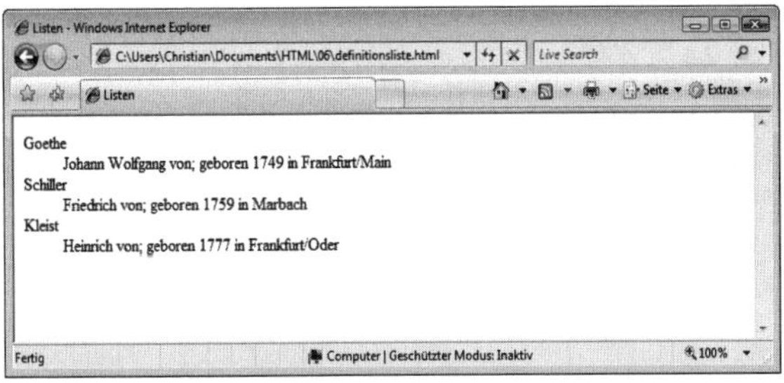

Abbildung 6.14: Eine Definitionsliste

Wenn Sie den Firefox installiert haben, laden Sie doch einmal die Datei *bookmarks.html* (befindet sich im Profilverzeichnis) in den Browser.

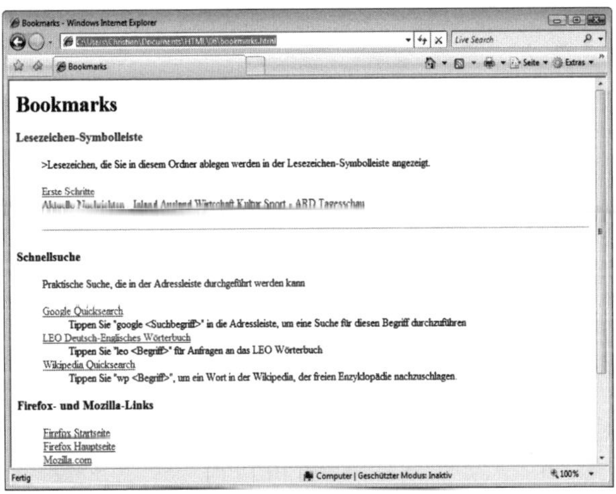

Abbildung 6.15: Die Bookmarks-Datei des Firefox

Vielleicht ahnen Sie schon, worauf wir hinauswollen – das sieht doch aus wie eine Definitionsliste?! Und Sie haben Recht, hier ist ein (gekürzter, vereinfachter und optisch verschönerter) Auszug aus der Datei. Ignorieren Sie das schlechte HTML, das kommt von den Firefox-Entwicklern. ;-)

```
<DL><p>
    <DT><H3 LAST_MODIFIED="1167730164"
PERSONAL_TOOLBAR_FOLDER="true" ID="rdf:#$FvPhC3">Lesezei-
chen-Symbolleiste</H3>
<DD>&gt;Lesezeichen, die Sie in diesem Ordner ablegen werden
in der Lesezeichen-Symbolleiste angezeigt.
    <DL><p>
        <DT><A HREF="http://www.mozilla-europe.org/de/pro-
ducts/firefox/start/central.html" LAST_VISIT="1164204267"
LAST_CHARSET="UTF-8" ID="rdf:#$GvPhC3">Erste Schritte</A>
        <DT><A HREF="http://tagesschau.de/"
LAST_MODIFIED="1171132621" FEEDURL="http://www.tages-
schau.de/newsticker.rdf" ID="rdf:#$HvPhC3">Aktuelle Nach-
richten - Inland Ausland Wirtschaft Kultur Sport - ARD
Tagesschau</A>
    </DL>
```

Hinweis

Sie sehen – auch Definitionslisten können verschachtelt werden!

Listen formatieren

Die einzelnen Elemente innerhalb einer wie auch immer gearteten Liste können wie bereits bekannt formatiert werden, entweder via CSS oder per spezieller Formatierungs-Tags:

```
<dl>
  <dt>
    <b>Goethe</b>
  </dt>
  <dd>
    Johann Wolfgang von;
    <i>geboren 1749 in Frankfurt/Main</i>
  </dd>
  <dt>
    <b>Schiller</b>
```

```
  </dt>
  <dd>
    Friedrich von; <i>geboren 1759 in Marbach</i>
  </dd>
  <dt>
    <b>Kleist</b>
  </dt>
  <dd>
    Heinrich von;
    <i>geboren 1777 in Frankfurt/Oder</i>
  </dd>
</dl>
```

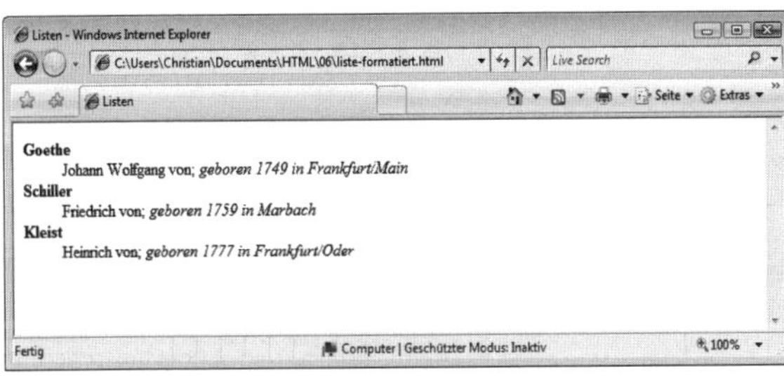

Abbildung 6.16: Formatierte Listenelemente

Eine besondere Herausforderung stellen jedoch nummerierte Listen dar, denn wenn Sie beispielsweise das erste Wort in jedem Listenelement fett auszeichnen, sollten die Nummerierungssymbole auch fett dargestellt werden. Der Trick hierbei lautet: Umgeben Sie die gesamte Liste mit den entsprechenden Formatierungs-Tags. Daraus folgt natürlich, dass die Nummerierungssymbole einheitlich formatiert werden:

```
<b>
<ol>
  <li>
    Goethe
  </li>
```

```
  <li>
    Schiller
  </li>
  <li>
    Kleist
  </li>
  <li>
    Rowling
  </li>
</ol>
</b>
```

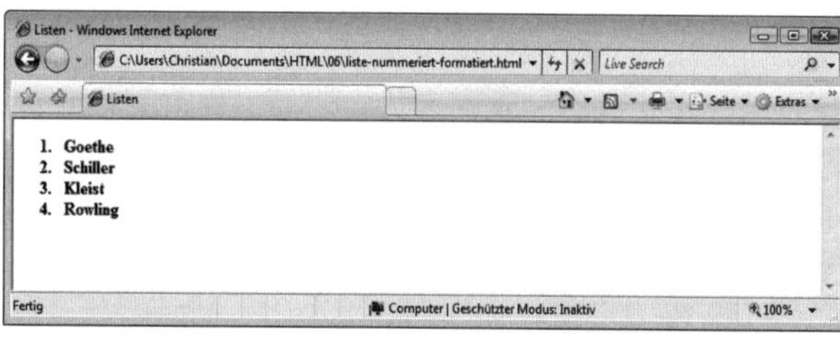

Abbildung 6.17: Die Aufzählungsziffern sind fett gedruckt, der Rest auch

Wie Sie in der Abbildung sehen können, wird dadurch alles fett dargestellt, was aber auch nicht immer erwünscht ist. Es gibt aus diesem Dilemma leider keinen Ausweg. Sie müssen zur Not Ihre Aufzählungen von Hand erstellen, wenn ein Format, das Sie auf die Aufzählungszeichen anwenden, nicht in den Listenelementen vorkommen darf.

Wenn Sie beispielsweise alle Aufzählungsziffern fett darstellen wollen, die Aufzählungspunkte dagegen fett und kursiv, so ist das problemlos möglich:

```
<b>
<ol>
  <li>
    <i>Goethe</i>
  </li>
  <li>
```

```
    <i>Schiller</i>
  </li>
  <li>
    <i>Kleist</i>
  </li>
  <li>
    <i>Rowling</i>
  </li>
</ol>
</b>
```

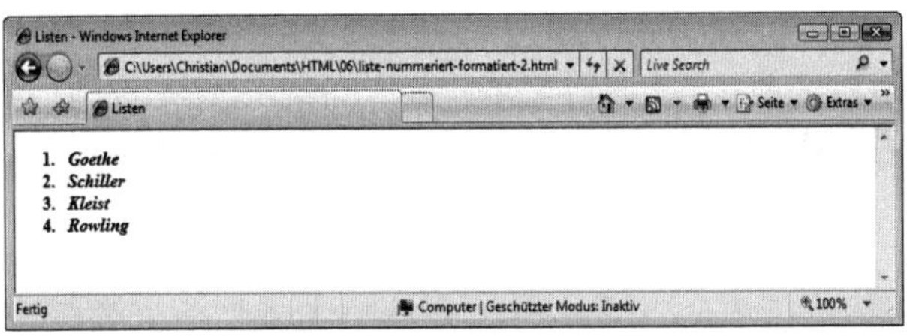

Abbildung 6.18: Die Listenelemente sind fett und kursiv

Fragen

1. **Was ist der Unterschied zwischen `<ol>` und `<ul>`?**
2. **Was bewirkt das Attribut `start` bei `<ul>`-Listen?**

Das können Sie schon

Textausgabe 42
Textformatierung 54
Interne Links 64
Externe Links 71
Verschiedene Arten von Style Sheets 86
Stile zuweisen 94
Das <img>-Tag 113

Das lernen Sie neu

Tabellenaufbau 160
Breite und Höhe von Tabellen 162
Tabellenformatierung 166
Gitternetz 168
Tabellen gruppieren 173
Hintergrund 175
Schrift in einer Tabelle 178
Ausrichtung 179
Zellen verbinden 183
Unsichtbare Tabellen 186
Tabellen ineinander verschachteln 190

Kapitel 7

Komplette Übersicht

Sie kennen Tabellen sicherlich aus Ihrem Textverarbeitungs- oder Tabellenkalkulationsprogramm. In HTML haben Tabellen zwei unterschiedliche Funktionen. Zum einen sind sie als sichtbare Tabellen Gestaltungselemente für Daten. Zum anderen werden unsichtbare Tabellen zum Platzieren und Positionieren von Elementen verwendet. Das zweite Einsatzgebiet findet häufiger Verwendung, obwohl mittlerweile die exakte Platzierung von Elementen auch über CSS vorgenommen werden kann.

Der Tabellenaufbau

Eine Tabelle besteht aus einzelnen Zellen. Diese sind in Zeilen und Spalten aufgeteilt. In HTML wurde dieses Konzept in Tags übernommen. Wir zeigen Ihnen Schritt für Schritt, wie Sie eine Tabelle aufbauen:

1 Zuerst legen Sie fest, dass es sich überhaupt um eine Tabelle handelt. Dazu dient das `<table>`-Tag. Beendet wird eine Tabelle mit dem `</table>`-Tag. In diesem Tag-Paar sind die einzelnen Zeilen enthalten.

2 Das Tag für eine Zeile ist `<tr>` (*table row*). Beendet wird eine Zeile mit `</tr>`.

```
<table>
<tr></tr>
</table>
```

3 Nun fehlen noch die Zellen. Sie werden mit den `<td>`- und `</td>`-Tags (*table data*) eingeschlossen.

```
<table>
<tr><td></td></tr>
</table>
```

4 Als Nächstes fügen Sie einen beliebigen Text in die Zelle zwischen `<td>` und `</td>` ein. Die Zahl der Zellen in einer Zeile bestimmt auch die Zahl der Spalten.

> **Achtung**
>
> Inhalt – egal, ob Bilder oder Text – kann nur innerhalb der `<td>`-Tags eingefügt werden. Text, der nicht zwischen `<td>`-Tags, sondern irgendwo anders in den Tabellen-Tags steht, wird nicht oder falsch dargestellt.

Im nächsten Beispiel haben wir eine einfache Tabelle mit zwei Spalten und Zeilen erstellt.

```
<table border="1">
<tr>
<th>Spaltenkopf 1</th>
<th>Spaltenkopf 2</th>
</tr>
<tr>
```

```
<td>Zelle 1</td>
<td>Zelle 2</td>
</tr>
</table>
```

> **Hinweis**
>
> Für dieses Beispiel haben wir mit dem Attribut `border` einen Rand von einem Pixel vergeben, damit die Tabelle im Browser sichtbar ist.

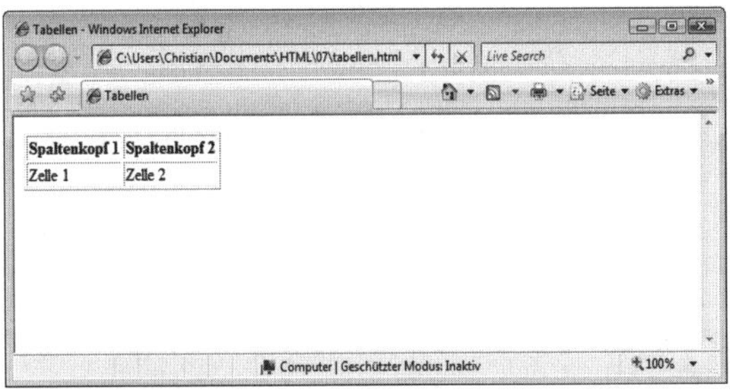

Abbildung 7.1: Eine einfache Tabelle

In diesem Beispiel sehen Sie eine Besonderheit, nämlich die Tags `<th>` und `</th>`. Sie stehen für eine Kopfzelle. Funktional unterscheiden sie sich von dem `<td>`-Tag nur dadurch, dass der Text darin fett dargestellt und in der Zelle zentriert wird.

> **Hinweis**
>
> Das `<th>`-Tag ist nicht mehr gebräuchlich. Meist werden zur Formatierung die entsprechenden Tags (für fett beispielsweise `<b>`, für die zentrierte Ausrichtung das Attribut `align="center"`) oder Style Sheets eingesetzt.

Die Spalten einer Tabelle in HTML werden durch die Zahl der Zellen in einer Zeile bestimmt. Um eine korrekte Tabelle zu programmieren, muss jede Zeile gleich viele Zellen haben. Alternativ können mehrere Zellen verbunden werden (siehe *Kapi-*

tel 7 im Abschnitt *Zellen verbinden*). Unterschiedliche Zellenzahlen in einzelnen Zeilen sind eine der häufigsten Fehlerursachen beim Erstellen von Tabellen.

Breite und Höhe

In diesem Abschnitt zeigen wir Ihnen, wie Sie für eine Tabelle Breite und Höhe festlegen können. Anschließend erfahren Sie, wie Sie Höhe und Breite einer Zelle ändern und dies in die Größe der Gesamttabelle einpassen.

Breite und Höhe der Tabelle

Breite und Höhe einer Tabelle hängen zuerst von dem Inhalt der Zelle ab. Wenn Sie keine Angaben zu Breite und Höhe machen, wird die Tabelle genau so breit, dass der gesamte Text und eventuell vorhandene Bilder hineinpassen. Geben Sie hingegen eine feste Breite und Höhe an und die Inhalte passen nicht mehr in die Tabelle, weil beispielsweise ein Bild zu groß ist, wird die Tabelle in der Größe an die Inhalte angepasst.

Nun wollen wir Ihnen aber zeigen, wie Sie Breite und Höhe angeben. Dazu dienen die Attribute `width` und `height` im `<table>`-Tag. `width` steht für die Breite, `height` für die Höhe. Sie können die Maße jeweils in Prozent oder in Pixel angeben. Pixel sind Bildpunkte. Die Zahl der Bildpunkte, die auf Ihrem Monitor angezeigt wird, hängt von der Auflösung ab.

> **Hinweis**
>
> Üblich sind Auflösungen zwischen 640 * 480 und 1.280 * 1.024 Pixel. Dies hängt vom Monitor und der Grafikkarte ab. Webseiten werden heutzutage meist auf 1.024 * 768 Pixel optimiert. Änderungen ergeben sich, wenn Sie für Endgeräte mit kleineren Displays wie PDAs produzieren.

```
<table border="1" width="300" height="300">
<tr>
<td>Tabelle: 300*300 Pixel</td>
</tr>
</table>
```

Im obigen Beispiel wurden Breite und Höhe in Pixel angegeben. Dazu ist keine Angabe der Einheit erforderlich. Pixel sind feste Werte. Wenn Sie das Browserfenster in der Größe verändern, bleibt die Tabelle immer gleich groß.

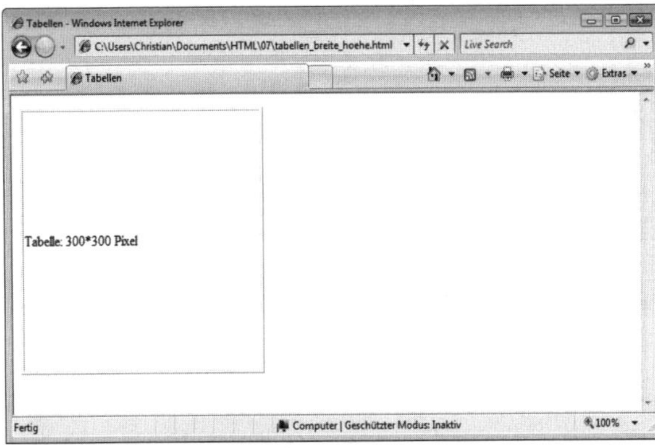

*Abbildung 7.2: Eine Tabelle von der Größe 300 * 300 Pixel*

Bei Prozentangaben verhält sich das Ganze ein wenig anders. Hier richtet sich die Größe der Tabelle nach dem entsprechenden Prozentwert der dargestellten Fläche im Browser. Bei den Attributen `height` und `width` wird nach dem numerischen Wert ein `%`-Zeichen angefügt. Die Höhe wird in modernen Browsern standardkonform nicht umgesetzt.

```
<table border="1" width="50%">
<tr>
<td>Tabelle: 50%</td>
</tr>
</table>
```

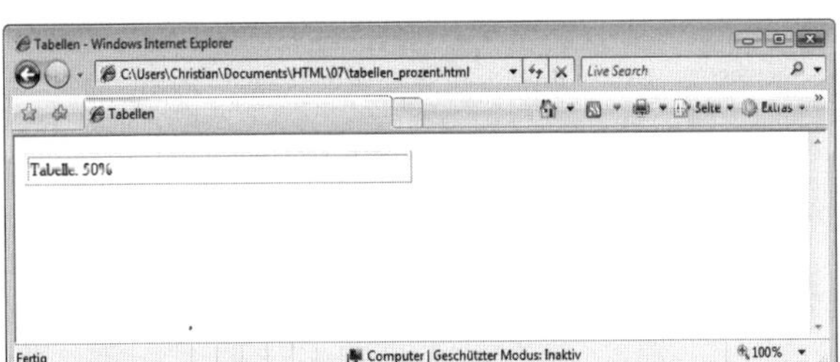

Abbildung 7.3: Eine Tabelle von der Breite 50 %

> **Achtung**
>
> Die Fläche im Browser, die der Berechnung der Prozentwerte zu Grunde liegt, bezieht sich rein auf die Fläche, in der die HTML-Seite dargestellt wird. Menüleisten, Scrollbalken etc. werden nicht mitgezählt.

Breite und Höhe von Zeilen und Zellen

Die Größe von Zeilen und einzelnen Zellen lässt sich ebenfalls in Pixel und Prozenten angeben. Es kommen die beiden Attribute `width` und `height` für Breite und Höhe zum Einsatz.

Um mit den Größen von Zeilen und Zellen bzw. Spalten nicht durcheinanderzukommen, gibt es einfache Prinzipien:

- Die Breite einer Zeile entspricht immer der Breite der Tabelle, weshalb im <tr>-Tag auch nur das Attribut `height` für die Spaltenhöhe einen Sinn macht.
- Die Breite einer Zelle gibt die Breite der zugehörigen Spalte an. Eine Spalte wird immer so breit dargestellt wie die breiteste Zelle dieser Spalte.
- Die Höhe der höchsten Zelle bestimmt die Höhe der ganzen Zeile, sollte für diese im <tr>-Tag nicht ein noch größerer Wert angegeben sein.

Dies finden Sie im folgenden Listing exemplarisch verdeutlicht. In diesem Beispiel haben wir absichtlich widersprüchliche Werte vergeben, um Ihnen zu zeigen, welche Angabe jeweils die Präferenz erhält. In der Praxis sollten Sie natürlich versuchen, alle Werte exakt aufeinander abzustimmen. Das heißt, zwei Spalten sollten in der Summe nicht breiter sein als die ganze Tabelle.

> **Achtung**
>
> Das hört sich vielleicht einfach an, wenn Sie eine Tabelle aber oft ändern, kann es unter Umständen zu »schlimmen« Verwicklungen kommen. Je nach Einsatzgebiet ist es unter Umständen besser, die Tabelle fertig zu erstellen und erst zum Schluss Größen zu vergeben.

```
<table border="1">
<tr height="50">
<th width="100" height="20">Spaltenkopf 1</th>
<th>Spaltenkopf 2</th>
```

```
</tr>
<tr>
<td width="50" height="50">Zelle 1</td>
<td width="100" height="100">Zelle 2</td>
</tr>
</table>
```

> **Hinweis**
>
> Im obigen Beispiel verwenden wir nur Pixelwerte. Natürlich funktioniert dies auch mit Prozentwerten.

Im Folgenden gehen wir mit Ihnen das Listing Schritt für Schritt durch. Das Resultat sehen Sie dann in Abbildung 7.4.

1 Im `<table>`-Tag sind keine Größenwerte vergeben. Falls also in den Zeilen oder Zellen keine Größeneinstellungen mehr folgten, würde sich die Tabellengröße am Inhalt orientieren.

2 Die erste Zeile bekam eine Höhe von 50 Pixel. Dieser Wert ist größer als die größte Höhe einer Zelle in der Zeile (20 Pixel). Auch der Inhalt der Zeile ist nicht höher als 50 Pixel. Deshalb wird der Wert für die Höhe der Zeile verwendet.

3 Die erste Kopfzelle (`<th>`) in der ersten Zeile enthält noch Größenwerte. Die Höhe kommt allerdings wie schon erwähnt nicht zum Tragen, da die Zeile als höher definiert wurde. Die Breite hingegen gilt für die ganze Spalte, da die direkt darunterliegende Zelle nur eine Breite von 50 Pixel hat, `<td width="50" height="50">`.

4 Überhaupt hat die erste Zelle in der zweiten Zeile nicht viel zu melden. Die Breite wird wie erwähnt von der darüberliegenden überlagert, die Höhe dagegen von der zweiten Zelle in der Zeile, die 100 Pixel hoch ist.

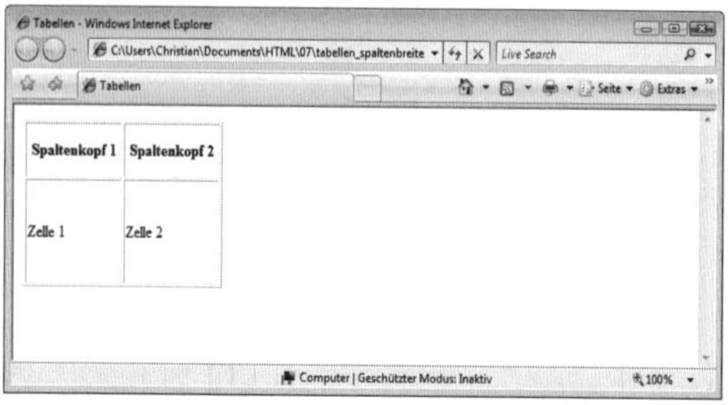

Abbildung 7.4: Die Größe für Spalten und Zellen vergeben

> **Achtung**
>
> Noch einmal der Hinweis: Das Layout einer Tabelle hängt natürlich davon ab, ob die Zahlen der Zeilen, Zellen und Spalten übereinstimmen. Am besten konzipieren Sie eine komplizierte Tabelle erst einmal auf dem Papier, bevor Sie sich an die Umsetzung wagen. Achten Sie auch darauf, dass Inhalt, der größer ist als die Zellen- und Tabellengrößen, Ihr gesamtes Layout vernichten kann.

Tabellenformatierung

In diesem Abschnitt geht es darum, das Layout von Tabellen mittels Attributen im `<table>`-Tag anzupassen. Ausgangspunkt für die verschiedenen Beispiele ist folgende einfache HTML-Tabelle.

```
<table>
<tr>
<td>Zelle 1</td>
<td>Zelle 2</td>
</tr>
<tr>
<td>Zelle 3</td>
<td>Zelle 4</td>
</tr>
</table>
```

Rahmen

Das Attribut border haben wir Ihnen ja schon vorgestellt. Es gibt die Rahmendicke einer Tabelle in Pixel an und befindet sich im <table>-Tag. Den Rahmen setzt man aus gestalterischen Gründen meist nicht ein, da er vom Browser immer gleich (hässlich) dargestellt wird.

> **Hinweis**
>
> Per CSS können Sie mit den Rahmenbefehlen (border) auch für Tabellen einen Rahmen vergeben. Dieser sieht ein wenig hübscher aus als die HTML-Alternative.

In Abbildung 7.5 sehen Sie ein einfaches Beispiel. Wir haben es erzeugt, indem wir in dem <table>-Tag unseres Beispiels (vorhergehendes Listing) einen Rahmen von zehn Pixel vergeben haben.

```
<table border="10">
```

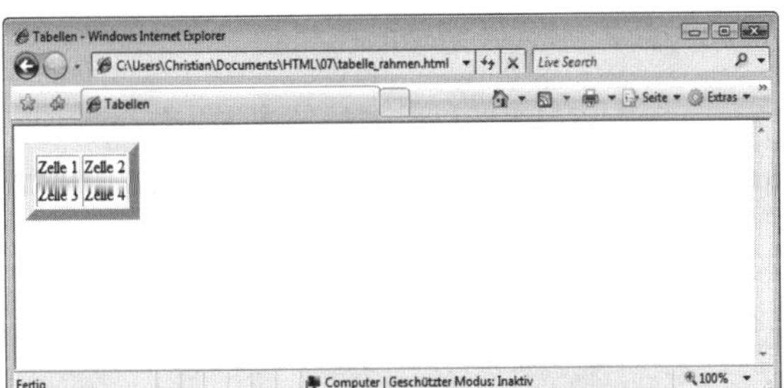

Abbildung 7.5: Ein Rahmen von 10 Pixel

> **Hinweis**
>
> Wenn Sie eine komplexe Tabelle erstellen, kann es anfangs unter Umständen sehr sinnvoll sein, einen Rahmen zu vergeben, da Sie sich so die Übersichtlichkeit bewahren. Nach Fertigstellung der Tabelle entfernen Sie einfach das border-Attribut. Beachten Sie aber, dass der Rahmen auch eine Dicke hat und damit Platz wegnimmt.

Gitternetz

Wenn Sie für das Attribut `border` eine Breite vergeben haben, werden auch automatisch Gitternetzlinien in der Tabelle angezeigt. Sie sind standardmäßig ein Pixel dick. Um die Dicke zu verändern, verwenden Sie das Attribut `cellspacing` im `<table>`-Tag.

```
<table border="5" cellspacing="10">
```

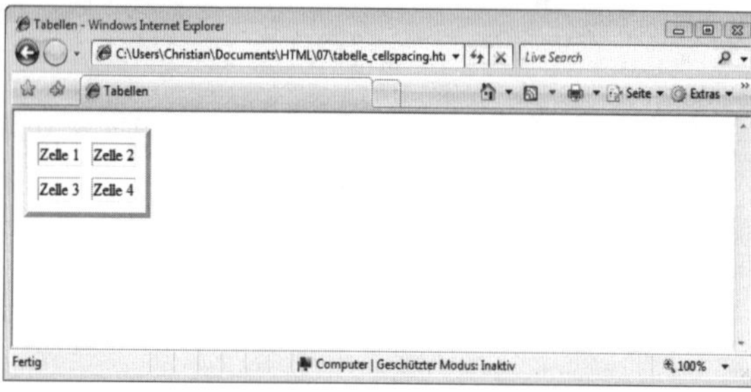

Abbildung 7.6: Die Gitternetzlinien wurden auf 10 Pixel aufgebläht

Standardmäßig ist für das `cellspacing` ein Wert von einem Pixel vorgegeben, auch wenn bei `border` 0 angegeben ist und das Attribut `cellspacing` gar nicht im `<table>`-Tag steht. Um die Gitternetzlinien also komplett zu eliminieren, müssen Sie für `cellspacing` den Wert 0 vergeben.

> **Hinweis**
>
> Wenn das `<table>`-Tag kein `border`-Attribut enthält oder dieses den Wert 0 zugewiesen bekommen hat, sind die Gitternetzlinien nicht sichtbar. `cellspacing` wirkt dann wie ein Abstand zwischen den Zellen.

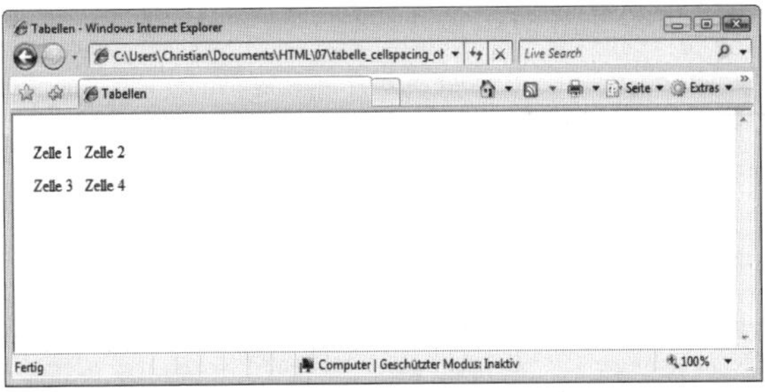

Abbildung 7.7: cellspacing wurde auf 10 Pixel und border auf 0 Pixel gesetzt

Abstand zwischen Zelleninhalt und Zellenrand

In der Standardeinstellung klebt der Zelleninhalt direkt am Rand der Zelle. Dies wirkt gerade bei Text nicht so besonders gelungen. Deshalb gibt es im `<table>`-Tag das Attribut `cellpadding`. Damit bestimmen Sie einen Abstand zwischen Zelleninhalt und Zellenrand in Pixel.

Im folgenden Beispiel haben wir für den Außenrand, die Gitternetzlinien und den Abstand zwischen Zelleninhalt und -rand jeweils fünf Pixel vergeben.

```
<table border="5" cellpadding="5" cellspacing="5">
```

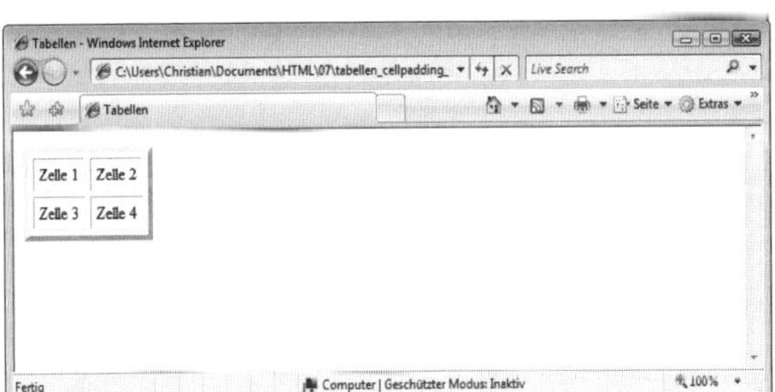

Abbildung 7.8: Rand, Gitternetz und Abstand zwischen Zelleninhalt und Zellenrand haben jeweils eine Größe von 5 Pixel

Natürlich können Sie auch einen Abstand zwischen Zelleninhalt und -rand vergeben, wenn die Tabelle keinen Rand und kein Gitternetz enthält. In einem solchen Fall spricht man von einer unsichtbaren Tabelle. Mit `cellpadding` steuern Sie dann nur den Abstand der einzelnen Zelleninhalte voneinander. Dies ist der doppelte Wert von `cellpadding`. Wollen Sie beispielsweise zwischen zwei Bildern in zwei nebeneinanderliegenden Tabellenzellen einen Abstand von zehn Pixel haben, vergeben Sie einen Wert von 5 für das `cellpadding`.

Hinweis

Die Wirkung von `cellspacing` ohne Rahmen ist ähnlich wie die von `cellpadding`. Allerdings gilt hier der einfache Wert als Abstand zwischen den Zelleninhalten, da der Wert von `cellspacing` die Breite der Gitternetzlinie angibt. Den Unterschied soll Ihnen Abbildung 7.9 zeigen. In den zwei Beispieltabellen haben `cellspacing` bzw. `cellpadding` für die zwei unsichtbaren Tabellen jeweils den gleichen Wert, das andere Attribut wurde auf 0 gesetzt. Um die unsichtbaren Tabellen wurde jeweils eine einzellige Tabelle mit einem Rahmen gelegt, um zu verdeutlichen, dass der Abstand der unsichtbaren Tabellen zu den umliegenden Objekten in beiden Fällen gleich ist. Allerdings ist beim `cellpadding` der Abstand zwischen den Zellen doppelt so groß wie beim `cellspacing`.

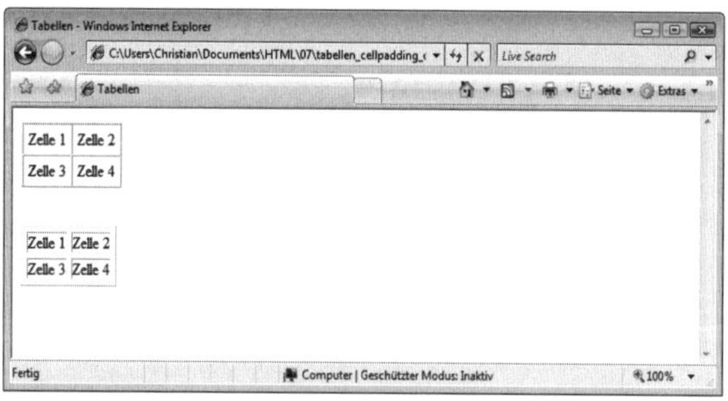

Abbildung 7.9: In der oberen Tabelle wurde cellpadding auf 5, cellspacing auf 0 gesetzt, in der unteren cellpadding auf 0 und cellspacing auf 5

Rahmen nur teilweise anzeigen

Ab dem Internet Explorer 4 gibt es ein neues Attribut namens `frame`. Es steuert, auf welchen Seiten einer Tabelle überhaupt ein Rahmen angezeigt wird. Damit das Attribut funktioniert, muss natürlich mit `border` ein Rahmen angegeben sein, der nicht den Wert 0 haben darf.

> **Achtung**
>
> Das Attribut `frame` funktioniert nur mit dem Internet Explorer ab Version 4, nicht mit Mozilla/Firefox oder mit Opera in den aktuellen Versionen.

```
<table frame="above" border="4">
```

Die obige Codezeile zeigt den Rahmen der Tabelle nur am oberen Rand an. Das Gitternetz wird normal dargestellt.

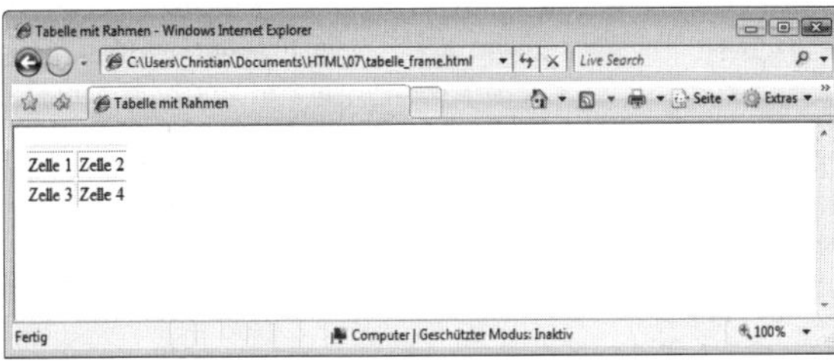

Abbildung 7.10: Der Rahmen wird nur oben angezeigt

In der folgenden Tabelle haben wir Ihnen die möglichen Werte für das Attribut `frame` zusammengefasst.

Wert	Beschreibung
above	Nur der obere Rahmen wird angezeigt.
below	Nur der untere Rahmen ist sichtbar.
border	Der Rahmen wird komplett eingeblendet. Stattdessen können Sie auch den Wert `box` verwenden oder das `frame`-Attribut weglassen.
box	Der Rahmen wird vollständig eingeblendet (siehe `border`).
hsides	Es werden nur oben und unten Rahmen angezeigt (*h* für horizontal).
lhs	Allein der Rahmen an der linken Seite der Tabelle wird gezeigt (*lhs* für left hand side).
rhs	Der Rahmen an der rechten Tabellenseite wird gezeigt (*rhs* für right hand side).

Tabelle 7.1: Werte für das Attribut frame

Wert	Beschreibung
void	Es wird kein Rahmen angezeigt, die Gitternetzlinien sind aber sichtbar.
vsides	Nur die Rahmen links und rechts sind sichtbar (*v* für vertical).

Tabelle 7.1: Werte für das Attribut frame (Forts.)

Gitternetz nur teilweise anzeigen

Ebenfalls neu im Internet Explorer 4 war das Attribut `rules` für das `<table>`-Tag. Damit bestimmen Sie, welche Teile des Gitternetzes angezeigt werden.

> **Achtung**
>
> Auch dieses Attribut funktioniert nur mit dem Internet Explorer ab 4.0, nicht aber mit Netscape Navigator oder Opera.

```
<table border="1" rules="rows">
```

Im obigen Beispiel werden mit dem Wert `rows` die Gitternetzlinien der Zeilen angezeigt (siehe Abbildung 7.11).

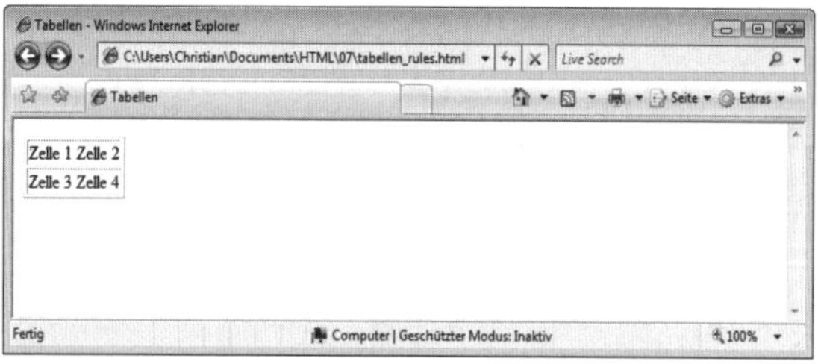

Abbildung 7.11: Es werden nur Gitternetzlinien zwischen den Zeilen angezeigt

Die möglichen Werte für das Attribut `rules` finden Sie in der folgenden Tabelle.

Wert	Beschreibung
all	Das komplette Gitternetz wird angezeigt. Dies entspricht dem Standard und ist die Einstellung, wenn das Attribut `rules` gar nicht im `<table>`-Tag aufgeführt wird.
cols	Es wird nur das Gitternetz zwischen den Spalten, nicht das zwischen den Zeilen eingeblendet.
groups	Es werden nur bestimmte Gruppen der Tabelle mit einem Gitternetz umgeben. Mehr zum Thema Gruppen erfahren Sie im Abschnitt *Tabellen gruppieren*.
none	Das Gitternetz wird nicht angezeigt.
rows	Nur das Gitternetz zwischen den Zeilen, nicht das zwischen den Reihen wird angezeigt.

Tabelle 7.2: Die Werte für das Attribut rules

Tabellen gruppieren

Tabellen lassen sich in drei unterschiedliche Bereiche unterteilen: Tabellenkopf, -körper und -fuß. Diesen Effekt benötigen Sie beispielsweise, wenn Sie mit dem Attributwert `rules="groups"` (siehe oben) nur die Gitternetzlinien für diese Bereiche anzeigen oder einzelne Bereiche einfärben wollen oder wenn Sie per CSS auf bestimmte Bereiche zugreifen möchten:

```
<table border="1" rules="groups" cellpadding="5">
 <thead>
  <tr><td>Kopf 1</td><td>Kopf 2</td></tr>
 </thead>
 <tbody>
  <tr><td>Körper 1</td><td>Körper 2</td></tr>
  <tr><td>Körper 3</td><td>Körper 4</td></tr>
 </tbody>
 <tfoot>
  <tr><td>Fuss 1</td><td>Fuss 2</td></tr>
 </tfoot>
</table>
```

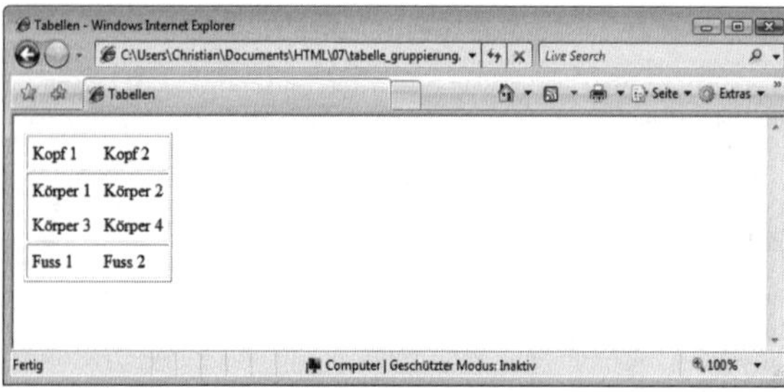

Abbildung 7.12: Eine einfache Gruppierung

Das obige Beispiel wurde in folgenden Schritten erstellt:

1 Zuerst wurde im `<table>`-Tag mit border ein Rahmen definiert. Dann folgte das Attribut `rules` mit dem Wert `group`, um einen möglichen Effekt für die Gruppierung in Bereiche zu zeigen. Die Angabe von `cellpadding="5"` hat nur kosmetische Gründe, damit die Abstände zwischen den Zellen nicht zu gering sind. Sind `cellpadding` und `cellspacing` auf 0 gestellt, wird kein Abstand zwischen den Zellen eines Bereichs mehr sichtbar.

2 Im zweiten Schritt wurde der Kopf der Tabelle definiert. Dazu dient das Tag `<thead>`. Es enthält alle Zeilen, die im Tabellenkopf enthalten sein sollen. Beendet wird der Tabellenkopf mit `</thead>`.

> **Tipp**
>
> Sie können für jeden Bereich eine eigene Hintergrundfarbe oder ein Hintergrundbild definieren. Dazu dienen die Attribute bgcolor und background im jeweiligen Tag des Bereichs. Ist für die Zelle oder Zeile eine Hintergrundfarbe festgelegt, wird sie der Hintergrundfarbe des Bereichs vorgezogen. Mehr zum Thema Hintergrund erfahren Sie im gleichnamigen Abschnitt.

3 Der Tabellenkörper wird von den Tags `<tbody>` und `</tbody>` eingeschlossen. Er kann ebenfalls beliebig viele Zeilen enthalten.

4 Zum Abschluss folgt mit `<tfoot>` der Tabellenfuß. Er wird mit `</tfoot>` beendet.

> **Hinweis**
>
> Um nun einen der Bereiche der Tabelle mit CSS zu formatieren, verwenden Sie einfach den Namen des Bereichs-Tags als Selektor. Die folgende Zeile färbt z. B. die Schrift im Tabellenkörper grün:
>
> ```
> tbody {color: green;}
> ```

Hintergrund

In diesem Abschnitt zeigen wir Ihnen, wie Sie für eine ganze Tabelle und eine Tabellenzeile oder -zelle eine Hintergrundfarbe vergeben. Im Anschluss lernen Sie, wie Sie in eine Tabelle ein Hintergrundbild einfügen können.

Hintergrundfarbe

Eine Hintergrundfarbe vergeben Sie mit dem Attribut bgcolor. Dieses Attribut steht Ihnen sowohl im <table>- als auch in den <tr>- und <td>-Tags zur Verfügung. Die Werte für die Farben werden entweder in der hexadezimalen Notation oder mit den entsprechenden Farbnamen (bei 16 Farben möglich) angegeben. Eine nähere Erklärung der hexadezimalen Notation und eine Liste der 16 Farben mit Namen finden Sie in *Kapitel 4*.

> **Hinweis**
>
> Alternativ zu den HTML-Attributen können Sie auch den CSS-Befehl background-color für die Hintergrundfarbe verwenden (siehe *Kapitel 9*).

Der Browser berücksichtigt die Hintergrundfarben von Tabelle, Zeilen und Zellen immer in einer bestimmten Reihenfolge. Zuerst wird immer die Farbe der Zelle, dann die der Zeile und zum Schluss die der Tabelle verwendet.

> **Achtung**
>
> Damit bei vielen Browsern die Hintergrundfarbe einer Tabelle sichtbar wird, muss sie einen Inhalt haben. Das kann beispielsweise ein geschütztes Leerzeichen ( ) sein.

Im folgenden Beispiel haben wir eine Tabelle mit drei Zeilen und zwei Spalten erstellt.

```
<table border="1" cellpadding="5" bgcolor="red">
<tr>
<td>Zelle 1</td>
<td>Zelle 2</td>
</tr>
<tr bgcolor="#ffffff">
<td>Zelle 3</td>
<td>Zelle 4</td>
</tr>
<tr>
<td bgcolor="green">Zelle 5</td>
<td>Zelle 6</td></tr>
</table>
```

In dem obigen Beispiel sind folgende Hintergrundfarben enthalten:

1 Die Tabelle wird mit `bgcolor="red"` rot eingefärbt.

2 Die zweite Zeile erhält mit `bgcolor="#ffffff"` die Hintergrundfarbe Weiß.

3 Die erste Zelle in der letzten Zeile wird mittels `bgcolor="green"` grün eingefärbt.

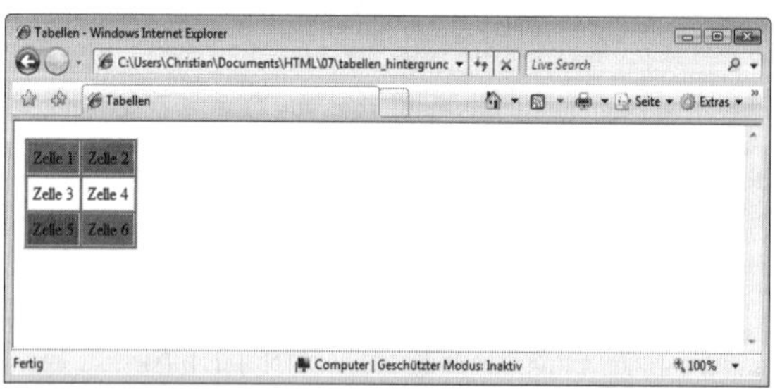

Abbildung 7.13: Eine Tabelle mit mehreren Hintergrundfarben

> **Tipp**
>
> Wenn Sie für eine Tabelle eine Hintergrundfarbe vergeben, sollten Sie darauf achten, Schrift in einer kontrastreichen Farbe darzustellen, damit sie lesbar ist.

Hintergrundbild

Ein Hintergrundbild können Sie nur für die gesamte Tabelle vergeben. Dazu dient das Attribut `background`. Sie kennen es schon als Attribut des `<body>`-Tags. Dort weist es der ganzen Seite einen Hintergrund zu. Wenn Sie es im `<table>`-Tag einsetzen, wird das Bild nur in die Tabelle eingefügt.

> **Hinweis**
>
> Das Attribut `background` für das `<table>`-Tag gehört nicht zur offiziellen HTML-Spezifikation, wird aber von allen gängigen Browsern unterstützt. Alternativ können Sie das Hintergrundbild mit CSS festlegen.

```
<table width="500" height="300" border="1" background="bild.jpg">
<tr>
<td>Zelle 1</td>
<td>Zelle 2</td>
</tr>
</table>
```

Der Verweis auf das Bild erfolgt, wie von der Konvention bei Links bekannt, entweder relativ oder absolut. In unserem Beispiel haben wir einen relativen Link auf ein Bild namens *bild.jpg* gesetzt.

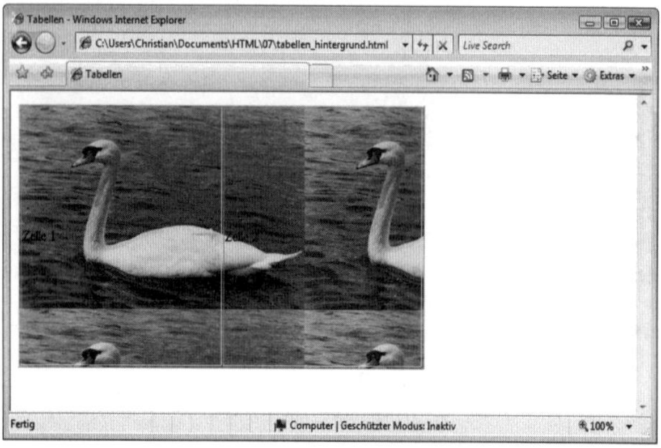

Abbildung 7.14: Ein Hintergrundbild hinter einer Tabelle

Schrift in einer Tabelle

Schrift wird in einer Tabelle genauso formatiert wie außerhalb. Am einfachsten nehmen Sie die Schriftformatierung mit CSS vor. Ihnen stehen hier alle in *Kapitel 4* vorgestellten Möglichkeiten zur Verfügung. Um verschiedene Zellen unterschiedlich zu formatieren, können Sie beispielsweise unterschiedliche CSS-Klassen verwenden:

```
td.format1 {
  font-weight: bold;
  color: red;
}
 td.format2 {
  font-style: italic;
  color: blue;
  font-family: Courier;
}
```

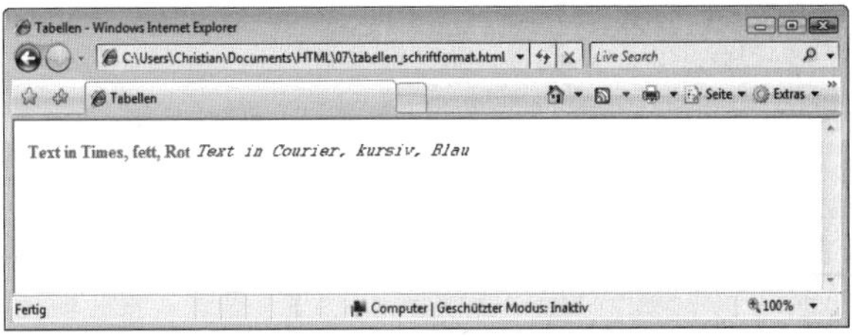

Abbildung 7.15: Unterschiedliche Schriftformatierungen in einer Tabelle

Ausrichtung

In diesem Abschnitt zeigen wir Ihnen, wie Sie Tabellen und Inhalte in den Tabellen ausrichten.

Tabellen ausrichten

Das Attribut `align` im `<table>`-Tag dient dazu, eine Tabelle auf der Seite auszurichten.

> **Hinweis**
>
> Das Attribut `align` im `<table>`-Tag ist in der HTML-Spezifikation als nicht mehr aktuell gekennzeichnet, wird allerdings von allen Browsern unterstützt. Es gibt mehrere andere Möglichkeiten, beispielsweise das Tag `<center>`, das rund um die Tabelle gelegt wird, um sie zu zentrieren. Eine andere Möglichkeit sind Style Sheets.

Im folgenden Beispiel haben wir eine Tabelle mit einer Zelle mittig ausgerichtet:

```
<table border="1" align="center">
<tr>
<td>Zelle 1</td>
</tr>
</table>
```

Für die mittige Ausrichtung der Tabelle dient das Attribut `align` mit dem Wert `center` im `<table>`-Tag.

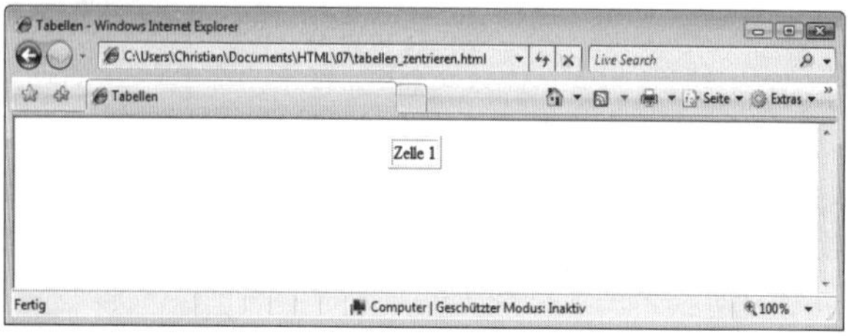

Abbildung 7.16: Eine Tabelle wurde mittig ausgerichtet

Neben `center` kann `align` noch weitere Werte annehmen, die wir für Sie in der folgenden Tabelle zusammengefasst haben.

Wert von align	**Beschreibung**
center	Tabelle wird mittig ausgerichtet; links und rechts von der Tabelle wird kein Text angezeigt.
left	Tabelle wird linksbündig am Bildschirmrand ausgerichtet; Text wird rechts von der Tabelle angezeigt.
right	Tabelle wird rechtsbündig am Bildschirmrand ausgerichtet; Text wird links von der Tabelle angezeigt.

Tabelle 7.3: Die Werte von align bei Tabellen

Hinweis

Eine Tabelle lässt sich nur horizontal ausrichten. Um sie vertikal auszurichten, müssen Sie zwei Tabellen ineinander verschachteln. Die äußere hat eine Höhe und Breite von 100 % und eine einzige Zelle mit einer vertikalen Ausrichtung in der Mitte oder am unteren Rand. Darin ist dann die Zelle enthalten, die horizontal ausgerichtet werden soll.

Zelleninhalte ausrichten

Für das horizontale Ausrichten von Zelleninhalten in Zellen verwenden Sie ebenfalls das Attribut `align`. Für das vertikale Ausrichten kommt das Attribut `valign` hinzu (`valign` für *vertical align* = vertikal ausrichten). Beide Attribute haben ihren Platz im `<td>`-Tag.

> **Hinweis**
>
> Kopfzellen (`<th>`-Tags) werden standardmäßig zentriert ausgerichtet, wenn Sie kein `align`-Attribut vergeben, normale Zellen (`<td>`-Tags) hingegen linksbündig. Standard für die vertikale Ausrichtung ist in beiden Fällen mittig.

> **Tipp**
>
> Wenn Sie die Attribute `align` und `valign` im `<tr>`-Tag vergeben, werden alle Zellen dieser Zeile so ausgerichtet. Allerdings hat eine eventuelle Ausrichtung in einem `<td>`-Tag immer Vorrang.

```
<table border="1" width="100" height="100">
<tr>
<td align="center" valign="middle">Zelle 1</td>
</tr>
</table>
```

Folgende Schritte sind zum mittigen Ausrichten nötig:

1. Zuerst wird mit `align="center"` der Tabelleninhalt horizontal zentriert.
2. Anschließend dient `valign="middle"` zum vertikal mittigen Ausrichten.

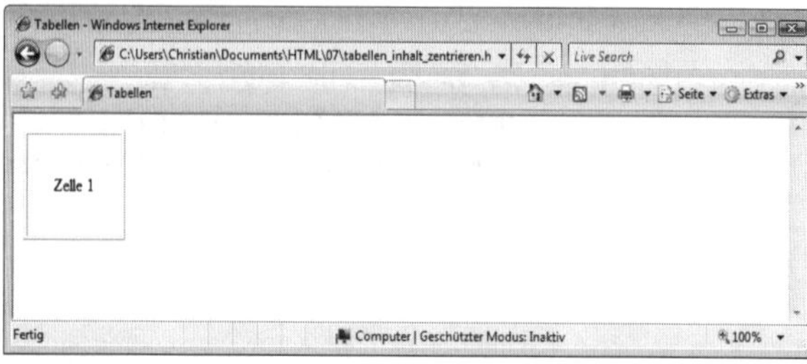

Abbildung 7.17: Zelleninhalt zentriert ausrichten

Neben dem mittigen Ausrichten gibt es für die Attribute `align` und `valign` im `<td>`-Tag noch einige weitere Werte, die wir für Sie in den folgenden zwei Tabellen zusammengefasst haben.

Wert von align	Beschreibung
center	Der Zelleninhalt wird mittig ausgerichtet.
left	Der Zelleninhalt wird linksbündig ausgerichtet.
right	Der Zelleninhalt wird rechtsbündig ausgerichtet.

Tabelle 7.4: Die Werte für align bei einer Tabellenzelle

Wert von valign	Beschreibung
baseline	Die Textzeilen werden so ausgerichtet, dass die oberste Zeile aller Texte auf der niedrigstmöglichen Linie ist.
bottom	Der Zelleninhalt wird an der unteren Kante der Zelle ausgerichtet.
middle	Der Zelleninhalt wird mittig ausgerichtet. Dies ist der Standardwert.
top	Der Zelleninhalt wird an der oberen Kante der Zelle ausgerichtet.

Tabelle 7.5: Die Werte von valign bei einer Tabellenzelle

> **Hinweis**
>
> Alternativ können Sie Inhalte in Zellen auch per CSS ausrichten. Für die horizontale Ausrichtung dient `text-align` mit den von `align` bekannten Werten. Die vertikale Ausrichtung erledigt `vertical-align` mit den von `valign` bekannten Werten.

Zellen verbinden

In diesem Abschnitt zeigen wir Ihnen, wie Sie mehrere Zellen zu einer verbinden können. Dies erweitert die Möglichkeiten der Tabellen wesentlich.

Zellen über Zeilen hinweg verbinden

Das Attribut `rowspan` verbindet mehrere Zellen über Zeilen hinweg. Es kann im `<th>`- oder `<td>`-Tag stehen. Die verbundenen Zellen dürfen nicht mehr mit einem eigenen `<th>`- oder `<td>`-Tag eingetragen werden.
Im folgenden Beispiel ist dies illustriert.

```
<table border="1" width="150" height="100">
<tr>
<td rowspan="2"><b>Popstars</b></td>
<td>Madonna</td>
</tr>
<tr>
<td>Britney Spears</td>
</tr>
</table>
```

Folgende Schritte sind notwendig, um das obige Beispiel zu realisieren:

1 Im `<table>`-Tag vergeben wir aus optischen Gründen einen Rahmen und eine Größe für die Tabelle.

2 Nun haben wir das Ziel, dass sich die erste Zelle über zwei Zeilen erstreckt. Um dies zu erreichen, fügen Sie in die erste Zelle (`<td>`-Tag) das Attribut `rowspan` ein und vergeben den Wert 2. Das heißt, diese Zelle verbindet zwei Zeilen.

> **Hinweis**
>
> Der Wert 1 entspräche dem Standard; hier wird keine Zelle verbunden. Statt aber `rowspan="1"` anzugeben, wird es einfach weggelassen.

3 Anschließend wird in der ersten Zeile die zweite Zelle um den Namen eines Popsternchens ergänzt.

4 Die zweite Zeile beinhaltet nur noch eine Zelle, da sich ja die erste Zelle aus der ersten Zeile dank `rowspan` auch in die zweite Zeile erstreckt.

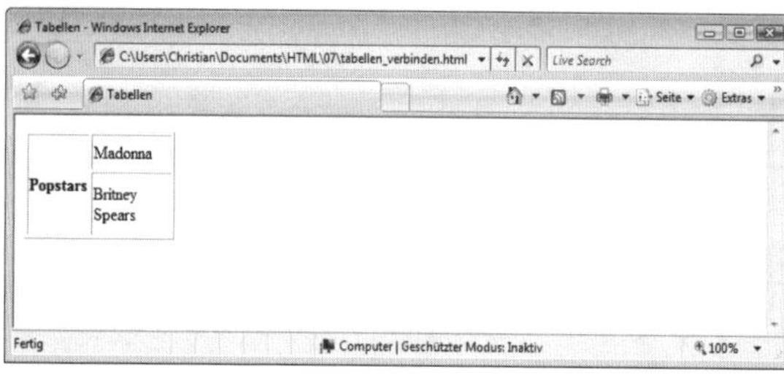

Abbildung 7.18: rowspan in Aktion

Zellen über Spalten hinweg verbinden

Um Zellen über mehrere Spalten hinweg zu verbinden, verwenden Sie das Attribut `colspan` im `<th>`- oder `<td>`-Tag.

```
<table border="1" width="200" height="100">
<tr>
<td colspan="2" align="center">
<b>Latin Popstars</b>
</td>
</tr>
<tr>
<td>Jennifer Lopez</td>
<td>Ricky Martin</td>
</tr>
</table>
```

Dieses Beispiel funktioniert fast analog zu dem von `rowspan`:

1 Zuerst sind Größe und Rahmendicke der Tabelle an der Reihe.

2 Anschließend erstellen Sie in der ersten Zeile eine Zelle mit `colspan="2"`. Das heißt, diese Zelle überspannt zwei Spalten. Da unsere Tabelle insgesamt nur aus zwei Spalten bestehen soll, müssen Sie in der ersten Zeile keine weitere Zelle einfügen.

3 Wir haben aus optischen Gründen den Text »Latin Popstars« in der Zelle fett dargestellt und die Zelle mit `align="center"` mittig ausgerichtet.

4 Als Nächstes müssen Sie die zweite Zeile erzeugen. Sie besteht natürlich aus zwei Zellen.

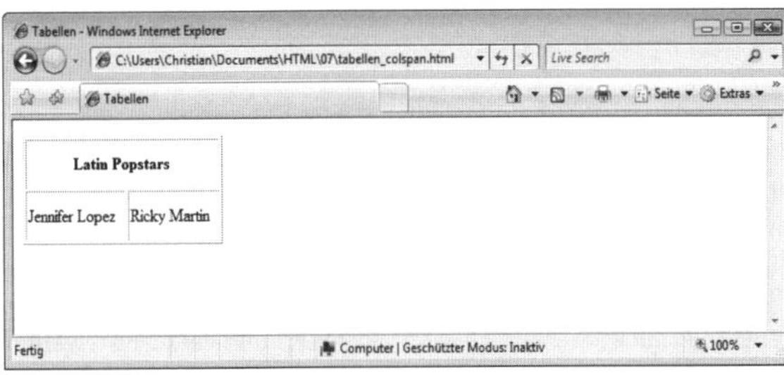

Abbildung 7.19: Zellen aus zwei Spalten wurden zu einer verschmolzen

Hinweis

Wenn Ihre Tabelle komplizierter und verschachtelter wird, zeichnen Sie sich eine Skizze. Häufigste Fehlerursache beim Verbinden von Zellen ist, dass Zellen zwar eigentlich verbunden sind, aber immer noch mit einem `<td>`-Tag vorhanden sind. Dieses überflüssige Tag wird dann als neue Zelle interpretiert. Ein hässliches Beispiel sehen Sie in Abbildung 7.21. Dort haben wir in der oberen Zeile trotz `colspan="2"` noch eine Zelle eingefügt, in der unteren Reihe sind aber nur zwei Zellen. Deshalb fehlt für die obere Zelle die Entsprechung in der zweiten Zeile.

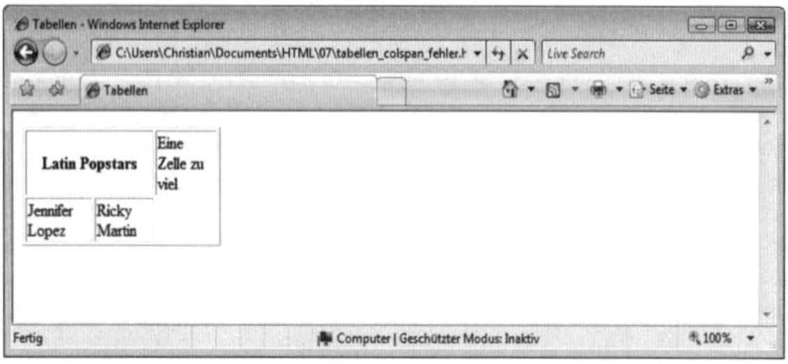

Abbildung 7.20: Eine Zelle in der oberen Zeile, die unten keine Entsprechung hat

Unsichtbare Tabellen

Unsichtbare Tabellen dienen hauptsächlich als Gestaltungselemente. Damit können Sie Objekte beliebig auf die Seite platzieren.

Eine unsichtbare Tabelle hat eine `border` von 0 oder aber das `border`-Attribut ist gar nicht vergeben. Die Platzierung und Größe der Tabellenteile steuern Sie entweder über die Attribute `width` und `height` oder über transparente GIF-Dateien. Diese transparenten Bilder müssen nur 1 * 1 Pixel groß sein und können dann ebenfalls mit `width` und `height` vergrößert und verkleinert werden.

Im Folgenden zeigen wir Ihnen beide Möglichkeiten anhand eines einfachen Beispiels. Ziel ist, ein Bild 200 Pixel vom linken und vom oberen Rand entfernt zu platzieren.

> **Tipp**
>
> Unsichtbare Tabellen eignen sich natürlich nicht nur zum Platzieren. Mit dem Attribut `bgcolor` können Sie beispielsweise auch Farbflächen erzeugen oder eine Hintergrundfarbe für Text festlegen, ohne dass man die dahinter stehende Tabelle erkennt.

1 Grundlage beider Möglichkeiten ist eine Tabelle mit vier Zellen.

```
<table>
 <tr>
  <td></td>
  <td></td>
```

```
  </tr>
  <tr>
    <td></td>
    <td></td>
  </tr>
</table>
```

2 Als Nächstes fügen Sie in der Tabelle in die Zelle rechts unten das Bild ein. In unserem Fall ist der Name des Bildes *bild.jpg* und es befindet sich im Ordner IMAGES.

```
<td>
<img src="images/bild.jpg" width="350" height="231" />
</td>
```

3 Nun können Sie mit den Attributen `width` und `height` die Größe der linken oberen Zelle steuern. Damit platzieren Sie automatisch auch die Zelle rechts unten mit dem Bild.

```
<table>
  <tr>
    <td width="200" height="200"></td>
    <td></td>
  </tr>
  <tr>
    <td></td>
    <td><img src="images/bild.jpg" width="350" height="231"
/></td>
  </tr>
</table>
```

4 Alternativ dazu können Sie auch ein 1 * 1 Pixel großes transparentes GIF einfügen (*punkt.gif*) und dieses mit `width` und `height` auf die richtige Größe skalieren. In diesem Beispiel können Sie das transparente GIF entweder einmal in die Zelle links oben platzieren oder aber jeweils rechts oben und links unten. Diese Option haben wir hier gewählt. Dadurch bleibt die Zelle rechts oben frei.

```
<table>
  <tr>
    <td></td>
```

```
  <td><img src="punkt.gif" width="1" height="200" /></td>
 </tr>
 <tr>
  <td><img src="punkt.gif" width="200" height="1" /></td>
  <td><img src="bild.jpg" width="350" height="231" /></td>
 </tr>
</table>
```

Tipp

Die Platzierung über 1-Pixel-GIFs wird meist als Unterstützung zu den Attributen `width` und `height` verwendet, da bei komplexeren und großen Tabellen ansonsten manchmal das Tabellenlayout zusammenbricht. Die Grafiken dagegen sind immer exakt.

Abbildung 7.21: Die Datei wurde 200 Pixel vom oberen und vom linken Rand platziert

> **Hinweis**
>
> Im Beispiel wirkt der Abstand zum oberen Rand etwas größer. Dies liegt an der Standardeinstellung des Browsers, der oben immer einen größeren Abstand zum Fensterrand als an den Seiten einfügt. Auch insgesamt ist der Abstand etwas größer als die 200 Pixel, da als Standard noch ein leichtes `cellspacing` bzw. `cellpadding` vorgegeben ist.

Text in Spalten anordnen

Unsichtbare Tabellen lassen sich auch dazu verwenden, Text in Spalten fließen zu lassen. Dazu erstellt man eine Tabelle mit verschiedenen Zellen in einer Zeile. Mit dem Attribut `width` im `<td>`-Tag steuern Sie die Breite der einzelnen Spalten. Mit `cellspacing` regeln Sie den Abstand zwischen den Zellen. Mit `valign` können Sie den Text vertikal ausrichten. Dies geschieht am besten im `<tr>`-Tag für die ganze Zeile.

```
<table width="75%" cellspacing="5">
 <tr valign="top">
  <td>Ein beliebiger Flie&szlig;text in Spalte 1. Tragen Sie
hier den gew&uuml;nschten Text ein.</td>
  <td>Ein beliebiger Flie&szlig;text in Spalte 2. Sie
k&ouml;nnen hier auch ein Bild einf&uuml;gen.</td>
  <td>Ein beliebiger Flie&szlig;text in Spalte 3. Hier folgt
ein Text.</td>
  <td>Ein beliebiger Flie&szlig;text in Spalte 4, gefolgt
von einigem
 Text.</td>
 </tr>
</table>
```

Um obiges Beispiel selbst realisieren zu können, sind folgende Schritte nötig:

1 Zuerst müssen Sie eine Tabelle mit vier Zellen erstellen.

2 Als Nächstes vergeben Sie mit `width` eine Breite für die Tabelle.

> **Hinweis**
>
> Wenn Sie für die Zellen keine Breite vergeben und diese nur Text und keine Bilder enthalten, werden alle Zellen gleich groß dargestellt, es sei denn, eine Spalte enthält ein Element (Wort oder Bild), das größer als die optimale Spaltenbreite ist.

3 Mit `cellspacing` steuern Sie den Abstand zwischen den Zellen und damit zwischen dem Text in den Spalten.

4 Im `<tr>`-Tag richten Sie mit `valign="top"` alle Zelleninhalte der Zeile an der oberen Kante aus.

5 Als Letztes müssen Sie in die vier Zellen nur noch irgendeinen »willkürlichen« Text eingeben.

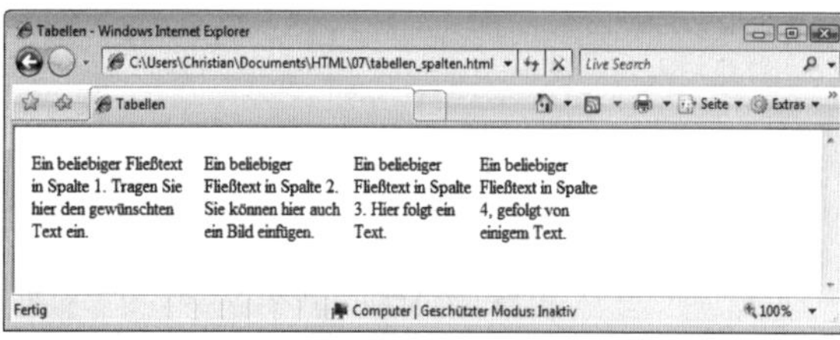

Abbildung 7.22: Fließtext in mehreren Spalten

Tabellen ineinander verschachteln

Es lassen sich beliebig viele Tabellen ineinander verschachteln. Dazu muss die eine Tabelle einfach in eine Zelle der anderen Tabelle eingefügt werden.

Was können Sie mit ineinander verschachtelten Tabellen anstellen? Im Prinzip können Sie jede beliebige Layoutaufgabe erfüllen. Meist verwendet man eine große Tabelle, die grundlegend vorstrukturieren soll. In dieser sind dann weitere Tabellen enthalten.

Ein einfaches Beispiel ist eine Navigationsleiste auf der linken Seite. Dazu sind folgende Schritte nötig:

1 Erstellen Sie zuerst eine Tabelle, die aus zwei Zellen besteht. In die linke Zelle kommt die Navigationsleiste, in die rechte der Inhalt der Seite.

```
<table cellpadding="0" cellspacing="0" width="100%">
 <tr>
  <td></td>
  <td></td>
 </tr>
</table>
```

2 Im `<table>`-Tag sollten Sie folgende Einstellungen vornehmen:

- `cellpadding` und `cellspacing` werden auf 0 gesetzt, um zwischen den Zellen der großen Tabelle keinen Abstand zu haben.
- Die Breite der Tabelle wird mit dem Attribut `width` auf 100 % des Fensters fixiert.

> **Hinweis**
>
> Um die Tabelle exakt an die Ränder der Fenster anzupassen, müssen Sie im `<body>`-Tag noch `leftmargin` und `topmargin` bzw. für den Netscape Navigator `marginwidth` und `marginheight` auf 0 setzen.

1 Im `<td>`-Tag der Tabelle vergeben Sie für die linke Zelle eine Breite von 100 Pixel und richten sie an der oberen Kante aus.

```
<td width="100" valign="top">
```

2 In die rechte Zelle fügen Sie das Bild ein. Wir haben die Datei *world.gif* aus dem Verzeichnis IMAGES gewählt.

```
<td><img SRC="images/world.gif" width="532" height="252"
/></td>
```

3 Im nächsten Schritt fügen Sie in die linke Zelle der großen Tabelle eine Tabelle für die Navigationselemente ein. Diese besteht aus so vielen Zeilen, wie Sie Navigationspunkte haben wollen. In dem Beispiel sind das vier Zeilen mit jeweils einer Zelle.

```
<table>
 <tr>
  <td></td>
 </tr>
 <tr>
  <td></td>
 </tr>
```

```
 <tr>
  <td></td>
 </tr>
 <tr>
  <td> </td>
 </tr>
</table>
```

4 Nun müssen Sie nur noch die Navigationspunkte in die Zellen der eben erstellten Tabelle einfügen. Für den obersten Punkt haben wir noch einen Link hinzugefügt.

```
<table cellpadding="0" cellspacing="0" width="100%">
 <tr>
  <td width="100" valign="top">
  <table>
    <tr>
     <td><a href="home.htm">Home</a></td>
    </tr>
    <tr>
     <td>Produkt</td>
    </tr>
    <tr>
     <td>Team</td>
    </tr>
    <tr>
     <td>Kontakt</td>
    </tr>
  </table></td>
  <td><img src="bild.jpg" alt="Ein Schwan" /></td>
 </tr>
</table>
```

Abbildung 7.23: Die fertige Seite

Fragen

1. Was ist der Unterschied zwischen `<th>` und `<td>`? Was wird häufiger verwendet?
2. Wie erstellen Sie eine Tabelle ohne Rahmen, aber mit Gitternetz?
3. Wie werden so genannte »unsichtbare Tabellen« erzeugt und wozu dienen sie?

Das können Sie schon

Textformatierung 54
Interne Links 64
Externe Links 71
Style Sheets 85
Grafiken 111
Aufzählungslisten 134
Tabellenaufbau 160
Ausrichtung 179
Zellen verbinden 183

Das lernen Sie neu

Formulare – Motivation 196
Formularrahmen 199
Formularelemente 199
Formulare versenden 216

Kapitel 8

Kommunikation nach außen

Formulare – wer kennt das nicht. Besonders häufig werden Formulare dazu eingesetzt, den Betreibern einer Website Rückmeldungen zukommen zu lassen. Beide Seiten profitieren davon: Der Benutzer kann gezielt und auch strukturiert angeben, wo ihn der Schuh drückt und was er unbedingt loswerden will. Der Sitebetreiber wiederum erhält diese Anfrage in einem gut analysierbaren Format und er kann – bei geschicktem Formulardesign – den Surfer auch dazu bringen, alle wichtigen Angaben (wie etwa E-Mail-Adresse) anzugeben. In diesem Kapitel sehen Sie zunächst, wie Sie ein solches Formular in HTML erstellen können. Dann zeigen wir Ihnen in einem kleinen Exkurs, wie die Daten aus dem Formular per E-Mail versandt werden können.

Motivation

Wie schon im Einleitungstext erwähnt, tauchen Formulare im World Wide Web ziemlich häufig auf. Es gibt mehrere Anwendungsmöglichkeiten, von denen wir an dieser Stelle einige exemplarisch und mit einem Beispiel aus dem World Wide Web aufführen:

- **Feedback/Rückmeldung** an den Betreiber der Website. Im Allgemeinen kann der Benutzer Daten wie etwa Namen, E-Mail-Adresse und sein eigentliches Anliegen angeben. Auch Herstellersupport (siehe Abbildung) lässt sich über ein solches Formular besser abwickeln als über reine E-Mails, da alle wichtigen Daten »abgeklopft« werden können.

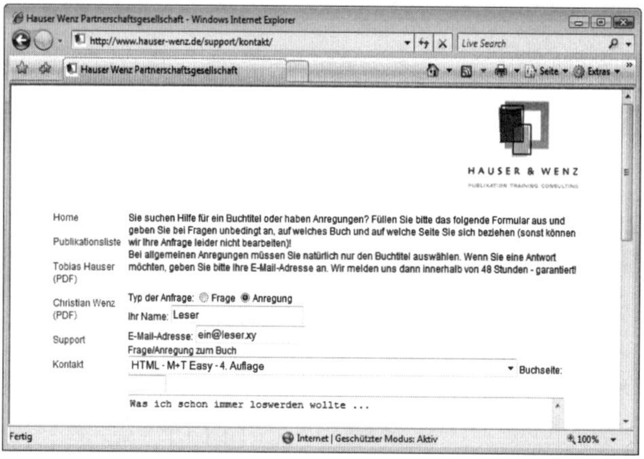

Abbildung 8.1: Bequem: gezielte Supportanfrage dank Formular

- **Umfragen**. Über das Internet lassen sich relativ kostengünstig viele Menschen erreichen. Was liegt da näher, als eine Umfrage zu starten? In einer Umfrage wird in der Regel eine ganze Reihe von Fragen gestellt, bei denen man die Antwort entweder eintippen kann oder eine von mehreren Antworten auswählen darf (Multiple Choice).

  In Abbildung 8.2 sehen Sie einen Ausschnitt einer Umfrage des Umweltbundesamtes. Umfragen dieser Machart sind im Web gang und gäbe, manchmal nützlich, manchmal aber auch nervig.

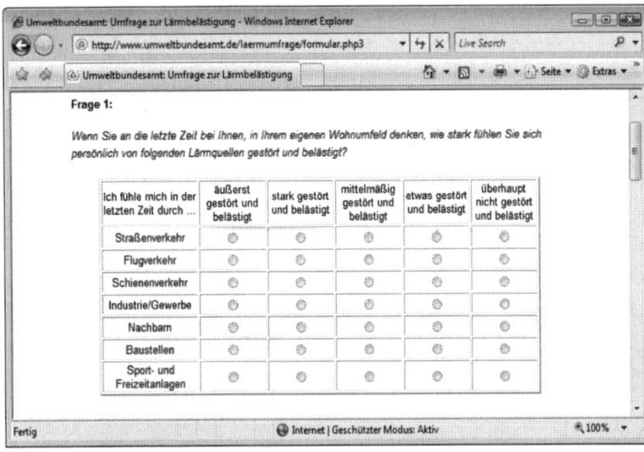

Abbildung 8.2: Eine Umfrage – mit (vielen) Formularen

- **Navigation.** Ein mögliches Formularelement, auch in der Abbildung zu sehen, sind Pulldown-Menüs. In einem solchen Menü befinden sich mehrere Einträge, von denen Sie einen (oder manchmal auch mehrere) auswählen können. Oft ist es so, dass nach der Auswahl eines Elements irgendeine Aktion ausgeführt wird, beispielsweise wird eine andere Webseite geladen. In der Abbildung sehen Sie eine Auswahlliste. Wenn Sie dort ein Element anklicken, lädt die zugehörige Seite

Abbildung 8.3: Schnelle Navigation mit einem Pulldown-Menü

- **Textausgabe.** In Verbindung mit JavaScript, einer Programmiersprache, die in HTML-Code eingebettet wird, können Sie den Inhalt von Formularelementen steuern. In der Abbildung sehen Sie dies am Beispiel eines Eingabefeldes, in das nur eine bestimmte Anzahl von Zeichen eingegeben werden darf. Im Hintergrund wird überprüft, wie viele Zeichen davon noch zur Verfügung stehen, und dies wird im Texteingabefeld ausgegeben.

> **Hinweis**
>
> Das eigentliche Feature, die Ermittlung der übrig bleibenden Zeichen, geht übrigens nicht allein mit HTML, dazu benötigen Sie noch zusätzlich die Programmiersprache JavaScript.

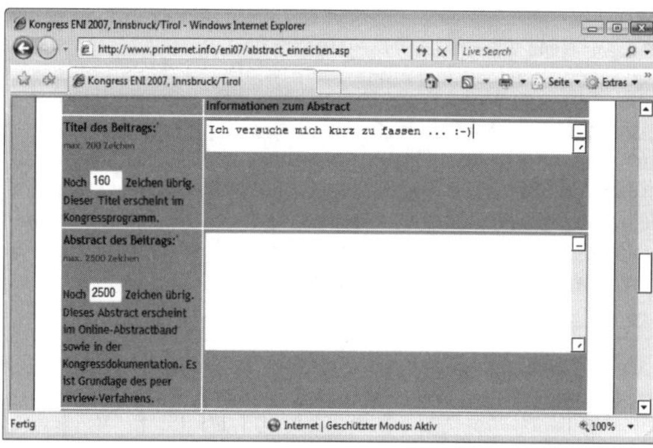

Abbildung 8.4: Die Anzahl der restlichen Zeichen – in einem Formularfeld

Mit reinen HTML-Mitteln lässt sich im Prinzip nur eine dieser Möglichkeiten verwirklichen, und zwar die Möglichkeit des Feedbacks. Zunächst aber werfen wir einen Blick auf den prinzipiellen Aufbau eines Formulars und dann auf die einzelnen Elemente, die ein Formular haben kann.

Formularrahmen

Formulare werden durch das Tag `<form>` eingeschlossen:

```
<form>
<!-- Formularelemente -->
</form>
```

Das `<form>`-Tag hat mehrere Attribute, die aber erst im weiteren Verlauf dieses Kapitels interessant sind; wir führen sie hier nur der Vollständigkeit halber auf und gehen später ausführlicher darauf ein:

Attribut	Beschreibung	Standardwert, falls nicht angegeben
action	Gibt die Website an, an die die Formulardaten verschickt werden, beispielsweise ein Programm auf dem Server, das die Formulareingaben per E-Mail weiterverschickt	Die aktuelle Seite
enctype	Mit einem Formular können auch Dateien mitgeschickt werden (mehr dazu später in diesem Kapitel). Dazu muss der Kodierungstyp angegeben werden. Auch für den Versand via E-Mail ist dieser Wert wichtig – auch hierzu später mehr.	text/www-url-encoded
method	Versandmethode, entweder GET oder POST	GET

Tabelle 8.1: Attribute des <form>-Tags

Formularelemente

Werfen wir nun einen Blick auf das eigentlich Interessante: die verschiedenen Formularelemente.

Textfelder

Textfelder sind womöglich die am häufigsten eingesetzten Formularfelder im Web. Sie können sie unter anderem für die folgenden Zwecke verwenden:

- Angabe von Vorname, Nachname, Adresse
- Eingabe von Stückzahlen bei Bestellungen
- allgemein: einzeilige Texte

Ein Textfeld sieht folgendermaßen aus:

```
<input type="text"
      name="Name"
      value="Wert"
      size="Länge"
      maxlength="Maximallänge"
/>
```

Zu den Parametern im Einzelnen:

- `type="text"` – identifiziert das Formularelement als Textfeld. Ist zwar Standard und kann auch weggelassen werden, ist aber sauberer so.
- `name` – ein eindeutiger Bezeichner für das Formularfeld. Ist für den Versand (siehe weiter unten) wichtig und deswegen eine Pflichtangabe.
- `value` – der Wert im Formularfeld, sprich der Text, mit dem das Feld vorausgefüllt ist; optionale Angabe.
- `size` – Länge des Feldes in Zeichen. Gibt nur die Länge an, die angezeigt wird; ansonsten können (fast) unbegrenzt viele Zeichen in das Textfeld eingegeben werden; optionale Angabe.
- `maxlength` – maximal zulässige Anzahl Zeichen, die in das Textfeld eingegeben werden können; optionale Angabe.

Folgendes Formular demonstriert Ihnen die Wirkung dieser Angaben. Beachten Sie, dass alle Formularfelder durch das `value`-Attribut vorausgefüllt sind (ist normalerweise nicht der Fall), sodass Sie die Wirkung der Parameter direkt merken.

```
<form>
Vorname: <input type="text" size="8"
               value="CHRISTIAN" /><br />
Nachname: <input type="text" size="8"
                value="WENZ" /><br />
Buchtitel: <input type="text" size="10"
                 maxlength="8" />
</form>
```

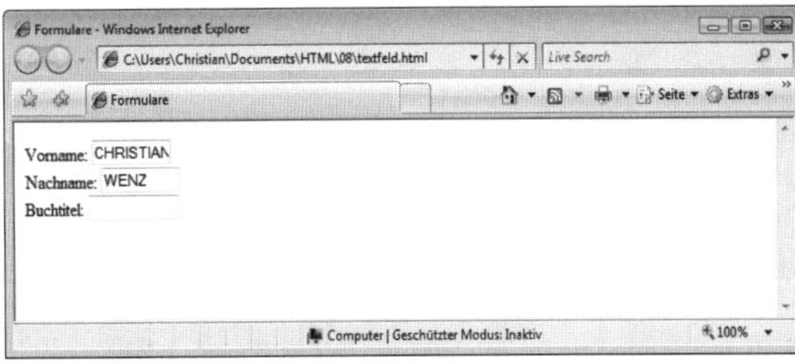

Abbildung 8.5: Die Texteingabefelder im Browser

In der Abbildung können Sie Folgendes beobachten:

- Die Breite der Texteingabefelder richtet sich ungefähr nach der gewählten Schriftart. Bei einer Proportionalschrift ist der Wert natürlich nicht repräsentativ, denn acht i nehmen weniger Platz ein als acht o.
- `size` gibt tatsächlich nur die Anzeigebreite des Textfeldes an; es können mehr Zeichen als angegeben ins Feld eingetragen werden, es kann dann nur der Fall eintreten, dass aus Platzgründen nicht immer alle gleichzeitig angezeigt werden können.
- `maxlength` beschränkt die Anzahl der eingebbaren Zeichen. Versuchen Sie doch einmal, in das dritte Eingabefeld »HTML EASY« einzugeben ...

Passwortfelder

Passwortfelder werden im Web, wie der Name schon sagt, für die Eingabe von Passwörtern verwendet, sei es beim Webmail-Login, beim Onlinebanking oder beim Zugriff auf geschützte Bereiche einer Website.

Die Passwortfelder werden syntaktisch fast analog zu Texteingabefeldern aufgebaut:

```
<input type="password"
       name="Name"
       value="Wert"
       size="Länge"
       maxlength="Maximallänge"
/>
```

Werfen wir einen Blick auf die Parameter:

- `type="password"` – zeichnet das Formularelement als Passwortfeld aus; Pflichtangabe.
- `name` – eindeutiger Bezeichner für das Formularfeld; Pflichtangabe.
- `value` – der Wert im Formularfeld, sprich der Text, mit dem das Feld vorausgefüllt ist. In der Anzeige wird pro Zeichen ein Stern dargestellt, im `value`-Attribut muss trotzdem Klartext stehen; optionale Angabe.
- `size` – Feldlänge in Zeichen. Bezieht sich nur auf die Anzeigelänge, in das Feld selbst können mehr Zeichen geschrieben werden: optionale Angabe.
- `maxlength` – maximale Anzahl Zeichen, die in das Passwortfeld eingegeben werden kann; optionale Angabe.

Hier ein Beispielformular:

```
<form>
Passwort 1: <input type="password" size="8"
                    value="geheim" /><br />
Passwort 2: <input type="password" size="8" />
</form>
```

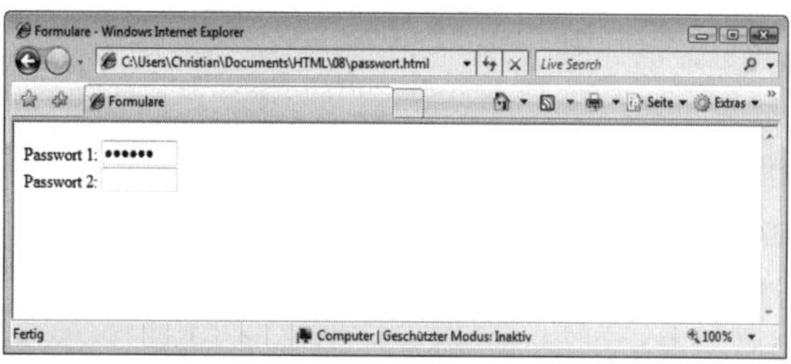

Abbildung 8.6: Die Passwortfelder im Browser

Sie können der Abbildung entnehmen, dass pro Zeichen ein Sternchen oder Knödel im Passwortfeld angezeigt wird. Wenn Sie selbst Text in das erste oder zweite Passwortfeld eintragen, erscheinen auch hier Sternchen/Knödel, kein Klartext.

Mehrzeilige Textfelder

Ein mehrzeiliges Textfeld ist mit einzeiligen »normalen« Texteingabefeldern vergleichbar, nur dass eben mehrere Zeilen zur Verfügung stehen. Sie werden im Web oft zu folgenden Zwecken eingesetzt:

- Kommentare in Feedback-Formularen
- Einträge in Gästebüchern
- allgemein: längere Texte, die in einem einzeiligen Textfeld nicht vollständig lesbar wären

Zur Syntax:

```
<textarea name="Name"
          rows="Zeilen"
          cols="Spalten"
>Text</textarea>
```

Werfen wir einen Blick auf die Parameter:

- `name` – eindeutiger Bezeichner für das Textfeld; Pflichtangabe.
- `rows` – gibt die Anzahl der Zeilen im Textfeld an. Beschränkt sich nur auf die Eingabe (sobald mehr Zeilen angegeben werden, erscheinen Scrollbalken); Pflichtangabe.
- `cols` – gibt die Anzahl der Zeichen pro Zeile im Textfeld an. Beschränkt sich nur auf die Eingabe (sobald mehr Zeichen angegeben werden, umbricht der Browser automatisch oder es erscheinen Scrollbalken); Pflichtangabe.
- `text` – der Text, mit dem das Feld vorausgefüllt ist. Muss HTML-kodiert sein, also `<` statt `<` und so weiter. Zeilenumbrüche werden jedoch beibehalten.

Die Eingabegröße in einem Texteingabefeld ist höchstens durch den Browser beschränkt. 16-Bit-Versionen des Netscape Navigators kannten eine Beschränkung auf 32 Kbyte (32.768 Zeichen), heutzutage sind noch mehr Zeichen möglich. Nur wenige werden aber so exzessive Mengen in ein Feld tippen (dieses Kapitel hat bis hierher auch erst knapp 11.000 Anschläge).

```
<form>
Ihre Meinung, bitte!
<textarea name="Kommentar"
          rows="8"
          cols="50"
>
  Der Mensch ist ein beschr&auml;nktes Wesen.
  Unsere Besch&auml;nkung zu &uuml;berdenken,
```

```
    ist der Sonntag gewidmet. Sind es
    k&ouml;rperliche Leiden, die wir im
    Lebenstaumel der Woche vielleicht gering
    achteten, so m&uuml;ssen wir am Anfang der
    neuen alsobald den Arzt aufsuchen.
    Ist unsere Beschr&auml;nkung &ouml;konomisch
    und sonst b&uuml;rgerlich, so sind unsere
    Beamten verpflichtet, ihre Sitzungen zu
    halten. Ist es geistig, sittlich, was uns
    verd&uuml;stert, so haben wir uns an einen
    Freund, an einen Wohldenkenden zu wenden,
    dessen Rat, dessen Einwirkung zu erbitten:
    Genug, es ist das Gesetz, dass niemand eine
    Angelegenheit, die ihn beunruhigt oder
    qu&auml;lt, in die neue Woche
    hin&uuml;bernehmen d&uuml;rfte.
</textarea>
</form>
```

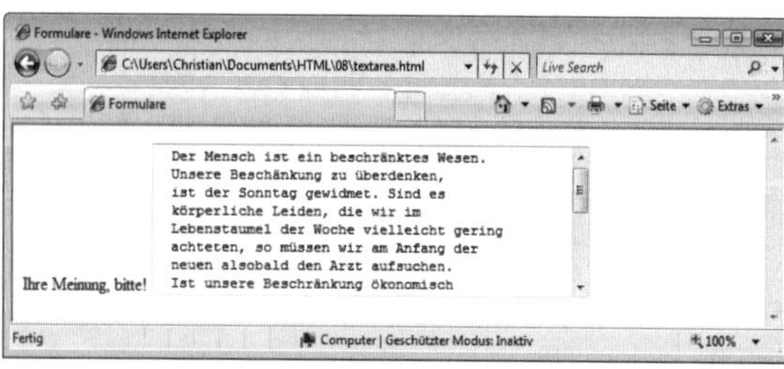

Abbildung 8.7: Das mehrzeilige Textfeld im Browser

Checkboxen

Checkboxen oder auch Kontrollfelder sind kleine Kästchen, die nur zwei Zustände kennen: an und aus. Je nach Betriebssystem und Browser ist eine aktivierte Checkbox durch ein Häkchen oder ein Kreuz oder eine andere Grafik gekennzeichnet. Hier einige mögliche Einsatzgebiete für Checkboxen:

- »Ja, ich habe die AGB gelesen und akzeptiert.«
- »Nein, ich will keine Werbung per E-Mail von Ihnen erhalten.«
- Fragen, bei denen mehrere Antwortmöglichkeiten erlaubt sind (»Welche Hobbys haben Sie?«). Jede Antwortmöglichkeit ist durch eine Checkbox dargestellt.

Zur Syntax:

```
<input type="checkbox"
       name="Name"
       value="Wert"
       checked="checked"
/>
```

Hier eine Übersicht über die Parameter:

- `type="checkbox"` – identifiziert das Formularelement als Checkbox; Pflichtangabe.
- `name` – eindeutiger Identifikator für die Checkbox; Pflichtangabe.
- `value` – Wert der Checkbox, wird beim Formularversand übergeben, sofern die Checkbox angekreuzt ist. Ist kein Wert angegeben, wird als Standard `"on"` verwendet; optionale Angabe.
- `checked` – ist dies angegeben, ist die Checkbox von vornherein angekreuzt, sonst nicht.

```
<form>
Welche Schriftsteller lesen Sie?<br />
Goethe
  <input type="checkbox" name="Goethe"
         checked="checked" /><br />
Schiller
  <input type="checkbox" name="Schiller"
         checked="checked" /><br />
Kleist
  <input type="checkbox" name="Kleist"
         checked="checked" /><br />
```

```
Rowling
  <input type="checkbox" name="Rowling" />
</form>
```

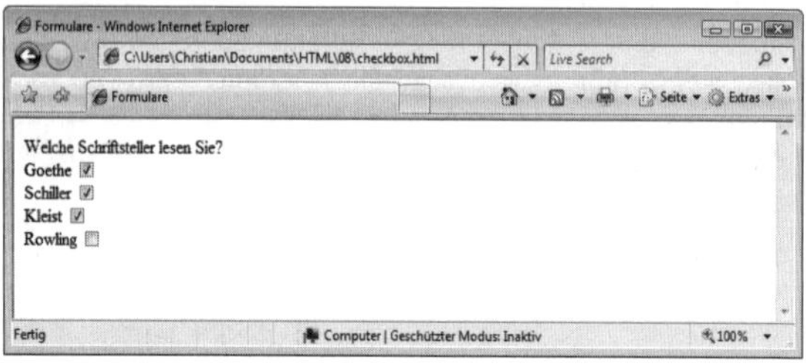

Abbildung 8.8: Die Checkboxen im Browser

Radiobuttons

Radiobuttons kennen ebenfalls wie Checkboxen nur zwei Zustände, aktiv und inaktiv. Im Gegensatz zu Checkboxen treten Radiobuttons immer in Rudeln auf, das heißt, mehrere von ihnen sind zu einer Gruppe zusammengefasst. Von allen Radiobuttons innerhalb einer Gruppe kann immer nur höchstens einer aktiviert sein. Wird ein anderer angeklickt, so ist dieser aktiv und der vorher aktivierte wird inaktiv.

Radiobuttons werden in der Praxis unter anderem für folgende Zwecke eingesetzt:

- Geschlecht männlich/weiblich
- Wahl zwischen Privat- und Firmenadresse
- allgemein: Fragen mit mehreren Antwortmöglichkeiten, von denen nur eine zutrifft

Die Syntax eines Radiobuttons sieht folgendermaßen aus:

```
<input type="radio"
       name="Name"
       value="Wert"
       checked="checked"
/>
```

Die folgenden Parameter stehen zur Verfügung:

- `type="radio"` – kennzeichnet das Formularelement als Radiobutton; Pflichtangabe.
- `name` – eindeutiger Bezeichner der Gruppe aus Radiobuttons; Pflichtangabe.
- `value` – Wert der Radiobuttons, Unterscheidungskriterium innerhalb einer Gruppe aus Radiobuttons; Pflichtangabe.
- `checked` – ist dies angegeben, ist der Radiobutton vorselektiert, ansonsten nicht; optionale Angabe.

Innerhalb einer Gruppe aus Radiobuttons (identisches `name`-Attribut) dient das `value`-Attribut dazu, die einzelnen Werte voneinander zu unterscheiden. Sie werden in den Beispielen gleich sehen, wie Sie die Bezeichnungen für die Attribute am besten wählen: `name` für den Oberbegriff, `value` für die einzelnen Unterbegriffe.

```
<form>
Geschlecht:<br />
<input type="radio" name="Geschlecht"
       value="m" />m&auml;nnlich |
<input type="radio" name="Geschlecht"
       value="w" />weiblich<br />
Ihr Lieblingsschriftsteller:<br />
<input type="radio" name="Schriftsteller"
       value="Goethe" />Goethe |
<input type="radio" name="Schriftsteller"
       value="Schiller" />Schiller |
<input type="radio" name="Schriftsteller"
       value="Kleist" />Kleist |
<input type="radio" name="Schriftsteller"
       value="Rowling" checked="checked" />Rowling
</form>
```

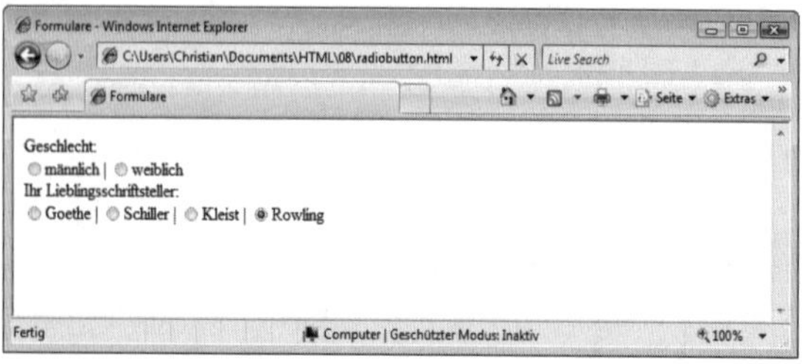

Abbildung 8.9: Die Radiobuttons im Browser

Beachten Sie, dass das `value`-Attribut des Radiobuttons nichts mit seiner Beschriftung zu tun hat. Das müssen Sie selbst erledigen.

Tippen Sie das Beispiel ab, laden Sie es in Ihren Webbrowser und sehen Sie, was passiert, wenn Sie einen anderen Radiobutton als den vorausgewählten aktivieren.

Pulldown-Menüs

Pulldown-Menüs oder Rollup-Menüs bieten dem Benutzer mehrere Auswahlmöglichkeiten. Je nach Typ des Pulldowns kann der Benutzer dann eine oder mehrere Alternativen auswählen. Einsatzgebiete sind unter anderem:

- Geschlecht männlich/weiblich
- Wahl zwischen Privat- und Firmenadresse
- allgemein: Fragen mit mehreren Antwortmöglichkeiten, von denen eine oder mehrere zutreffen

Hierzu gibt es ein neues Tag, `<select>`. Die Syntax ist die folgende:

```
<select name="Name"
        size="Größe"
        multiple="multiple"
>
...
</select>
```

Erläuterung zu den einzelnen Attributen:

- `name` – eindeutiger Bezeichner des Pulldown-Menüs; Pflichtangabe.
- `size` – gibt an, wie viele Elemente im Menü gleichzeitig angezeigt werden können. Standardwert ist 1; optionale Angabe.
- `multiple` – wenn dies angegeben ist, können gleichzeitig mehrere Elemente aus der Liste ausgewählt werden, ansonsten nur eines; optionale Angabe.

Innerhalb des `<select>`-Elements stehen dann die einzelnen Optionen (Elemente). Auch hierfür gibt es ein neues Tag: `<option>`.

```
<option value="Wert"
        selected="selected">
  Beschreibungstext
</option>
```

- `value` – der Wert, der beim Formularversand übergeben wird, wenn das Element ausgewählt ist. Wird kein `value`-Attribut angegeben, nehmen die meisten Browser in ihrer Not den Beschreibungstext. Ist aber eigentlich eine Pflichtangabe.
- `selected` – ist dies angegeben, ist das Element vorausgewählt, ansonsten nicht.
- `Beschreibungstext` – der Text, der im Browser sichtbar ist.

In folgendem Listing finden Sie zwei Pulldown-Menüs, eines davon ist eine Mehrfachauswahl (`multiple` gesetzt), bei dem zusätzlich auch mehrere Elemente ausgewählt werden können.

```
<form>
Geschlecht:
<select name="Geschlecht">
  <option value="m">m&auml;nnlich</option>
  <option value="w">weiblich</option>
</select><br />
Welche Schriftsteller lesen Sie gerne?
<select name="Schriftsteller" size="3" multiple>
  <option value="Goethe">Goethe</option>
  <option value="Schiller" selected="selected">Schiller
```

```
    </option>
    <option value="Kleist" selected="selected">Kleist</option>
    <option value="Rowling">Rowling</option>
</select>
</form>
```

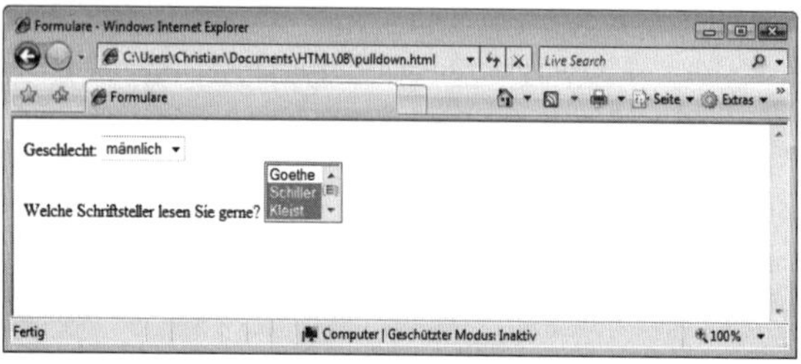

Abbildung 8.10: Die Pulldown-Menüs im Browser

Hinweis

Noch ein Hinweis zum Testen von Mehrfach-Auswahllisten. Um dort mehrere Einträge auszuwählen, müssen Sie die Strg-Taste gedrückt halten und auf die einzelnen Elemente klicken.

File-Uploads

Mit HTML können Sie dem Benutzer die Möglichkeit bieten, bei einem Formular Dateien mitzuschicken. Wenn Sie diese Dateien weiterverarbeiten wollen, müssen Sie jedoch in der Regel eine serverseitige Programmiersprache wie PHP einsetzen. Aus diesem Grund führen wir das Tag hier nur kurz auf:

```
<input type="file"
       name="Name"
       maxlength="Maximalgröße"
       size="Anzeigelänge des Eingabefeldes"
/>
```

Zu den Attributen im Einzelnen:

- `type="file"` – identifiziert das Formularfeld als Datei-Upload; Pflichtangabe.
- `name` eindeutiger Identifikator für das Formularfeld; Pflichtangabe.
- `maxlength` – maximale Größe für die zu übertragende Datei in Bytes; optionale Angabe.
- `size` – maximale Länge des Eingabefeldes (nur für die Anzeige, ansonsten unbeschränkt) in Zeichen; optionale Angabe.

In der Abbildung sehen Sie, wie folgender Code im Browser angezeigt werden kann:

```
<form>
<input type="file" name="Datei" size="20" />
</form>
```

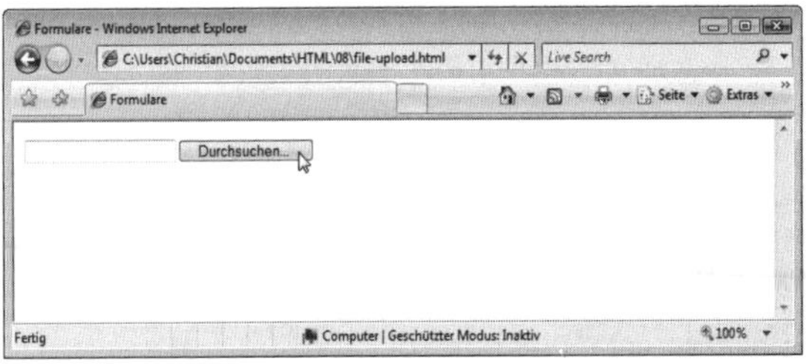

Abbildung 8.11: Das File-Upload-Feld im Browser

Mit einem Klick auf die Schaltfläche *Durchsuchen* öffnet sich der gewohnte Dialog *Datei öffnen* (siehe Abbildung), in dem der Benutzer die zu übertragende Datei auswählen kann. Das Layout dieses Fensters wird dabei von Browser und Betriebssystem vorgegeben.

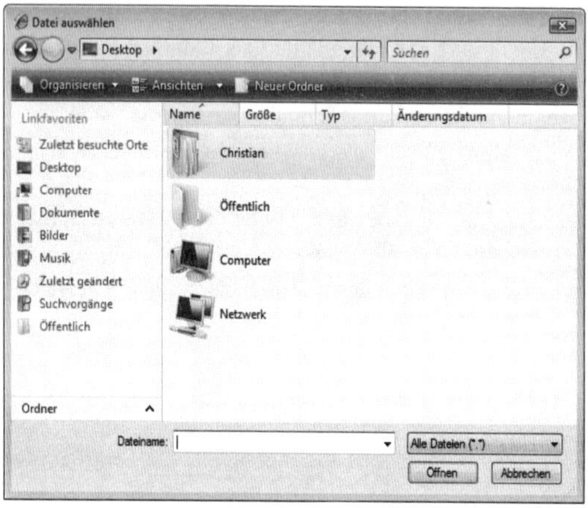

Abbildung 8.12: Das Dialogfenster Datei auswählen

> **Achtung**
>
> Damit die Datei auch korrekt versandt wird, müssen Sie das `enctype`-Attribut im `<form>`-Tag auf `"multipart/form-data"` setzen!

Unsichtbare Felder

In einem unsichtbaren Feld können Sie Daten mit einem Formular verschicken, die nicht auf der Website angezeigt werden:

```
<input type="hidden"
       name="Name"
       value="Wert"
/>
```

Zu den Attributen:

- `type="hidden"` – identifiziert das Formularelement als unsichtbares Feld; Pflichtangabe.
- `name` – eindeutiger Bezeichner für das Formularelement; Pflichtangabe.
- `value` – Wert im Formularelement; optionale Angabe.

```
<form>
<input type="hidden " name="sichtbar" value="nein" />
</form>
```

Zu diesem Listing finden Sie keinen Screenshot, denn das Formularelement wird, wie der Name schon sagt, im Browser nicht dargestellt.

Schaltflächen

Mit HTML können Sie auch Schaltflächen darstellen. Die folgenden sind jedoch ohne Funktion und nur in Verbindung mit JavaScript interessant:

```
<input type="button"
       name="Name"
       value="Beschriftung"
/>
```

Die einzelnen Attribute sind selbsterklärend:

- `type="button"` – kennzeichnet das Formularelement als Schaltfläche; Pflichtangabe.
- `name` – eindeutiger Bezeichner für das Formularelement; Pflichtangabe.
- `value` – Beschriftung des Formularelements; Pflichtangabe.

Hier ein kleines Beispiel – aber Achtung, wenn Sie auf die Schaltfläche klicken, tut sich nichts!

```
<form>
<input type="button" name="Test" value="Hallo!" />
</form>
```

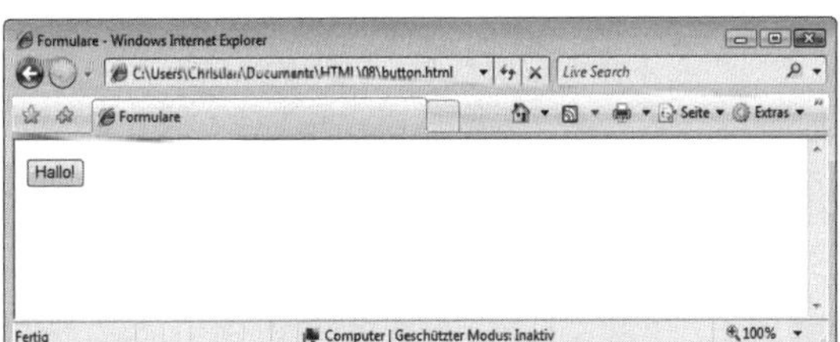

Abbildung 8.13: Die Schaltfläche im Browser

Kommen wir nun zu etwas funktionstüchtigeren Schaltflächen!

Zurücksetzen-Schaltfläche

Eine Zurücksetzen-Schaltfläche finden Sie immer noch sehr oft im World Wide Web, wenngleich auch der Nutzen inzwischen fraglich ist. Mit dieser Schaltfläche können Sie alle bisher getätigten Eingaben in einem Formular rückgängig machen und den Anfangszustand des Formulars (also leer bzw. durch `value`-Attribute vorausgefüllt) wiederherstellen.

Die Syntax dieser Schaltfläche ist sehr einfach:

```
<input type="reset"
       name="Name"
       value="Beschriftung"
/>
```

- `type="reset"` – kennzeichnet das Formularelement als Schaltfläche; Pflichtangabe.
- `name` – eindeutiger Bezeichner für das Formularelement; eigentlich Pflichtangabe, aber in der Praxis unnötig.
- `value` – Beschriftung der Schaltfläche; optionale Angabe. Wird sie weggelassen, übernimmt der Browser das Beschriften, entweder »Zurücksetzen« oder »Reset«.

Hier ein kleines Beispiel dazu. Das Texteingabefeld ist mit »Goethe« vorausgefüllt. Wenn Sie dies ändern und dann auf die Zurücksetzen-Schaltfläche klicken, wird der Urzustand wiederhergestellt: Das Textfeld ist mit »Goethe« gefüllt.

```
<form>
Lieblingsautor
  <input type="text" name="Lieblingsautor"
                     value="Goethe" /><br />
<input type="reset" value="L&ouml;schen" />
</form>
```

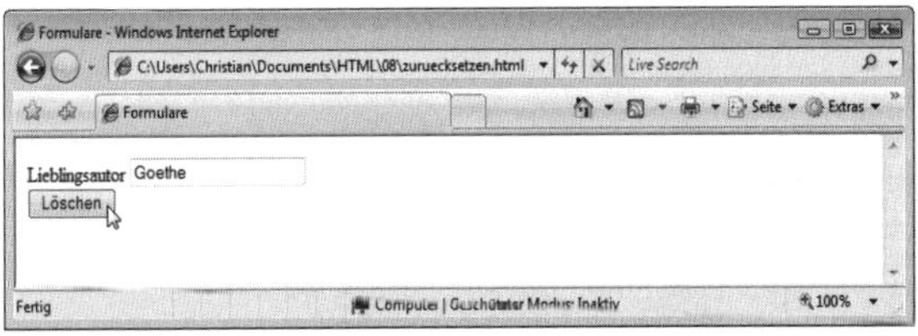

Abbildung 8.14: Die Zurücksetzen-Schaltfläche im Browser

Versenden-Schaltfläche

Kommen wir nun zum letzten und wohl auch wichtigsten Formularelement: der Schaltfläche zum Versenden eines Formulars. Die Syntax ist wie folgt:

```
<input type="submit"
       name="Name"
       value="Beschriftung"
>
```

- `type="submit"` – kennzeichnet das Formularelement als Versenden-Schaltfläche; Pflichtangabe.
- `name` – eindeutiger Bezeichner für das Formularelement; eigentlich Pflichtangabe, aber in der Praxis unnötig.
- `value` – Beschriftung der Schaltfläche; optionale Angabe. Wird sie weggelassen, übernimmt der Browser das Beschriften, entweder »Absenden« oder »Submit«.

```
<form>
<input type="submit" value="Formular verschicken">
</form>
```

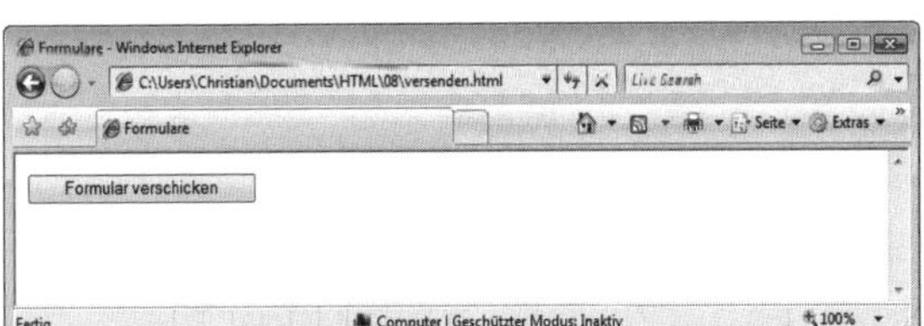

Abbildung 8.15: Die Versenden-Schaltfläche im Browser

Formulare versenden

Sie sind nun in der Lage, ein HTML-Formular zu erstellen. Doch wohin damit? Hierzu gibt es zwei Möglichkeiten, eine technisch anspruchslosere, die aber auch nur selten wie gewünscht funktioniert, sowie eine technisch anspruchsvollere, die dafür aber sehr zuverlässig ist. Doch der Reihe nach.

Per E-Mail

Die nächstliegende Möglichkeit ist, ein Formular per E-Mail zu verschicken. Dazu ist aber ein korrekt eingerichtetes E-Mail-Programm nötig. Nun bieten ja sowohl Microsoft als auch Netscape eigene E-Mail-Programme an, die auch mehr oder weniger gelungen in den Browser integriert sind. Wenn nun dieses Programm korrekt eingerichtet ist und der Benutzer mit dem Browser surft, in den das E-Mail-Programm integriert ist, dann klappt der automatische E-Mail-Versand (meistens).

> **Achtung**
>
> Hierzu aber gleich ein Warnhinweis: Je nach Browser funktioniert das irgendwo zwischen recht gut über manchmal bis hin zu gar nicht. Es wäre unseriös, wenn wir auf dieses Manko nicht explizit hinweisen würden. Weiter unten im Kapitel finden Sie zuverlässigere, professionellere, aber damit auch etwas aufwändigere Lösungen.

Um ein Formular so einzurichten, dass es per E-Mail verschickt werden kann, müssen Sie die folgenden Schritte durchführen:

1. Erstellen Sie ein HTML-Formular, wie es in diesem Kapitel gezeigt wurde.
2. Setzen Sie im <form>-Tag das method-Attribut auf "post".
3. Setzen Sie im <form>-Tag das enctype-Attribut auf "text/plain".
4. Setzen Sie im <form>-Tag das action-Attribut auf mailto:ihre@emailadresse.de.

Ihr Formular sieht nun wie folgt aus:

```
<form action="mailto:support@pearson.de"
      method="post" enctype="text/plain">
Vorname: <input type="text" size="8" /><br />
Nachname: <input type="text" size="8" /><br />
Geschlecht:<br />
<input type="radio" name="Geschlecht"
       value="m" />m&auml;nnlich |
<input type="radio" name="Geschlecht"
       value="w" />weiblich<br />
<textarea name="Kommentar"
          rows="8"
          cols="50"
>Kommentar zum Buch
</textarea><br />
Welche Schriftsteller lesen Sie sonst noch gerne?
<select name="Schriftsteller" size="4" multiple="multiple">
  <option value="Goethe">Goethe</option>
  <option value="Schiller">Schiller</option>
  <option value="Kleist">Kleist</option>
  <option value="Rowling">Rowling</option>
</select><br />
<input type="checkbox" name="OK" />
Ich m&ouml;chte den elektronischen Newsletter
abonnieren.<br />
<input type="submit" value="Daten versenden" />
</form>
```

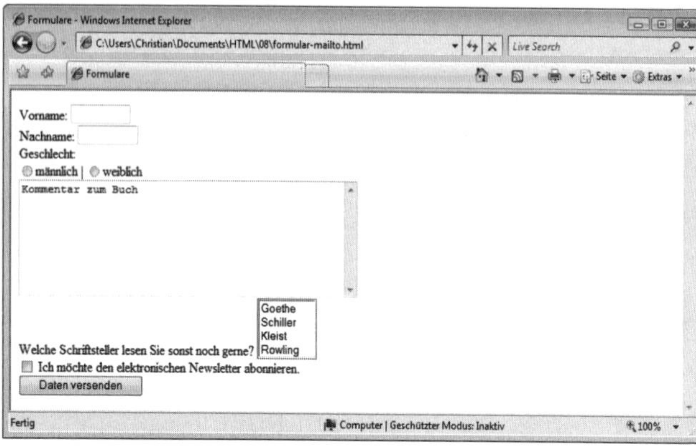

Abbildung 8.16: Das Formular im Browser

Wenn Sie das Formular abschicken wollen, können mehrere Dinge passieren. Entweder nichts passiert oder Sie erhalten eine Fehlermeldung oder Ihr Mailprogramm öffnet sich und fragt Sie, was zu tun ist, oder – und das ist das Optimalergebnis – ein Warnfenster der folgenden Machart erscheint:

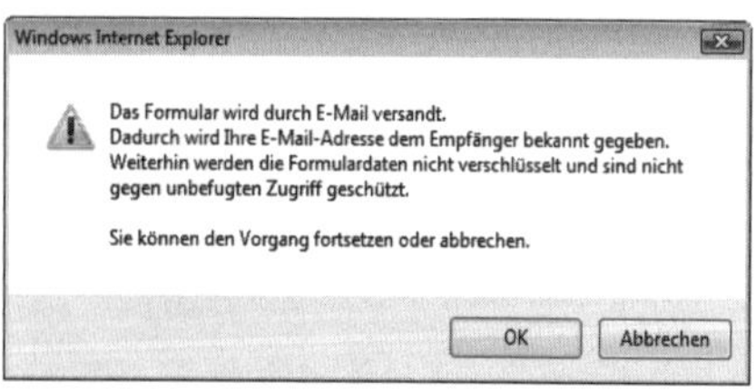

Abbildung 8.17: Die Warnmeldung beim Formularversand

Dieses Fenster können Sie übrigens nicht verhindern. Wie dem auch sei: Nach dem Bestätigen mit *OK* werden die Formulardaten per E-Mail versandt. Das Format, in dem die Angaben bei Ihnen ankommen, können Sie der Abbildung entnehmen; Sie sehen dort insbesondere die `name`- und die dazugehörigen `value`-Attribute bzw. die eingegebenen Werte.

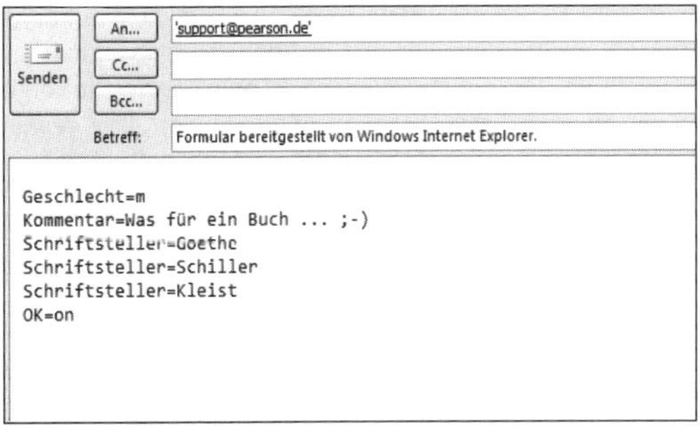

Abbildung 8.18: Die generierte E-Mail

Exkurs: Per CGI-Script

Wenn Sie den Formularversand etwas professioneller angehen wollen, müssen Sie so genannte CGI-Scripts verwenden. Nun ist dies leider nicht mehr Thema dieses Buches und viele Provider unterstützen CGI-Scripts nicht (zumindest in den günstigeren Paketen). Es gibt jedoch im World Wide Web eine Reihe von Diensten, die den Mailversand von Formularen ermöglichen. Einer davon (für nicht kommerzielle Zwecke kostenfrei) ist Formmailer, die Website dazu befindet sich unter `http://www.formmailer.com/`.

Abbildung 8.19: Die Website von Formmailer (http://www.formmailer.com/)

Es gibt vergleichbare Dienste und wir wollen an dieser Stelle nicht auf einen einzelnen dieser Dienste explizit eingehen und dadurch eine subjektive Wertung schaffen. Was wir Ihnen aber anbieten werden, ist eine prinzipielle Vorgehensweise, die bei den meisten dieser Dienstleister funktioniert. Eine genaue Schritt-für-Schritt-Anleitung finden Sie stets auf der Homepage des Anbieters selbst.

1 Versandmethode ist immer POST (<form method="post">).

2 Der Datentyp (<form enctype>) muss nicht angegeben werden, nur bei File-Uploads ist enctype="multipart/form-data" Pflicht.

3 Versandziel (<form action>) ist ein Script beim Anbieter selbst (welches, erfahren Sie dort).

4 Sie identifizieren sich beim Anbieter, indem Sie in einem Formularfeld (siehe Abschnitt *Unsichtbare Felder)* einen bestimmten Code, beispielsweise Ihre Kundennummer, angeben.

5 Wenn Sie sich beim Dienst anmelden, wird dort Ihre E-Mail-Adresse hinterlegt; sobald ein Formular versandt wird, wird es auf dem Webserver Ihres Anbieters ausgewertet und Ihnen per E-Mail zugeschickt.

Wie die Daten dann aufbereitet werden, ist Sache des Anbieters. Hier ein Auszug aus einer von Formmailer generierten E-Mail:

```
Geschlecht: m

Kommentar: Super Buch!

Schriftsteller: Goethe

OK: on
```

Wir brauchen es wohl nicht noch einmal zu betonen: Der Versand per CGI (beziehungsweise über eine serverseitige Programmiersprache wie PHP) ist auf jeden Fall vorzuziehen, denn er funktioniert immer (außer der Provider hat einen Serverausfall). Der Versand direkt per E-Mail ist sehr fehleranfällig und die zuvor gezeigte Warnmeldung verunsichert viele Surfer.

> **Hinweis**
>
> Wenn Sie mehr über das Thema PHP erfahren möchten – denn damit können Sie per Formular verschickte Daten weiterverarbeiten –, empfehlen wir Ihnen das PHP Kompendium von denselben Autoren, ebenfalls bei Markt+Technik erschienen.

Fragen

1. Was müssen Sie beachten, wenn Sie Radiobuttons einsetzen und wollen, dass nur jeweils einer aktiviert werden kann?
2. Auf vielen Websites werden die AGB der Firma mitten auf der Website angezeigt, von Scrollbalken umgeben. Wie könnte das realisiert worden sein?
3. Wo ist der Fehler in dieser Aussage: »Durch <input type="reset"> werden alle Formularfelder gelöscht.«?

Das können Sie schon

Textformatierung 54
Verschiedene Arten von Style Sheets 86
Stile zuweisen 94
Formatierung mit Style Sheets 101
Das <img>-Tag 113
Aufzählungslisten 134
Tabellenaufbau 160
Tabellenhintergrund 175
Formularelemente 199

Das lernen Sie neu

Hintergrund mit Style Sheets 224
Abstände 226
Rollover-Effekt 227
Rahmen 228
Elemente platzieren 231
Flusssteuerung 235

Kapitel 9

Stilfrage

Sie wissen bereits, wie Sie Style Sheets zur HTML-Seite hinzufügen und wie Sie mit Stilbefehlen den Text auf Ihrer Seite eindrucksvoll formatieren. In diesem Kapitel folgt der nächste Schritt: Sie verwenden Style Sheets, um verschiedene andere HTML-Elemente zu formatieren oder zu verschönern, und lernen zum Abschluss, wie Sie einzelne HTML-Elemente auf der Webseite platzieren.

Hintergrund

Sie kennen ja schon das Attribut `background` für das <body>-Tag. Neben diesem Attribut können Sie auch mit Style Sheets einen Hintergrund für die HTML-Seite festlegen.

Das zugehörige Style-Sheet-Attribut `background` enthält die meisten anderen Style-Sheet-Attribute durch Leerzeichen getrennt. Hier ist die Reihenfolge allerdings nicht von Bedeutung.

```
body {background: rgb(255, 0, 0) url(images/bild.jpg) fixed}
```

Mit dem obigen Beispiel legen Sie einen Hintergrund mit der Farbe Rot und dem Hintergrundbild *bild.jpg* fest. Das Hintergrundbild ist fixiert und scrollt nicht mit.

> **Hinweis**
>
> Die RGB-Notation von Farben kann entweder mit den absoluten Farbwerten oder mit Prozentwerten der RGB-Farben (rgb [Rot, Grün, Blau]) erfolgen.

Attribut	**Beschreibung**	**Werte**
background-attachment	Legt fest, ob das Hintergrundbild gescrollt werden kann	`fixed` (Hintergrundbild ist fixiert) `scroll` (Hintergrund scrollt mit; Standardeinstellung)
background-color	Hintergrundfarbe	Farbe in hexadezimaler Notation, als Farbname oder mit dem RGB-Farbwert `transparent` (transparente Hintergrundfarbe)
background-image	Adresse des Hintergrundbildes	`url(Adresse)` (bei Adresse geben Sie einen relativen oder absoluten Link an) `transparent` (kein Hintergrundbild, Standardeinstellung)

Tabelle 9.1: Die Attribute für den Hintergrund

Attribut	Beschreibung	Werte
background-position	Die Position des Hintergrundbildes im x/y-Koordinatensystem. Nullpunkt des Koordinatensystems ist die Fensterecke links oben.	Koordinaten in Pixel oder Prozent (z. B. `background-position: 100 100`). `top` (oben) `center` (mittig) `bottom` (unten) `left` (links) `right` (rechts)
background-repeat	Legt fest, wie das Hintergrundbild wiederholt wird	`repeat` (horizontal und vertikal wiederholt; Standardeinstellung) `repeat-x` (horizontal wiederholt) `repeat-y` (vertikal wiederholt) `no-repeat` (Hintergrundbild wird nicht wiederholt)

Tabelle 9.1: Die Attribute für den Hintergrund (Forts.)

Abbildung 9.1: Ein Hintergrund ohne Wiederholung

Abstände

Neben den normalen Attributen für den Hintergrund können Sie noch die Abstände aller Objekte vom Fensterrand einstellen. Dazu dient das Attribut `margin` für das `<body>`-Tag.

```
body {margin: 60px 40px;}
```

Der linke Wert gibt den Abstand oben und unten an, der rechte den Abstand links und rechts. Diese Angaben sind natürlich auch für beliebige andere Elemente wie `<div>`-Tags, Überschriften und Absätze möglich.

> **Hinweis**
>
> Mögliche Werte sind Angaben in Pixel (`px`), Prozent (`%`) oder Inch (`in`). Wenn Sie auf `auto` schalten, wird der Abstand vom Browser festgelegt.

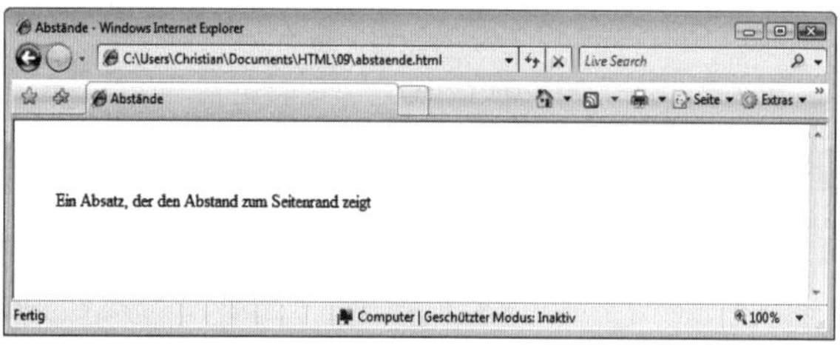

Abbildung 9.2: Abstand von oben und links

Weitere Attribute regeln den Abstand in alle vier Richtungen einzeln:

Attribut	Beschreibung	Werte
margin-bottom	Abstand von unten	Längenmaß oder Prozentwert
margin-left	Abstand nach links	Längenmaß oder Prozentwert
margin-right	Abstand nach rechts	Längenmaß oder Prozentwert
margin-top	Abstand von oben	Längenmaß oder Prozentwert

Tabelle 9.2: Die Attribute für den Abstand vom Fensterrand

Rollover-Effekt

Normalerweise werden Rollover-Effekte mit JavaScript realisiert. Wenn der Nutzer über ein mit einem Link versehenes Bild mit der Maus fährt, ändert sich dieses. Für Textlinks war das bisher nicht möglich; deshalb mussten alle Texte, die mit einem Rollover-Effekt versehen werden sollten, als Bilder gespeichert werden.

Die Pseudoklasse `a:hover` behebt dieses Problem, allerdings nur für den Internet Explorer, Mozilla/Firefox und Opera. Ältere Versionen des Netscape Navigator unterstützen die Funktion nicht.

> **Tipp**
>
> Da durch den fehlenden Rollover-Effekt für Netscape-Nutzer in den meisten Fällen keine funktionalen Nachteile entstehen, können Sie ihn ohne Bedenken einsetzen.

Ein Beispiel für die Funktionsweise:

```
<html>
<head>
 <title>Rollover</title>
 <style type="text/css">
  <!--
  a:link {color: red}
  a:hover {color: green}
  -->
 </style>
</head>
<body>
 <a href="#">Ein Link</a>
</body>
</html>
```

Folgende Besonderheiten finden Sie in diesem Beispiel:

1 Im Style Sheet im Kopf der HTML-Seite wird die Pseudoklasse `a:hover` definiert.

2 Hier vergeben Sie eine andere Formatierung als beim normalen Link (`a:link`). In unserem Beispiel haben wir die Textfarbe in Grün geändert (`color: green`).

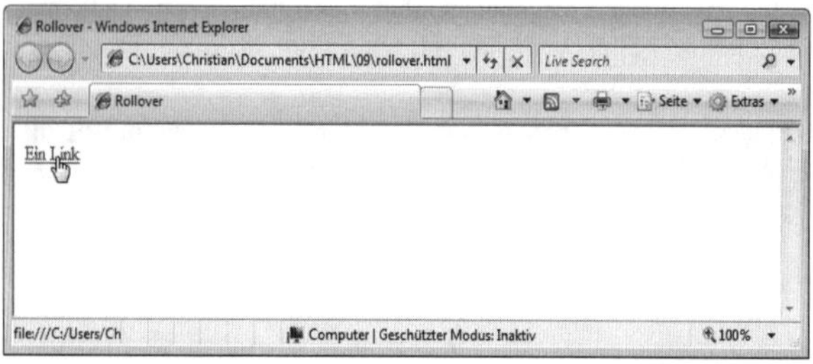

Abbildung 9.3: Die Linkfarbe ändert sich beim Darüberfahren mit der Maus

Rahmen

Style Sheets können auch dazu verwendet werden, einen Rahmen für ein Objekt festzulegen. Das Objekt kann ein Absatz, eine Überschrift, ein Bild oder auch eine Tabelle sein.

Mit `border` erledigen Sie dies gleich mit verschiedenen Attributen: Rahmenfarbe, Rahmendicke und Rahmenstil. Die Reihenfolge ist dabei egal. In diesem Beispiel definieren wir den Rahmen als allgemeine Klasse.

```
<html>
<head>
 <title>Absatz mit Rahmen</title>
 <style type="text/css">
  <!--
  .rahmen1 {border: double 15px red}
  -->
 </style>
</head>
<body>
 <p class="rahmen1">Absatz mit Rahmen</p>
```

```
</body>
</html>
```

Für dieses Beispiel sind folgende Schritte notwendig:

1 Zuerst legen Sie eine allgemeine Klasse mit dem Namen `rahmen1` fest.

2 In den geschweiften Klammern finden Sie das Attribut `border`. Es enthält Informationen über den Rahmen.

3 Die erste Information ist der Rahmenstil. `double` bedeutet, dass es sich um einen doppelten Rahmen handelt.

4 Als Nächstes wird mit `15px` die Dicke des Rahmens festgelegt.

5 Zuletzt ist die Rahmenfarbe dran. Sie kann entweder in hexadezimaler Notation, mit dem Farbnamen oder als RGB-Wert eingegeben werden. In diesem Beispiel haben wir Rot (`red`) gewählt.

6 Im jeweiligen Tag, auf das Sie den Rahmen anwenden wollen, rufen Sie einfach die Klasse auf (`class="rahmen1"`).

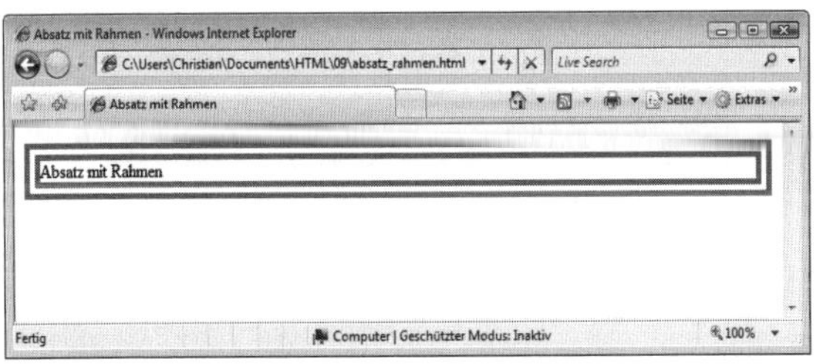

Abbildung 9.4: Ein Rahmen für einen Absatz

Sie können `border` nur für Tabellen definieren, wenn Sie es mit dem `<table>`-Tag oder einem Tag für die Tabellenzelle (`<th>` oder `<td>`) kombinieren. CSS rahmt Tabellen und Zellen in den meisten Browsern separat. Damit die Rahmen zusammenfallen, verwenden Sie den CSS-Befehl `border-collapse` mit dem Wert `collapse`. Das Gegenstück ist der Wert `separate` wie gesagt, in den meisten Browsern der Standardwert.

Neben dem Attribut `border` gibt es noch eine Menge anderer Attribute für den Rahmen. Manche davon sind schon in `border` enthalten. Wir stellen Ihnen hier die wichtigsten kurz vor:

Attribut	Beschreibung	Werte
border-color	Rahmenfarbe	Als hexadezimaler Wert, mit dem Farbnamen oder als RGB-Wert (absolut und prozentual)
border-style	Art des Rahmens. Vorsicht, die meisten Effekte funktionieren nur im Internet Explorer. Normalerweise sollte man die Effekte vermeiden, da sie sehr uneinheitlich dargestellt werden.	`none` (kein Rahmen wird angezeigt) `double` (doppelt) `groove` (Rahmen mit Beleuchtungssimulation; siehe Abbildung 9.5) `inset` (3D-Effekt mit Farbeffekt innen) `outset` (3D-Effekt mit Farbeffekt außen) `ridge` (3D-Effekt) `solid` (Rahmen ist normal einfarbig) Außerdem gibt es im CSS-Standard die zwei Werte `dashed` (gestrichelt) und `dotted` (gepunktet), die von keinem der beiden gängigen Browser dargestellt werden.
border-width	Dicke des Rahmens	Längenmaß wie z. B. Pixel (`px`), Zentimeter (`cm`) oder Inch (`in`) `medium` (mittel) `thin` (dünn) `thick` (dick)

Tabelle 9.3: Weitere Attribute für Rahmen

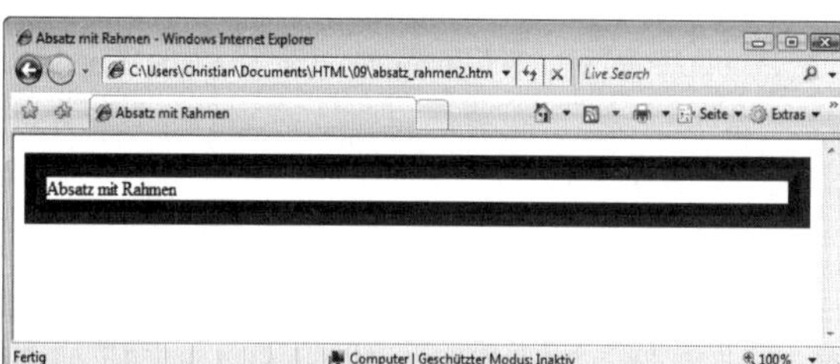

Abbildung 9.5: Rahmen mit Beleuchtungssimulation

> **Tipp**
>
> Sie können die Dicke des Rahmens auch für alle vier Seiten einzeln festlegen. Die Attribute folgen dabei der Konvention `border-Seite-width`. Für *Seite* setzen Sie die vier Werte `bottom`, `top`, `left` und `right` ein. Beim Internet Explorer können Sie außerdem `-width` weglassen und bei diesem Attribut noch Farbe und Stil für eine Seite des Rahmens festlegen.

> **Hinweis**
>
> Wenn Sie die Zwischenräume zwischen Rahmen und Objekt verändern wollen, verwenden Sie das Attribut `padding` mit einem Längenmaß. Um den Abstand an allen vier Seiten einzeln zu steuern, verwenden Sie `padding-bottom`, `-top`, `-left` und `-right`.

Elemente platzieren

Elemente exakt zu platzieren ist eine Hauptanforderung für gutes Webdesign. Die klassische Methode arbeitet mit unsichtbaren Tabellen und 1-Pixel-GIFs. Eine Alternative sind Layer. Das `<layer>`-Tag wurde in Netscape 4 eingeführt, aber nie im Internet Explorer implementiert und ab Netscape 6 auch dort wieder verworfen.

Mit CSS können Sie die Position von Objekten steuern. Dies erfolgt hauptsächlich über die beiden Tags `<div>` und `<span>`. Mit ein wenig JavaScript sind tolle Effekte erreichbar.

> **Hinweis**
>
> Die Position lässt sich allerdings auch innerhalb bestimmter Tags wie beispielsweise Tabellen festlegen. Da aber manche Browserversionen – vor allem Netscape 4.x – damit Schwierigkeiten haben, schließt man die jeweiligen Tags meistens in einem `<div>`-Tag ein und gibt die Position dort an.

Die Positionierung mit Cascading Style Sheets funktioniert also in den meisten Fällen in den Tags `<div>` und `</div>`. Am besten erklären wir Ihnen dies anhand eines kleinen Beispiels:

```
<html>
<head>
 <title>Einen Absatz positionieren</title>
</head>
<body>
 <div style="position:absolute; top:100px; left:100px;
width:200px"><p>Ein positionierter Absatz</p></div>
</body>
</html>
```

Im `STYLE`-Attribut legen Sie die verschiedenen Attribute für die Positionierung fest. Für das Beispiel sind dafür folgende Schritte nötig:

1 Legen Sie um den Absatz das `<div>`- und das `</div>`-Tag.

2 Im `<div>`-Tag fügen Sie das Attribut `style` ein.

3 Das Attribut `style` enthält mehrere Attribute, die die Position der Elemente im `<div>`-Tag angeben.

4 Das Attribut `position` gibt die Art der Positionierung an. Es gibt folgende Optionen:

- `absolute` fixiert ein Element absolut im immer gleichen Abstand zum Fensterrand.
- `fixed` platziert ein Element ebenfalls im festgelegten Abstand. Allerdings wird das Element nicht mitgescrollt, wenn Sie sich mit den Scrollbalken bewegen. Diese Option wird leider von keinem gängigen Browser unterstützt.
- `relative` orientiert die Position des Elements an der normalen Position im HTML-Fluss. Das heißt, die Elemente werden vom Browser erst einmal »normal« platziert und anschließend um die entsprechend angegebenen Werte von dieser Position verschoben.
- `static` behält die normale Folge der einzelnen Elemente bei. Dies ist die Standardeinstellung.

5 Wenn Sie schon das Attribut `position` verwenden, müssen Sie natürlich auch noch die Position angeben. Im Prinzip reichen die Angaben des Abstands von oben und von links. Dies erledigen Sie mit den Attributen `top` und `left` sowie einer Längenangabe. Mögliche Längenmaße sind beispielsweise Pixel (`px`), Zentimeter (`cm`), Prozent (`%`) und Inch (`in`).

> **Hinweis**
>
> Neben den Abständen von oben und von links können Sie mit `bottom` und `right` auch noch die von unten und rechts festlegen.

6 Das Attribut `width` gibt die Breite des Elements an. Auch hier wird ein beliebiges Längenmaß eingesetzt.

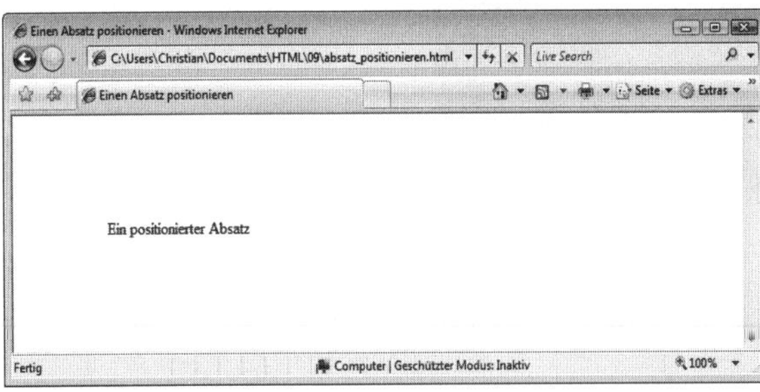

Abbildung 9.6: Einen Absatz positionieren

Überlappende Elemente

Wenn Sie mehrere überlappende Elemente positionieren, wird automatisch das Element nach oben gelegt, das im HTML-Code als Letztes folgt. Im folgenden Beispiel liegt das Bild also über dem positionierten Absatz und verdeckt ihn damit.

```
<html>
<head>
 <title>&Uuml;berlappende Bereiche</title>
</head>
<body>
```

```
<div style="position:absolute; top:240px; left:200px;
width:200px"><p>Ein positionierter Absatz</p></div>

<div style="position:absolute; top:80px; left:80px"><img
src="bild.jpg" /></div>

</body>

</html>
```

Abbildung 9.7: Das Bild liegt über dem Absatz

In der Praxis ist dieses Verhalten oftmals unerwünscht. Um mehr Kontrolle über die überlappenden Bereiche zu bekommen, können Sie das Attribut `z-index` zur Positionierung hinzufügen. Es gibt an, an welcher Position das überlappende Element erscheint. Das Element mit `z-index` gleich 0 erscheint zuunterst. Alle Elemente mit höheren Indizes folgen übereinander.

In unserem Beispiel erhält der `<div>`-Bereich mit dem Bild einfach einen niedrigeren `z-index` als der positionierte Absatz:

```
<div style="position:absolute; top:240px; left:200px;
width:200px; z-index:1"><p>Ein positionierter Absatz</p>
</div>

<div style="position:absolute; top:80px; left:80px;
z-index:0"><img src="bild.jpg" /></div>
```

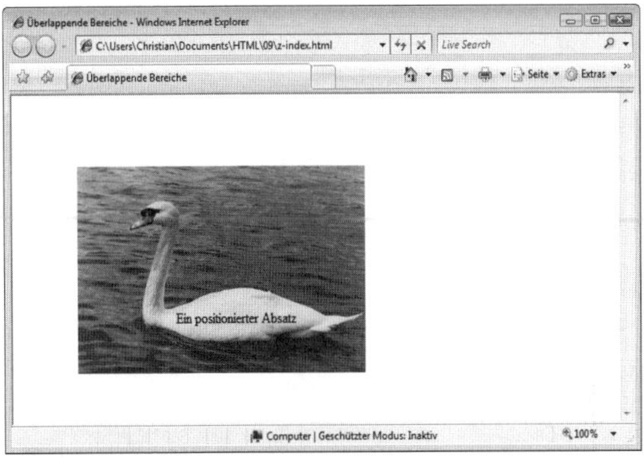

Abbildung 9.8: Dank z-index liegt jetzt der Absatz im Vordergrund

Flusssteuerung

Das Platzieren mit absoluter oder relativer CSS-Positionierung hat einen Nachteil: die Positionierung reagiert nicht auf die vorangegangenen oder nachfolgenden Elemente. Dafür gibt es die Flusssteuerung. Der CSS-Befehl `float` gibt an, ob ein Element relativ zur gesamten HTML-Seite bzw. relativ zum übergeordneten Element linksbündig oder rechtsbündig fließt. Nachfolgende Elemente werden dann an das Element angeschlossen. Im folgenden Beispiel richtet sich das `<div>`-Element mit dem Bild linksbündig aus, das `<div>` mit der Tabelle rechtsbündig.

```
<!DOCTYPE html PUBLIC "-//W3C//DTD XHTML 1.0 Transitional//EN"
"http://www.w3.org/TR/xhtml1/DTD/xhtml1-transitional.dtd">

<html>
<head>
<title>Flusssteuerung</title>
<style type="text/css">
  #bild {
    float: left;
  }
```

```
  #tabelle {
    float: right;
  }
  table, td {
    border: solid 1px blue;
border-collapse: collapse;
  }
</style>
</head>
<body>
<div id="bild">
<img src="bild.jpg" alt="Ein Schwan" title="Ein Schwan" />
</div>
<div id="tabelle">
<table>
<tr>
<th>Spaltenkopf 1</th>
<th>Spaltenkopf 2</th>
</tr>
<tr>
<td>Zelle 1</td>
<td>Zelle 2</td>
</tr>
</table>
</div>

</body>
</html>
```

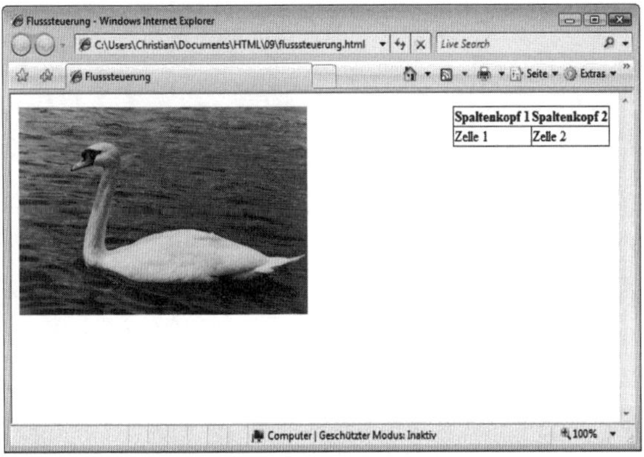

Abbildung 9.9: Die Flusssteuerung kann für das Layout einer Seite eingesetzt werden

Würde man im vorliegenden Beispiel das <div> mit der Tabelle nicht separat per `float` steuern, würde die Tabelle linksbündig an das Bild angeordnet.

Um die Flusssteuerung wieder aufzuheben, verwenden Sie den CSS-Befehl `clear`. Er kann entweder nur für die Ausrichtung auf eine der Seiten verwendet werden (`left` oder `right`) oder Sie heben die Flusssteuerung auf beiden Seiten auf (`both`):

```
clear: both;
```

Fragen

1. Nennen Sie vier Einheiten für Style-Sheet-Angaben wie beispielsweise den Abstand zum Browserrand.
2. Wie positionieren Sie Elemente, damit der Netscape 4.x möglichst wenig Probleme macht?

Das können Sie schon

Textausgabe 42

Links 63

Verschiedene Arten von Style Sheets 86

Das <img>-Tag 113

Aufzählungslisten 134

Tabellenaufbau 160

Unsichtbare Tabellen 186

Formularelemente 199

Elemente platzieren 231

Das lernen Sie neu

Frameset definieren 240

Frameset formatieren 253

Links – im Zusammenspiel mit Frames 258

Wieso Frames? 262

Kapitel 10

Rahmenwerk

Werfen Sie einen Blick auf die Abbildung auf der nächsten Seite. Sie sehen, dass das Browserfenster viergeteilt ist. Oben befindet sich ein Logo, links die Navigation, rechts der Inhalt, unten der Warenkorb. Jeder der beiden mittleren Bereiche hat eigene Scrollbalken, kann also unabhängig vom anderen gescrollt werden. Was Sie sehen, nennt man Frames – Rahmen. In diesem Kapitel zeigen wir Ihnen, wie Sie Frames einsetzen können, was Sie sonst noch beachten müssen und welche Vor- und Nachteile der Einsatz von Frames mit sich bringen kann.

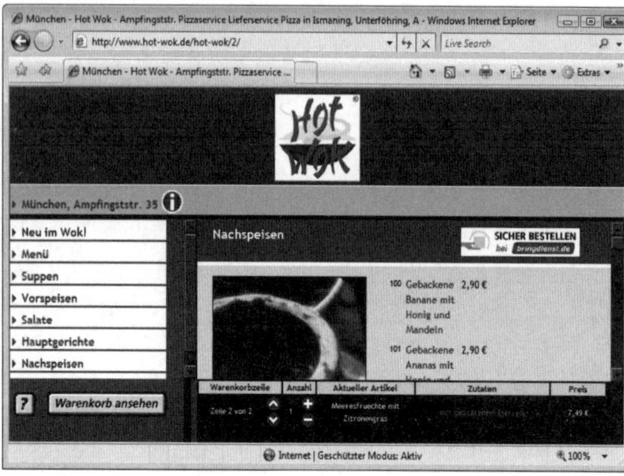

Frameset definieren

Bevor wir in die Materie einsteigen, sollten Sie noch ein paar Vorbereitungen treffen. Erstellen Sie eine Datei *1.html* nach folgendem Muster:

```
<!DOCTYPE html PUBLIC "-//W3C//DTD XHTML 1.0 Transitional//EN"
"http://www.w3.org/TR/xhtml1/DTD/xhtml1-transitional.dtd">

<html>

<head>

<title>1. Frame</title>

</head>

<body>

<h1>1. Frame</h1>

</body>

</html>
```

Analog erstellen Sie Dateien *2.html*, *3.html*, *4.html* und *5.html*.

Neue Tags

Zum Arbeiten mit Frames müssen wir zunächst zwei neue Tags einführen:

- `<frameset>` – definiert ein so genanntes Frameset, eine Aufteilung eines Bereichs in einzelne Frames
- `<frame>` – gibt einen einzelnen Frame an

Eine HTML-Seite mit Frames hat dann ungefähr den folgenden Aufbau (beachten Sie den unterschiedlichen Doctype für Dokumente mit `<frameset>`-Element!):

```
<!DOCTYPE html PUBLIC "-//W3C//DTD XHTML 1.0 Frameset//EN"
"http://www.w3.org/TR/xhtml1/DTD/xhtml1-frameset.dtd">
<html>
<head>
  <title>Frames</title>
</head>
<frameset>
  <!-- mehrere Frames -->
</frameset>
<body>
Ihr Browser kann leider keine Frames darstellen!
</body>
</html>
```

Bereich aufteilen

Sie können einen Bereich (am Anfang das Browserfenster) horizontal oder vertikal aufteilen. Welche der beiden Varianten Sie wählen, geben Sie als Attribut im `<frameset>`-Tag an:

- `cols="..."` teilt den Bereich vertikal in Spalten (*columns*) auf
- `rows="..."` teilt den Bereich horizontal in Zeilen (*rows*) auf

Als Wert des Attributs `cols` bzw. `rows` geben Sie – durch Kommata voneinander getrennt – die Ausmaße der einzelnen Frames an. Sie können hier beispielsweise Prozentwerte verwenden:

```
<frameset cols="50%,50%">
  <!-- mehrere Frames -->
</frameset>
```

Hierdurch wird der Bereich vertikal in zwei Spalten aufgeteilt.

```
<frameset rows="33%,33%,34%">
  <!-- mehrere Frames -->
</frameset>
```

Obiges Listing teilt den Bereich horizontal in drei Zeilen auf.

Die Frage ist nun, welche Dateien in welchem Frame landen. Hierfür ist das `<frame>`-Tag zuständig. Pro Frame wird ein `<frame>`-Tag genommen und im `src`-Attribut wird der Dateiname derjenigen HTML-Seite angegeben, die in den Frame geladen werden soll. Es verhält sich hierbei wie bei den Links in Kapitel 3: Sie können relative oder absolute Pfade verwenden.

Jetzt sehen Sie auch, wozu Sie zuvor die fünf Vorbereitungsdateien erstellen mussten – diese dienen zur Visualisierung der Framesets. Hier zunächst ein Frameset mit zwei Spalten, die beide jeweils 50 % der Breite des Bereichs einnehmen:

```
<html>
<head>
  <title>Frames</title>
</head>
<frameset cols="50%,50%">
  <frame src="1.html" />
  <frame src="2.html" />
</frameset>
<body>
Ihr Browser kann leider keine Frames darstellen!
</body>
</html>
```

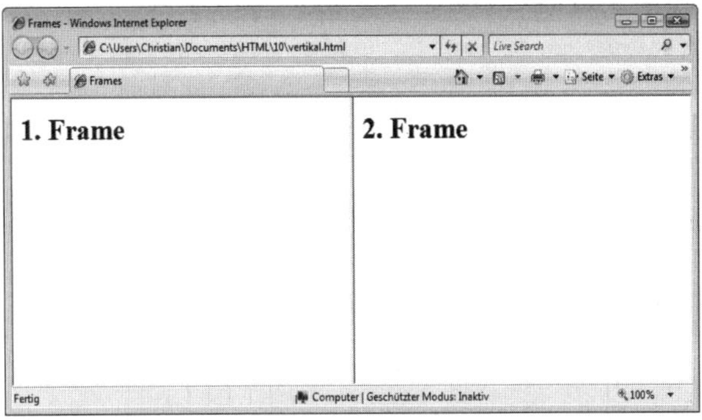

Abbildung 10.1: Zwei vertikale Frames

Nachfolgendes Listing teilt den Bereich in drei Zeilen auf, die jeweils gleich hoch sind:

```
<!DOCTYPE html PUBLIC "-//W3C//DTD XHTML 1.0 Frameset//EN"
"http://www.w3.org/TR/xhtml1/DTD/xhtml1-frameset.dtd">
<html>
<head>
  <title>Frames</title>
</head>
<frameset rows="33%,33%,34%">
  <frame src="1.html" />
  <frame src="2.html" />
  <frame src="3.html" />
</frameset>
<body>
Ihr Browser kann leider keine Frames darstellen!
</body>
</html>
```

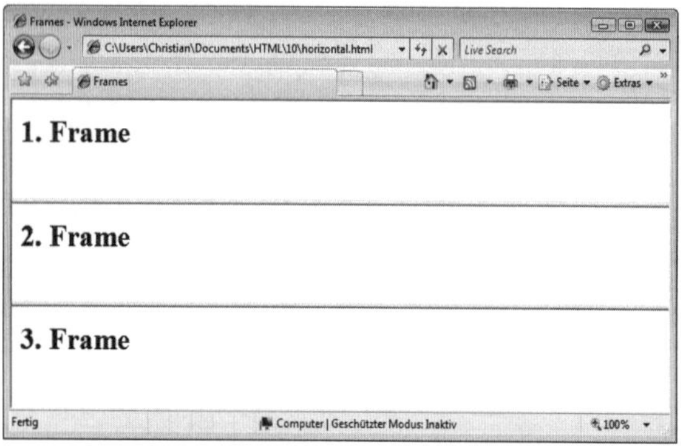

Abbildung 10.2: Drei horizontale Frames

Spätestens bei diesem Beispiel werden Sie sich fragen, wozu wir eigentlich noch einen `<body>`-Bereich definieren. Nun, nicht alle Browser verstehen Frames, beispielsweise die Browser auf manchen Handhelds. Für diese Browser wird dann der Alternativtext angezeigt. Im Abschnitt Wieso Frames? zeigen wir Ihnen, wie ein solcher Alternativtext aussehen könnte.

Bei den nun folgenden Listings lassen wir das HTML-Grundgerüst immer weg und bilden nur das Frameset ab. Dadurch sparen wir Platz und können ein paar Beispiele mehr anbringen, was sicherlich auch in Ihrem Interesse ist.

Feste Höhe/Breite

Anstelle von Prozentangaben können Sie auch Höhen (bzw. Breiten) in Pixel angeben. Werfen Sie einmal einen Blick auf folgendes Frameset:

```
<frameset cols="250,350">
  <frame src="1.html" />
  <frame src="2.html" />
</frameset>
```

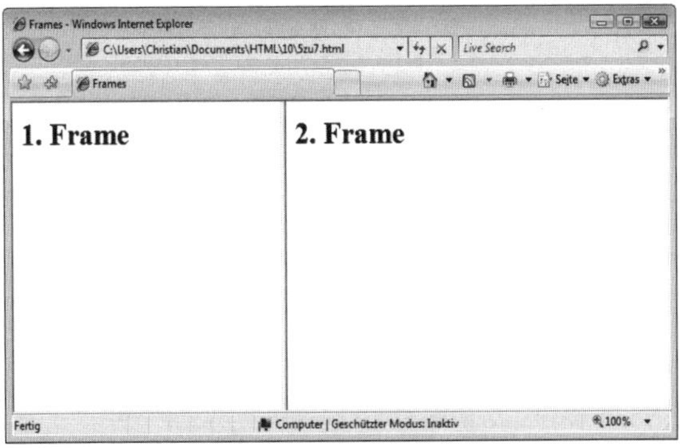

Abbildung 10.3: Links 250 Pixel breit, rechts 350 Pixel

Der Browserbereich wird in zwei vertikale Frames aufgeteilt, der linke ist 250 Pixel breit, der rechte 350 Pixel breit. In der Abbildung sehen Sie das sehr schön, hier ist der angezeigte Bereich allerdings auch exakt 600 Pixel breit. Was aber passiert, wenn eine andere Bildschirmgröße gewählt worden ist, beispielsweise wenn der Benutzer eine besonders hohe oder besonders niedrige Auflösung hat? Probieren Sie das einmal aus und verändern Sie die Breite des Browserfensters. Das Ergebnis sehen Sie in den folgenden Abbildungen.

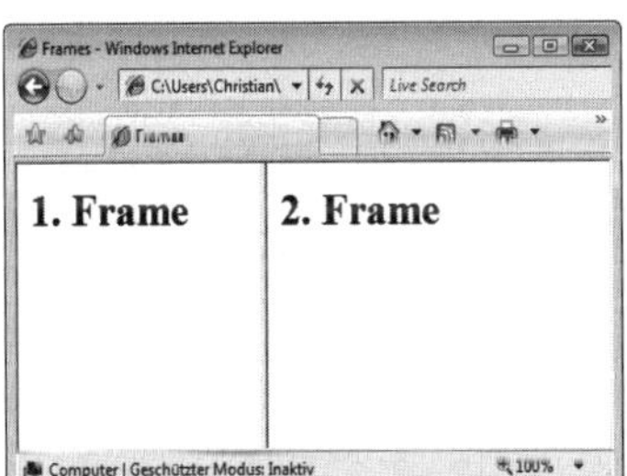

Abbildung 10.4: Das Browserfenster wurde schmaler gemacht

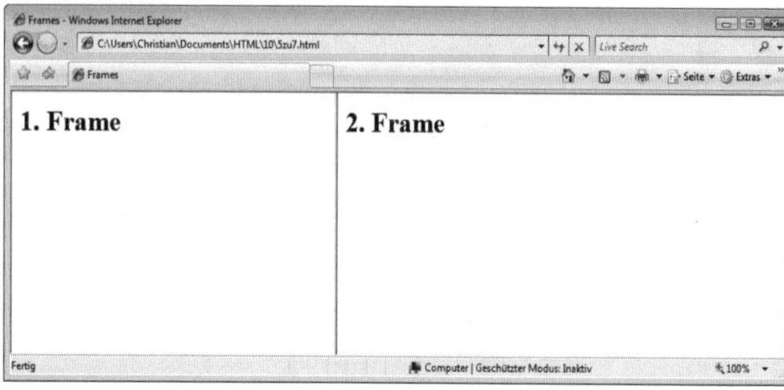

Abbildung 10.5: Das Browserfenster wurde breiter gemacht

Sie sehen, dass der Browser versucht hat, das Verhältnis zwischen den einzelnen Framebreiten (hier: 5 : 7) einigermaßen beizubehalten. Sie können sich aber nicht darauf verlassen, dass alle Browser so vorgehen (obwohl sowohl die Mozilla-Browser als auch der Internet Explorer das tun), denn dieses Verhalten ist nicht vorgeschrieben! Es kann also gut sein, dass ein Browser beispielsweise die Breite des linken Frames fest lässt und den rechten Frame entsprechend anpasst. Wenn Sie also proportionale Breiten haben wollen, setzen Sie Prozentwerte ein.

Restliche Höhe/Breite

Folgender Fall kommt sehr häufig in der Praxis vor: Sie haben eine Navigationsleiste links und einen Inhaltsframe rechts. Die Navigationsleiste hat eine feste Breite, etwa 150 Pixel, denn Sie wissen genau, welche Navigationspunkte und/oder -grafiken dort stehen werden. Der restliche Browserbereich soll für den Inhalt reserviert werden. Die Aufgabenstellung ist also klar: Der linke Frame soll exakt 150 Pixel groß sein, der rechte Frame soll den ganzen Rest zugewiesen bekommen. Wie Sie bereits vorhin gesehen haben, ist das mit den bisher vorgestellten Mitteln nicht möglich.

Die Lösung liegt im Sternsymbol (*). Sie können den Stern als Breiten- bzw. Höhenangabe einsetzen, und zwar mit der Bedeutung »so viel wie übrig ist«. Folgende Frameset-Definition teilt also den Bereich in zwei vertikale Frames auf, der linke ist exakt 150 Pixel breit, der rechte nimmt den restlichen Platz ein, und zwar unabhängig von der Browsergröße!

```
<frameset cols="150,*">
  <frame src="1.html" />
  <frame src="2.html" />
</frameset>
```

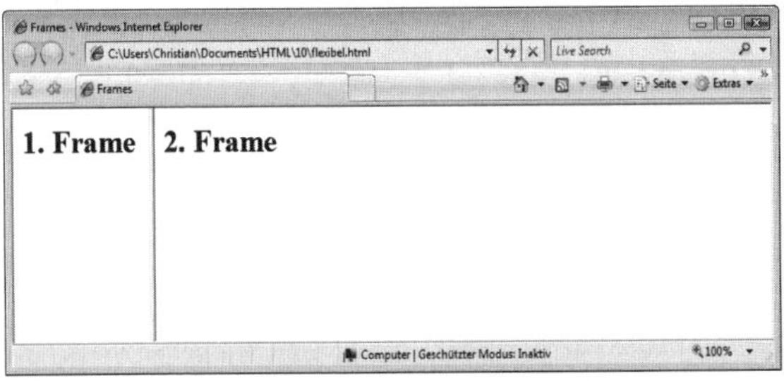

Abbildung 10.6: Der linke Frame ist immer exakt 150 Pixel breit

Sie können die verschiedenen Maßeinheiten auch miteinander mischen. Teilen Sie das Browserfenster in drei Frames auf: Der mittlere Frame soll halb so breit sein wie das gesamte Fenster, der rechte Frame exakt 111 Pixel. Der folgende HTML-Code setzt dies um:

```
<frameset cols="*,50%,111">
  <frame src="1.html" />
  <frame src="2.html" />
  <frame src="3.html" />
</frameset>
```

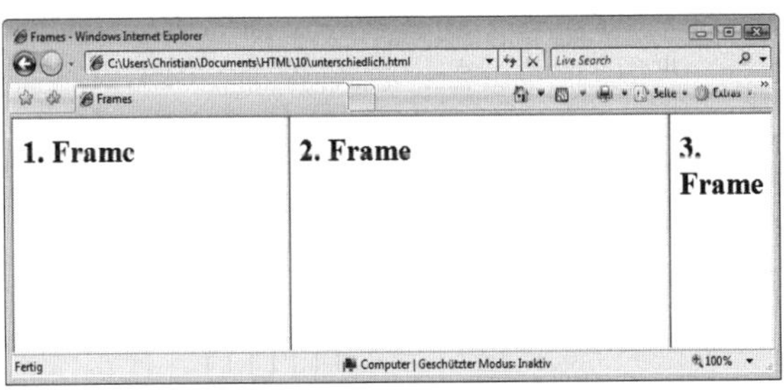

Abbildung 10.7: Drei Frames mit unterschiedlichen Breiten

Proportionale Höhe/Breite

Neuere Browser kennen eine weitere Möglichkeit der Aufteilung. Angenommen, Sie haben die Aufgabenstellung, den Browserbereich vertikal in zwei Frames aufzuteilen und die Breiten sollen sich dabei im Verhältnis 5 : 7 zueinander verhalten. Sie können jetzt natürlich argumentieren, das sei kein größeres Problem, denn wie Sie bereits zuvor gesehen haben, geht das folgendermaßen:

```
<frameset cols="5,7">
  <frame src="1.html" />
  <frame src="2.html" />
</frameset>
```

Der Browser versucht, das Verhältnis beizubehalten und die Frames entsprechend zu skalieren. Wenn Sie jedoch ganz sauber vorgehen wollen, verwenden Sie wieder den Stern-Operator:

```
<frameset cols="5*,7*">
  <frame src="1.html" />
  <frame src="2.html" />
</frameset>
```

Obiger Code drückt Folgendes aus: Teile den Bereich vertikal in zwei Frames auf, wobei das Verhältnis der Breiten des ersten und des zweiten Frames sich wie 5 : 7 verhält.

Natürlich können Sie jetzt einwenden, ein Verhältnis von 5 : 7 entspricht in etwa 42 % zu 58 %, und Sie können auch Prozentwerte einsetzen, aber diese sind gerundet und damit (ein wenig) ungenauer.

Auch diese Art der Maßangabe können Sie mischen, allerdings nicht mit dem Stern selbst. Hier ein weiteres Beispiel:

```
<frameset cols="2*,50%,3*">
  <frame src="1.html" />
  <frame src="2.html" />
  <frame src="3.html" />
</frameset>
```

Drei Frames, der mittlere ist halb so breit wie das Browserfenster und der rechte Frame ist anderthalbmal so breit wie der linke Frame. Sie sehen das Ergebnis im Browser in der Abbildung.

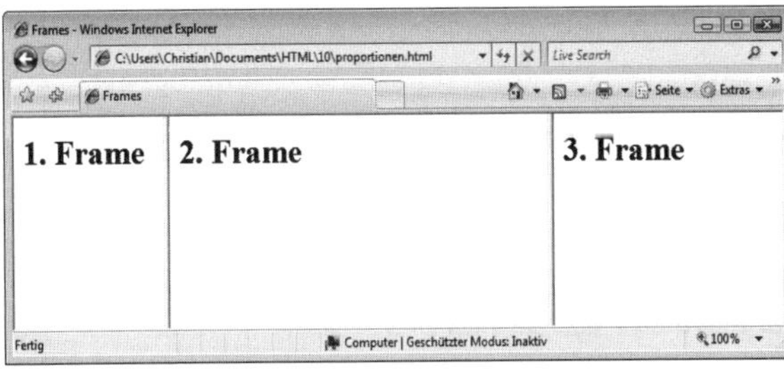

Abbildung 10.8: Das Verhältnis vom linken zum rechten Frame ist 2 : 3

Frames verschachteln

Bisher war es noch recht einfach und überschaubar. Anhand der Attribute im `<frameset>`-Tag konnten Sie erkennen, wie viele Frames im Frameset enthalten sind, und dementsprechend viele `<frame>`-Tags mussten Sie verwenden. Blättern Sie aber noch einmal zurück und betrachten Sie die erste Abbildung im Kapitel – die dortige Aufteilung ist mit unseren Mitteln noch nicht möglich ... oder etwa doch?

Vereinfachen wir die Problemstellung ein wenig und verlangen lediglich, dass der Browserbereich in drei Frames aufgeteilt wird: oben zwei und unten einer.

Es ist klar, dass der Bereich irgendwie zweimal aufgeteilt werden muss, einmal horizontal, einmal vertikal. Und hier liegt auch der Trick. Teilen wir den Bereich zunächst horizontal auf:

```
<frameset rows="67%,*">
  <frame src="frame1.html" />
  <frame src="3.html" />
</frameset>
```

Laden Sie die Seite in Ihren Browser, sie müsste ungefähr wie in der Abbildung aussehen.

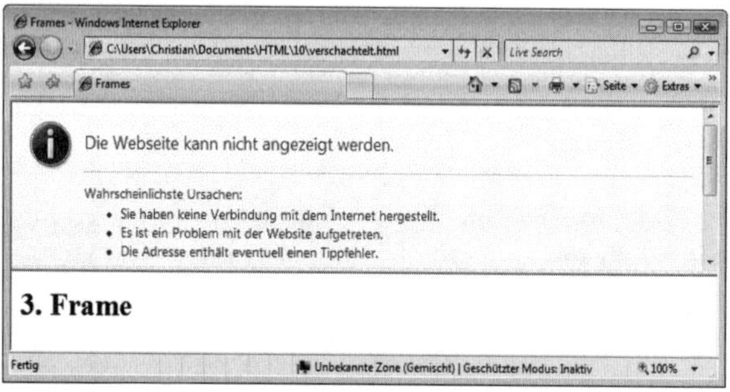

Abbildung 10.9: Der Bereich ist zunächst horizontal aufgeteilt

Im unteren Frame wird die Datei *3.html* geladen, im oberen Frame erscheint eine Fehlermeldung, denn die Datei *frame1.html* existiert (noch) nicht. Sie sehen aber vermutlich bereits, worauf wir hinauswollen: In dieser Datei *frame1.html* kann der Bereich vertikal aufgeteilt werden und wir haben unsere Aufgabe erfüllt. Legen Sie also eine Datei *frame1.html* nach folgendem Muster an:

```
<!DOCTYPE html PUBLIC "-//W3C//DTD XHTML 1.0 Frameset//EN"
"http://www.w3.org/TR/xhtml1/DTD/xhtml1-frameset.dtd">
<html>
<head>
  <title>Frames</title>
</head>
<frameset cols="150,*">
  <frame src="1.html" />
  <frame src="2.html" />
</frameset>
</html>
```

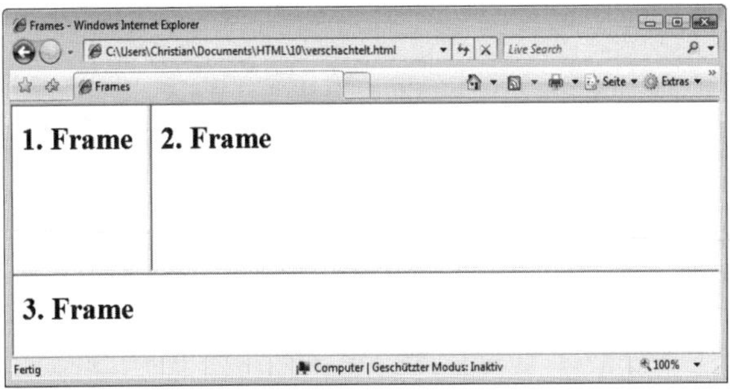

Abbildung 10.10: Der Browserbereich ist dreigeteilt

Und schon ist die Dreiteilung erreicht, wie Sie auch in der Abbildung sehen können.

Den Umweg über die externe Datei können Sie sich jedoch sparen. Werfen Sie noch einmal einen Blick auf das ursprüngliche Frameset:

```
<frameset rows="67%,*">
  <frame src="frame1.html" />
  <frame src="3.html" />
</frameset>
```

Sie definieren zwei Frames und verwenden für jeden Frame ein `<frame>`-Tag. Anstelle dieses `<frame>`-Tags können Sie aber auch ein weiteres Unter-Frameset verwenden:

```
<frameset rows="67%,*">
  <!-- 1. "Frame" -->
  <frameset cols="150,*">
    <frame src="1.html" />
    <frame src="2.html" />
  </frameset>
  <!-- 2. Frame -->
  <frame src="3.html" />
</frameset>
```

> **Tipp**
>
> Achten Sie hier besonders auf ein konsequentes Einrücken, denn je mehr Framesets Sie ineinander verschachteln, desto unübersichtlicher wird Ihr Code, insbesondere wenn Sie auf Einrückungen verzichten.

Dieses Beispiel lässt sich natürlich beliebig verkomplizieren. Folgender Code erzeugt ganze fünf Frames, wobei man sich spätestens hier die Frage stellen muss, ob das bei niedrigen Auflösungen überhaupt noch tragbar ist.

```
<frameset rows="67%,*">
  <frameset cols="2*,3*,2*">
    <frame src="1.html" />
    <frameset rows="2*,1*">
      <frame src="2.html" />
      <frame src="3.html" />
    </frameset>
    <frame src="4.html" />
  </frameset>
  <frame src="5.html" />
</frameset>
```

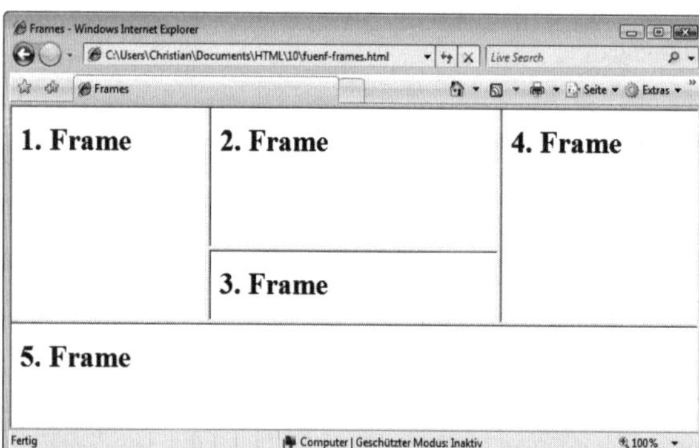

Abbildung 10.11: Fünf Frames dank mehrfacher Verschachtelung

Frameset formatieren

So weit zur Aufteilung in die einzelnen Frames. Kommen wir nun zum nächsten Schritt, zur Formatierung.

Framegröße verändern

Klicken Sie einmal mit der Maus auf einen der dickeren grauen Balken zwischen den einzelnen Frames. Sie werden sehen, dass Sie damit die Größe der einzelnen Frames verändern können. Für Sie, den Benutzer, ist das natürlich keine schlechte Sache, können Sie doch so die Bildschirmaufteilung Ihren eigenen Wünschen entsprechend (innerhalb gewisser Grenzen) anpassen. Aus der Sicht des Screendesigners ist das Ganze allerdings ein Albtraum, denn durch die Veränderung der Framegrößen wird unter Umständen ein sorgfältig ausgefeiltes Layout zerstört. Es ist deswegen in der Praxis meistens so, dass Sie die Größe eines Frames *nicht* mehr nachträglich verändern können.

Um dies umzusetzen, müssen Sie in mindestens einem der beteiligten Frames das Attribut `noresize` setzen. Hier unser Beispiel von vorhin mit den fünf Frames, ergänzt um ein `noresize`:

```
<frameset rows="67%,*">
  <frameset cols="2*,3*,2*">
    <frame src="1.html" />
    <frameset rows="2*,1*">
      <frame src="2.html" noresize="noresize" />
      <frame src="3.html" />
    </frameset>
    <frame src="4.html" />
  </frameset>
  <frame src="5.html" />
</frameset>
```

Werfen Sie noch einmal einen Blick auf die Abbildung 10.11. Der Frame Nummer 2 kann in der Größe nicht mehr verändert werden. Es ist klar, dass damit Frames 1 und 4 nicht mehr breiter oder schmaler gemacht werden können, denn dies würde auch die Breite von Frame 2 verändern. Ebenfalls kann Frame 3 nicht mehr höher oder niedriger gemacht werden. Achten Sie also auf solche Nebeneffekte, wenn Sie `noresize` einsetzen.

Frame 5 kann jedoch beliebig höher oder niedriger gemacht werden, denn dadurch werden nur die Frames 1, 3 und 4 beeinflusst, nicht jedoch Frame 2.

Was aber passiert nun, wenn Frame 3 nicht mehr in der Größe verändert werden darf?

```
<frameset rows="67%,*">
  <frameset cols="2*,3*,2*">
    <frame src="1.html" />
    <frameset rows="2*,1*">
      <frame src="2.html" />
      <frame src="3.html" noresize="noresize" />
    </frameset>
    <frame src="4.html" />
  </frameset>
  <frame src="5.html" />
</frameset>
```

Wiederum liefert ein Blick auf Abbildung 10.11 die Antwort: Frame 3 grenzt an alle anderen Frames an, deswegen kann jetzt kein Frame mehr in der Größe geändert werden.

Wenn Sie einstellen wollen, dass kein Frame in der Größe verändert werden kann, müssen Sie natürlich nicht mühsam ausrechnen, welchen Frame Sie mit `noresize` bestücken müssen – verwenden Sie einfach `noresize` in allen `<frame>`-Tags.

Scrollbalken

Automatisches Scrolling ist eine schöne Sache. So ist auch bei kleineren Bildschirmauflösungen der gesamte Inhalt eines Fensters oder eines Frames sichtbar. In der schon häufig zitierten Abbildung am Kapitelanfang sehen Sie das besonders deutlich, denn dort hat jedes Fenster einen Scrollbalken. Es gibt jedoch auch Fälle, in denen ein Scrollbalken unerwünscht ist, beispielsweise wenn ein Frame lediglich eine Grafik enthält, die aber etwas größer als der Frame ist. Sie können einstellen, ob ein Frame Scrollbalken enthält oder nicht. Setzen Sie dazu das Attribut `scrolling` des `<frame>`-Tags auf einen dieser drei Werte:

- `auto` – Standardwert. Es wird automatisch auf Grund des Inhalts des Frames bestimmt, ob Scrollbalken angezeigt werden oder nicht.
- `yes` – Es werden auf jeden Fall Scrollbalken angezeigt.
- `no` – Es werden auf keinen Fall Scrollbalken angezeigt.

Der Einsatz von `scrolling="yes"` ist meistens unsinnig, wie Sie an folgendem Beispiel sehen können:

```
<frameset rows="67%,*">
  <frameset cols="2*,3*,2*">
    <frame src="1.html" scrolling="yes" />
    <frameset rows="2*,1*">
      <frame src="2.html" scrolling="yes" />
      <frame src="3.html" scrolling="yes" />
    </frameset>
    <frame src="4.html" scrolling="yes" />
  </frameset>
  <frame src="5.html" scrolling="yes" />
</frameset>
```

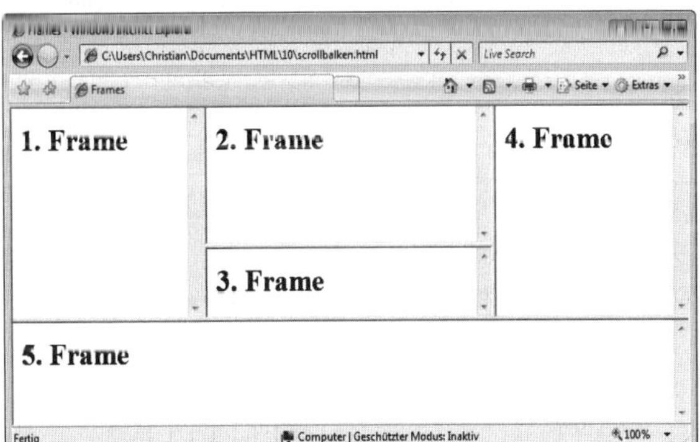

Abbildung 10.12: Jeder Frame hat einen Scrollbalken

Wie Sie der Abbildung entnehmen können, hat nun jeder Frame einen Scrollbalken, obwohl vom Inhalt her keiner einen benötigen würde. Andererseits sehen Sie hier das Ergebnis von `scrolling="no"`:

```
<frameset cols="50,*">
  <frame src="1.html" scrolling="no" />
  <frame src="2.html" />
</frameset>
```

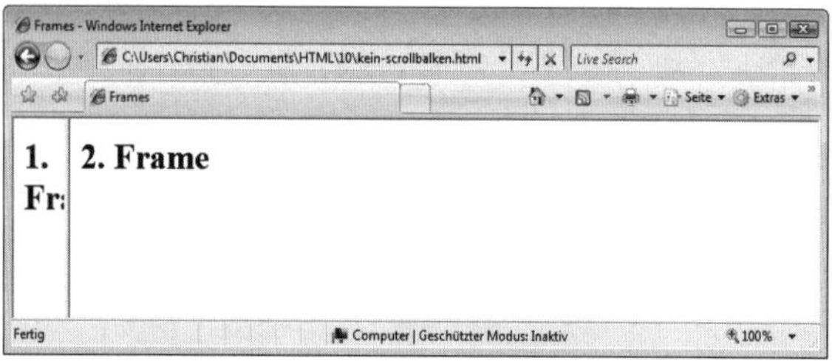

Abbildung 10.13: Der linke Frame hat keinen Scrollbalken

Wie in der Abbildung zu sehen ist, hat der linke Frame keinen Scrollbalken, weswegen der Text nicht vollständig zu lesen ist. So etwas sollten Sie unbedingt vermeiden!

Rahmen

Vom Aussehen her waren die bisherigen Beispiele nichts für Ästheten. Der mausgraue dicke Balken zwischen den einzelnen Frames ist – insbesondere bei ausgefeilten Layouts – doch sehr störend. Sie können jedoch den Rahmen um einen Frame herum abstellen.

Internet Explorer und Netscape Navigator verhalten sich sehr unterschiedlich bei der Rahmenbehandlung. Die folgenden Attribute stehen Ihnen (in alphabetischer Reihenfolge) im `<frameset>`-Tag zur Verfügung:

- `border` – gibt die Rahmenbreite in Pixel an. Dies wird nur vom Netscape Navigator unterstützt.
- `frameborder` – gibt an, ob ein Rahmen angezeigt werden soll (`"yes"`) oder nicht (`"no"`). Dies wird nur vom Internet Explorer unterstützt.
- `framespacing` – gibt die Rahmenbreite in Pixel an. Dies wird nur vom Internet Explorer unterstützt.

Wenn Sie nun gänzlich Rahmen vermeiden wollen, und dies für beide großen Browser, müssen Sie eine Kombination aus den drei Attributen verwenden:

```
<frameset
  border="0" frameborder="0" framespacing="0">
```

Angewandt auf das Beispiel mit den fünf Frames erhalten Sie:

```
<frameset rows="67%,*"
  border="0" frameborder="0" framespacing="0">
  <frameset cols="2*,3*,2*"
    border="0" frameborder="0" framespacing="0">
    <frame src="1.html" />
    <frameset rows="2*,1*"
      border="0" frameborder="0" framespacing="0">
      <frame src="2.html" />
      <frame src="3.html" />
    </frameset>
    <frame src="4.html" />
  </frameset>
  <frame src="5.html" />
</frameset>
```

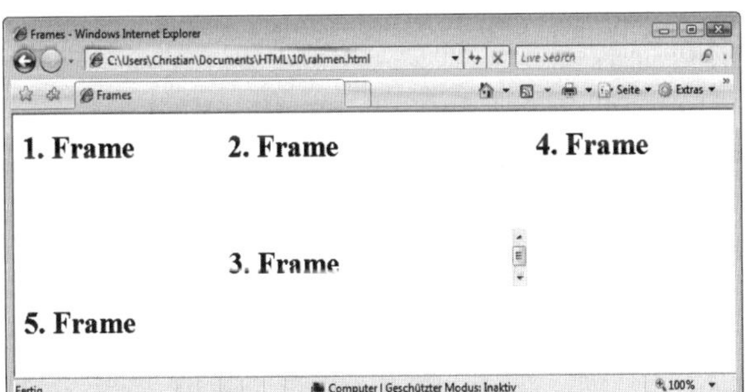

Abbildung 10.14: Die Frames sind nun ohne Rahmen

Die einzelnen Frames sind nun nicht mehr von einem Rahmen umgeben und können deswegen nur noch durch ihren Inhalt oder durch eventuelle Scrollbalken voneinander unterschieden werden.

Weitere CSS-Möglichkeiten stehen Ihnen natürlich jederzeit offen, beispielsweise eine hübsche Rahmenfarbe für die Frames. Andererseits sind Frames eh nur noch selten im Einsatz und Rahmenfarbe ist so und so out. Deswegen sollten Sie sich das noch einmal genauer überlegen! ;-)

Links

Erstellen Sie eine weitere HTML-Datei namens *links.html* mit folgendem Inhalt:

```
<!DOCTYPE html PUBLIC "-//W3C//DTD XHTML 1.0 Transitional//EN"
"http://www.w3.org/TR/xhtml1/DTD/xhtml1-transitional.dtd">
<html>
<head>
  <title>Links</title>
</head>
<body>
<a href="5.html">Link</a>
</body>
</html>
```

Wir werden diese Datei im Folgenden immer wieder ein wenig modifizieren, uns dabei aber auf die eine Zeile mit dem Link selbst beschränken.

Wir betrachten nun das folgende Frameset:

```
<frameset cols="150,*">
  <frame src="links.html" />
  <frame src="1.html" />
</frameset>
```

Klicken Sie auf den Link und sehen Sie, was passiert (oder werfen Sie einen Blick auf die Abbildung).

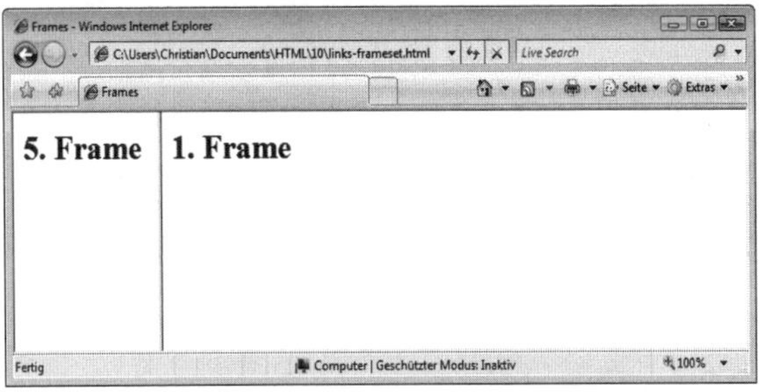

Abbildung 10.15: Der Link öffnet sich im linken Frame

Der Link öffnet sich also im linken Frame. Oft ist es jedoch so, dass Sie im linken Frame die Navigation haben und im rechten Frame den Inhalt. Der Link soll sich also im rechten Frame öffnen. Um dies zu bewerkstelligen, müssen Sie zunächst das Frameset ein wenig anpassen (wir gehen im Folgenden davon aus, dass die Datei bei Ihnen *links-frameset.html* heißt):

```
<frameset cols="150,*">
  <frame src="links.html" name="Navigation" />
  <frame src="1.html" name="Inhalt" />
</frameset>
```

Beachten Sie, dass nun beide Frames ein `name`-Attribut haben. Und nun versuchen Sie, sich an Kapitel 3 zu erinnern. Wissen Sie noch, wie Sie Links in neuen oder anderen Fenstern öffnen konnten? Richtig, durch Setzen des Attributs `target`. Sie wissen vermutlich auch noch, dass Sie, wenn Sie als `target`-Attribut eine beliebige Zeichenkette verwendet haben, sich alle Links im gleichen neuen Fenster öffneten, wenn Sie immer dieselbe Zeichenkette einsetzen. Und genauso ist es auch bei Frames. Wenn Sie als `target`-Attribut des Links das `name`-Attribut des Zielframes angeben, öffnet sich der Link dort und nicht im aktuellen Frame. Passen Sie also die Datei *links.html* folgendermaßen an:

```
<a href="5.html" target="Inhalt">Link</a>
```

Wie Sie sehen werden, öffnet sich nun der Link im rechten Frame.

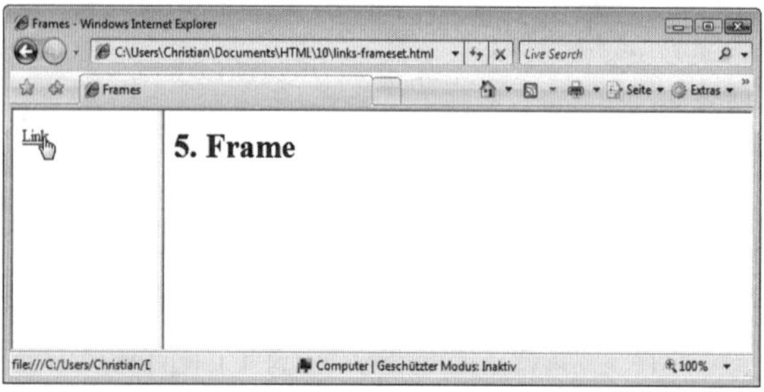

Abbildung 10.16: Der Link öffnet sich jetzt im rechten Frame

Neben den Namen von Frames stehen Ihnen als `target`-Attribute die folgenden speziellen Bezeichner zur Verfügung:

- `"_blank"` – Das Ziel des Links wird in einem neuen Fenster geöffnet.
- `"_parent"` – Das Ziel des Links wird im übergeordneten Frameset geöffnet.
- `"_self"` – Das Ziel des Links wird im aktuellen Frame geöffnet (Standard).
- `"_top"` – Das Ziel des Links wird im gesamten Fenster geöffnet.

Wie zuvor schon bei Links, können Sie mit `<base target="...">` ein Standard-`target`-Attribut setzen, dies aber bei den einzelnen Links durch dortige Angabe des `target`-Attributs überschreiben.

Um mit den Links ein wenig herumzuspielen, ändern Sie noch einmal die Datei *links.html*:

```
<a href="links-frameset.html" target="Inhalt">Link</a><br />
<a href="links-frameset.html" target="_parent">_parent</a>
<br /><a href="links-frameset.html" target="_self">_self</a>
<br /><a href="links-frameset.html" target="_top">_top</a>
```

Damit die Ergebnisse besser sichtbar werden, sollten Sie auch das Frameset ändern:

```
<frameset cols="50%,50%">
  <frame src="links.html" name="Navigation" />
  <frame src="1.html" name="Inhalt" />
</frameset>
```

Laden Sie nun das neue Frameset in den Browser und klicken Sie auf den obersten Link. Im rechten Frame (`name`-Attribut `"Inhalt"`) wird dann das Frameset erneut geöffnet (siehe Abbildung).

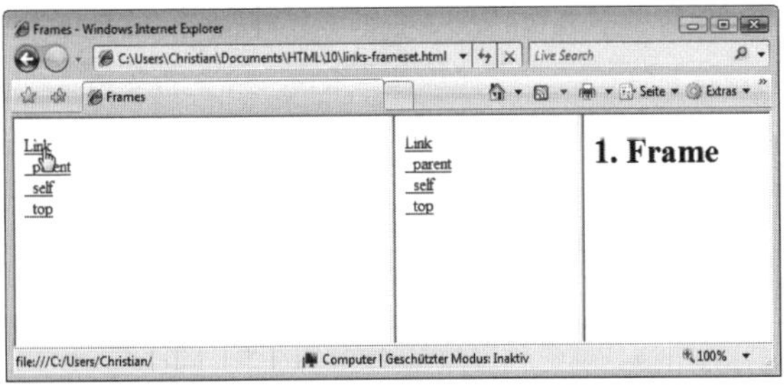

Abbildung 10.17: Das Frameset wurde im rechten Frame erneut geöffnet

Betrachten Sie nun den mittleren Frame. Sie haben vier Wahlmöglichkeiten:

- Wenn Sie auf den ersten Link klicken, muss sich der Browser entscheiden, in welchem Frame er das Frameset öffnet, denn es gibt inzwischen zwei Frames mit dem `name`-Attribut `"Inhalt"`. Alle Browser entscheiden sich hier für den hierarchisch am weitesten oben liegenden Frame, in diesem Fall also für die »rechte Hälfte« des Browserfensters. Es ändert sich also nichts am Erscheinungsbild.
- Wenn Sie auf den zweiten Link klicken, wird das Frameset im übergeordneten Frame geöffnet. Der übergeordnete Frame ist die »rechte Hälfte« des Browserfensters, der Frame mit dem `name`-Attribut `"Inhalt"`. Es wird sich also nichts ändern.
- Wenn Sie auf den dritten Link klicken, wird das Frameset im mittleren Frame noch einmal geöffnet, Sie haben dann auch vier Frames mit einem Breitenverhältnis von 4 : 1 : 1 : 2 (siehe Abbildung).
- Wenn Sie auf den vierten Link klicken, wird das Frameset im gesamten Browserfenster geöffnet (und damit die Framestruktur zerstört). Sie erhalten wieder den Ausgangsstand: zwei Frames, beide gleich breit.

Abbildung 10.18: Die Frames im Verhältnis 4 : 1 : 1 : 2

Wieso Frames?

Zum Ende dieses Kapitels noch ein paar Hinweise: Frames sind eine gute Sache, denn Sie sparen sich Tipparbeit, wenn Sie beispielsweise eine Navigation in einen Frame ausgliedern. Die Navigationspunkte müssen dann nur auf einer HTML-Seite stehen und nicht auf allen Seiten. Ändert sich einmal ein Navigationspunkt, so müssen Sie nur *eine* Datei ändern, nicht alle.

Auf der anderen Seite haben Frames auch ihre Nachteile. Sie nehmen Platz weg, was in Anbetracht der steigenden Verbreitung von Handhelds und Endgeräten mit kleinen Displays durchaus ein Problem ist. Einige Handheld-Browser können mit Frames auch nichts anfangen, Sie sollten also im `<body>`-Abschnitt der Frameseite zumindest die wichtigsten Links in das Angebot hinein anbieten.

In diesem Zusammenhang interessant ist das `<noframes>`-Tag. Alles, was zwischen `<noframes>` und `</noframes>` steht, wird von Browsern, die Frames interpretieren können, ignoriert. Sie können also beispielsweise auf all Ihren Inhaltsseiten folgenden Code im `<body>`-Abschnitt unterbringen:

```
<noframes>
<p>
  <a href="/produkte/">Produkte</a> |
  <a href="/presse/">Presse</a> |
  <a href="/kontakt/">Kontakt</a>
</p>
</noframes>
```

Diese Navigationslinks würden dann auf PDAs angezeigt (und sind auch wichtig für die Navigation), moderne Browser ignorieren das Ganze und zeigen die Navigationspunkte nicht an. Das müssen sie auch gar nicht, denn diese sind ja (hoffentlich) auch im Navigationsframe!

Sie sollten Ihre Framestruktur auch mit möglichst niedrigen Auflösungen testen. Es ist ärgerlich, wenn wichtige Navigationspunkte in einem Frame bei niedrigen Auflösungen (viele Leute verwenden 1.024 * 768 Bildschirmpunkte, manche sogar nur 800 * 600) nicht mehr sichtbar sind. Die Website ist somit nicht mehr navigierbar!

Hinweis

Und noch ein Hinweis zum Abschluss. Innerhalb eines Frames lassen sich bequem fremde Angebote verlinken. In der Adressleiste des Browsers wird dann immer noch die eigene Adresse angezeigt, auch wenn im Inhaltsframe völlig fremde Sachen dargestellt werden. Das ist nicht nur ein Verstoß gegen die guten Sitten, sondern unter Umständen auch rechtswidrig. Halten Sie sich also am besten an die Faustregel, externe Sites immer nur in einem neuen Fenster zu öffnen.

Fragen

1. Was ist der Unterschied zwischen `<frame>` und `<frameset>`?
2. Wie verhindern Sie den Rahmen zwischen Frames?

Das können Sie schon

Textausgabe 42

Links 63

Verschiedene Arten von Style Sheets 86

Das <img>-Tag 113

Aufzählungslisten 134

Tabellenaufbau 160

Unsichtbare Tabellen 186

Formularelemente 199

Elemente platzieren 231

Frameset definieren 240

Frameset formatieren 253

Das lernen Sie neu

Meta-Tags 266

Ihre Seiten online stellen 269

Anmeldung bei Suchmaschinen 275

Kapitel 11

Über den Tellerrand

In diesem Kapitel zeigen wir Ihnen, wie Sie in der HTML-Seite Informationen für Suchmaschinen und andere Dienste vergeben. Anschließend lernen Sie anhand eines Beispiels, wie Sie Seiten auf einen Server stellen können. Am Ende dieses Kapitels gehen wir auf die Anmeldung Ihrer Website bei verschiedenen Typen von Suchmaschinen ein.

Meta-Tags

Die Meta-Tags sind im Kopf einer HTML-Seite zu finden. Hier sind Informationen über den Urheber und den Inhalt der Seite enthalten.

Die Basis aller Meta-Angaben ist das Tag `<meta>`. Es muss sich zwischen `<head>` und `</head>` befinden. Innerhalb des `<meta>`-Tags werden die verschiedenen Informationen mit mehreren Attributen definiert.

Beispielsweise gibt die folgende Codezeile den Namen des Autors der HTML-Seite an:

```
<meta name="author" content="Christian Wenz" />
```

Das Attribut `name` bestimmt, welche Art von Information im jeweiligen `<meta>`-Tag enthalten ist. `author` steht für den Namen des Autors, `description` beispielsweise für eine Beschreibung des Inhalts der HTML-Seite. Für jedes Meta-Tag gibt es dann das `content`-Attribut. Dort werden die Informationen eingetragen.

Wenn Sie mehrere Informationen für eine Seite anlegen wollen, fügen Sie einfach mehrere `<meta>`-Tags hintereinander.

```
<head>
 <title>Meta-Tags</title>
  <meta name="author" content="Christian Wenz" />
  <meta name="description" content="Beschreibung der Seite" />
</head>
```

Die verschiedenen Informationen

In diesem Abschnitt stellen wir Ihnen die wichtigsten Arten von Informationen vor, die Sie in das `<meta>`-Tag einschließen können:

- `"author"` haben Sie schon kennen gelernt. Damit geben Sie den Namen des Verfassers der HTML-Seite an.
- `"publisher"` gleicht funktional dem `author`, bezeichnet aber den Herausgeber. In den meisten Fällen werden Sie dies nicht benötigen. Lassen Sie es deshalb einfach weg.
- `"description"` erlaubt Ihnen die Eingabe eines Beschreibungstextes für die Seite. Dieser Text wird von manchen Suchmaschinen auf der Ergebnisseite angezeigt.

- Mit `"keywords"` geben Sie Schlüsselwörter an, die den Inhalt der Seite charakterisieren. Im Attribut `content` werden die Schlüsselwörter durch Kommata getrennt. Suchmaschinen verwenden – unter anderem – diese Schlüsselwörter, um Seiten einzelnen Suchbegriffen zuzuordnen.

```
<meta name="keywords" content="HTML, Tag, Attribut" />
```

> **Hinweis**
>
> Die Schlüsselwörter sind für einige (nicht alle!) Suchmaschinen zwar wichtig, aber bei weitem nicht das einzige Kriterium, da sie ja vom Webmaster vorgegeben werden und damit manipuliert sein könnten. Meist wichtiger sind Dinge wie der Seitentitel, der Domainname oder wie viele andere Websites auf die eigene Site linken.

> **Achtung**
>
> Versuchen Sie nicht, Begriffe zu wählen, die nichts mit der Seite zu tun haben. Das ist gerade bei Namen und Firmenbezeichnungen rechtlich äußerst bedenklich. Es hilft auch nichts, wenn Sie Schlüsselwörter sehr oft wiederholen oder mehrmals in die HTML-Seite schreiben, denn die meisten Suchmaschinen filtern diese heraus. Im besten Fall ignorieren sie sie, im schlechtesten wird Ihre Website aus der Suchmaschine entfernt (so im Jahre 2006 zeitweise einem deutschen Autobauer bei Google passiert).

- `"copyright"` vergibt einen Copyright-Hinweis.

```
<meta name="copyright" content="&copy; 2007 Christian
Wenz und Tobias Hauser" />
```

> **Tipp**
>
> Zur Erinnerung: Das Copyright-Zeichen entspricht in HTML dem Sonderzeichen `©`.

- `"date"` gibt an, wann die Seite veröffentlicht worden ist.

```
<meta name="date" content="2007-04-18" />
```

Das Datum wird im amerikanischen Format (Monat vor Tag), getrennt durch Bindestriche, angegeben, damit auch englische Suchmaschinen damit zurechtkommen.

- `"robots"` weist den Roboter einer Suchmaschine an, die Seiten auf eine bestimmte Art und Weise zu indizieren.

> **Hinweis**
>
> Die meisten Suchmaschinen durchsuchen das Web automatisch mit so genannten Robotern, oder kurz Robots. Das sind Programme, die Links folgen und die verschiedenen Seiten automatisch in den Index der Suchmaschine aufnehmen.

```
<meta name="robots" content="index,follow" />
```

In unserem Beispiel haben wir den Wert von `"robots"` auf `"index,follow"` gestellt. Dies sagt dem Roboter, dass er die Seite indizieren und allen Links auf der Seite folgen soll. Die verschiedenen Werte für `"robots"` stellen wir Ihnen im Folgenden vor:

- `"index"` weist den Roboter an, die Seite in den Index zu übernehmen. Dies ist die Standardeinstellung, von der die meisten Suchmaschinen ausgehen. Wenn Sie `"follow"` dazu angeben (siehe oben), folgt der Roboter auch allen Links auf der Seite. Mit `"nofollow"` wird der Suchmaschine genau dies untersagt.
- `"noindex"` (oder `"none"`) sagt dem Roboter, dass er die Seite nicht in den Index übernehmen soll. Zusätzlich dazu können Sie auch bei `"noindex"` die Werte `"follow"` oder `"nofollow"` wählen.

> **Hinweis**
>
> `"robots"` und die zugehörigen Werte gehören nicht zur offiziellen Spezifikation von HTML oder XHTML. Allerdings werden sie von den meisten Suchmaschinen unterstützt.

Andere Funktionen der Meta-Tags

Bisher haben Sie nur die reine Informationsfunktion des `<meta>`-Tags kennen gelernt. Man kann dort aber noch weitere Funktionen unterbringen. Dazu dient das Attribut `http-equiv`. In diesem Attribut verbergen sich Angaben, die der Webbrowser als Teil des normalen Headers des HTTP-Protokolls betrachtet.

> **Hinweis**
>
> Das HTTP-Protokoll (HyperText Transfer Protocol) dient zur Übertragung von Daten im World Wide Web. HTML-Seiten werden beispielsweise mit einem HTTP-Header (im Browser nicht sichtbaren Kopfinformationen) versehen, der zur Übertragung dient.

Im Folgenden wollen wir Ihnen ein nützliches Einsatzgebiet für das Attribut `http-equiv` geben.

```
<meta http-equiv="refresh"
content="10; URL=http://www.mut.de/" />
```

Mit dem Wert `refresh` wird der Browser angewiesen, eine neue Seite zu öffnen. Unter `content` geben Sie zuerst an, nach wie vielen Sekunden das geschehen soll. Durch Semikolon getrennt geben Sie dann die Adresse der neuen Seite an. In unserem Beispiel ist das die Markt+Technik-Homepage.

> **Tipp**
>
> Wenn Sie eine automatische Weiterleitung ohne Zeitverzögerung benötigen, schalten Sie unter content den Wert zum Neuladen einfach auf `0`.

Ihre Seiten online stellen

Wenn Sie Ihre Seiten fertig gestellt haben, müssen diese nur noch ins Internet gelangen. Dazu benötigen Sie Platz auf einem Webserver. Das ist ein Rechner, der dauernd mit dem Internet verbunden ist. In den meisten Fällen werden Sie keinen eigenen Webserver haben, sondern sich bei einem so genannten Hoster Platz mieten. Wenn Sie in einer Firma arbeiten, hat diese vielleicht einen eigenen Webserver mit ständiger Anbindung an das Internet.

Von den zuständigen Stellen (Hoster oder Serververwalter in der Firma) erhalten Sie die Zugangsdaten für Ihren Platz auf dem Server. Auf diesen Platz laden Sie die Daten mit einem FTP-Programm. FTP steht für *File Transfer Protocol*. Dies ist ein Internetprotokoll, das zum Übertragen von Daten eingesetzt wird.

Daten per FTP auf den Server übertragen

Es gibt verschiedene FTP-Programme. Wir verwenden in diesem Abschnitt die Freeware CoffeeCup Free FTP, erhältlich unter *http://www.coffeecup.com/free-ftp/*. Sie läuft unter allen halbwegs aktuellen Windows-Versionen inklusive Vista. Das CoffeeCup Free FTP ist gratis, blendet aber Werbung ein.

Andere FTP-Programme bieten eine vergleichbare Funktionalität, Sie können also auch stattdessen eine FTP-Software verwenden, die sich bereits auf Ihrem Rechner befindet.

Sie gehen folgendermaßen vor, um die Daten auf den Server zu übertragen:

1 Nachdem Sie CoffeeCup Free FTP heruntergeladen und installiert haben, starten Sie es.

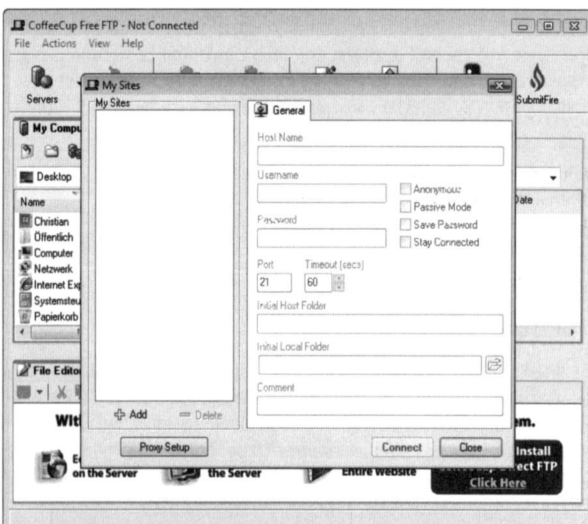

Abbildung 11.1: Der Startbildschirm von CoffeeCup Free FTP

2 Hier müssen Sie als Erstes ein neues Server-Profil anlegen. Klicken Sie dazu auf die Schaltfläche ADD (links unten).

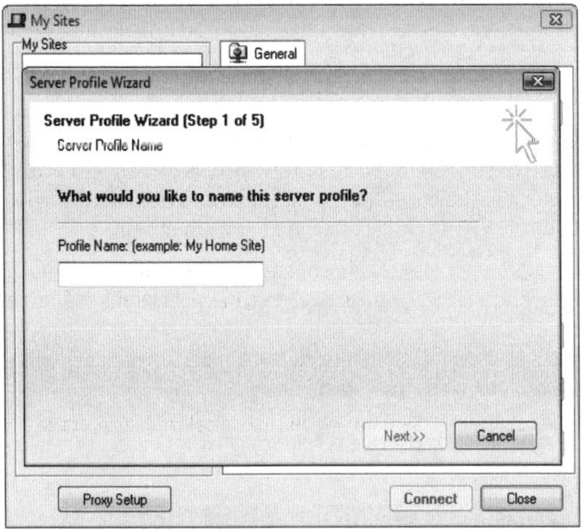

Abbildung 11.2: Im Assistent geben Sie die FTP-Verbindungsdaten ein

3 Ein mehrteiliger Assistent startet. Zunächst benennen Sie Ihr Profil, dann benötigen Sie in den nächsten Schritten die folgenden Angaben:

- In Schritt 2 geben Sie den Benutzernamen und das Passwort an, das Sie von Ihrem Hoster erhalten haben.
- In Schritt 3 geben Sie den Host-Namen an, den Sie ebenfalls vom Hoster erhalten. Das ist meist eine Adresse in der Form *domain.de* oder *ftp.domain.de*. Außerdem können Sie nach Wunsch noch einen Standardordner auf dem Webserver angeben, in den das FTP-Programm nach dem Login automatisch wechseln soll.
- In Schritt 4 müssen Sie angeben, ob Sie über einen Proxyserver ins Internet gehen. Das ist in der Regel nur innerhalb von Firmennetzen so; in den meisten Fällen klicken Sie also auf *No, I don't even know what that is.*
- Im letzten Schritt sehen Sie noch ein Werbebanner und beenden den Assistenten mit der Schaltfläche FINISH.

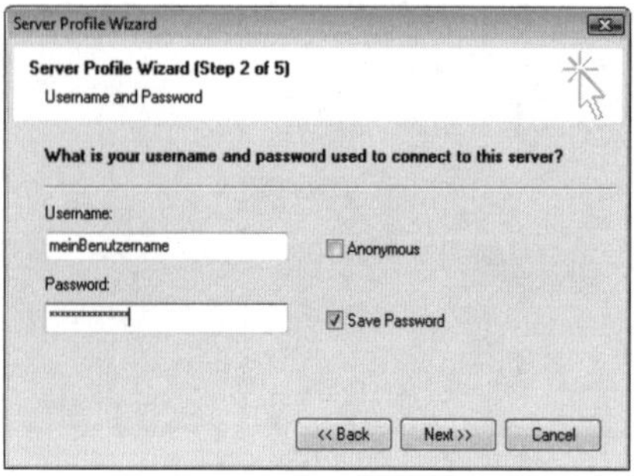

Abbildung 11.3: Die wichtigsten Angaben: Benutzername und Passwort

Nach Durchlaufen des Assistenten steht Ihre Website in der linken Fensterhälfte; Zeit, die Website auf den Webserver zu spielen!

1 Markieren Sie die Website und klicken Sie auf die Schaltfläche *Connect* – natürlich müssen Sie dazu online sein.

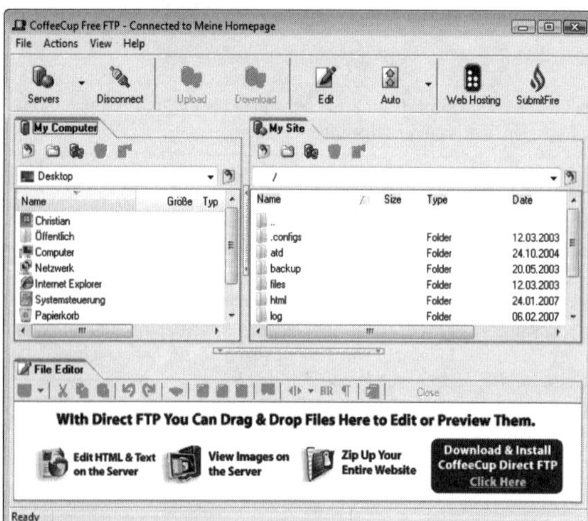

Abbildung 11.4: Abbildung 11.4: Links sehen Sie die Ordner auf Ihrem Rechner, rechts die Struktur auf dem Webserver

2 Um Dateien hochzuladen, markieren Sie diese und ziehen sie dann mit der Maus von dem linken ins rechte Fenster (siehe Abbildung 11.5).

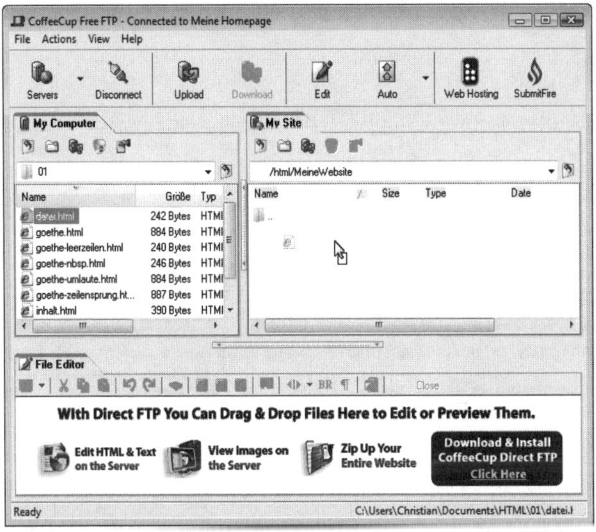

Abbildung 11.5: Per Drag&Drop übertragen Sie die Dateien

Hinweis

Sie können auch den Befehl *Upload* im Kontextmenü einer Datei verwenden, um sie zum Server zu übertragen. Außerdem können Sie mit der [⇧]- und [Strg]-Taste auch mehrere Dateien auf einmal markieren und so übertragen. Zu guter Letzt unterstützt das FTP-Programm auch die Übertragung gesamter Verzeichnisse auf einmal.

3 Nun ist die Datei auf dem Server gelandet (siehe Abbildung 11.6). Das Herunterladen in der Gegenrichtung funktioniert ebenso. Sie markieren Dateien auf dem Server und ziehen sie dann in Richtung lokaler Ordner.

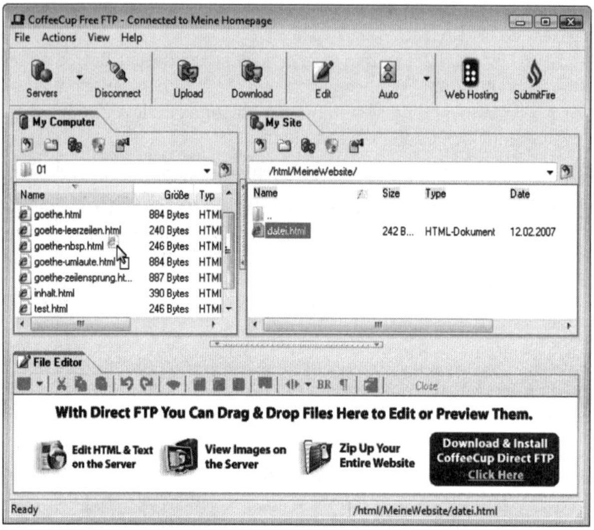

Abbildung 11.6: Ziehen Sie Dateien von rechts nach links, um sie herunterzuladen

> **Hinweis**
>
> Sie können auch komplette Ordner hoch- und herunterladen. Am einfachsten markieren Sie alle Dateien und Ordner Ihrer fertigen Website und laden diese hoch.

Nun haben Sie gelernt, wie Sie Dateien auf einen Server laden können. Was ist dabei noch zu beachten? Ein wichtiges Thema ist die Groß-/Kleinschreibung. Vor allem Unix-Server sind hier empfindlich. Sie sollten sich deshalb eine einheitliche Dateinamenskonvention zulegen und diese für alle Seiten Ihrer Website verwenden. Wir empfehlen durchgehend Kleinschreibung. Wenn Sie bei einem Hoster eine eigene Domain haben, sollten Sie sich außerdem erkundigen, wie die Einstiegsseite heißen muss. Die Konvention ist hier meist *index.htm* oder *index.html*. Warum ist dies von Bedeutung? Wenn ein Nutzer nur Ihren Domainnamen in der Form `www.domain.de` eingibt, weiß der Server nicht, welche Datei als Erstes aufgerufen werden soll. Deshalb definiert der Serververwalter mögliche Dateinamen für diese erste Datei.

Anmeldung bei Suchmaschinen

Ihre Seite ist im Netz, die Bekannten wissen auch schon Bescheid. Nun muss noch ein wenig die Werbetrommel gerührt werden. Neben teuren Werbemethoden wie Bannerwerbung sollten Sie am Anfang vor allem Ihre Website bei den wichtigsten Suchmaschinen anmelden.

Es gibt – grob gesprochen – drei Arten von Suchmaschinen:

- Aktive Suchmaschinen sind die klassischen Suchmaschinen wie Google oder Windows Live Search. Sie arbeiten mit den bereits angesprochenen Robots, die aktiv das Web durchforsten. Dennoch kann man sich bei diesen Suchmaschinen anmelden. Von dieser Möglichkeit sollte man Gebrauch machen, damit der Roboter auch wirklich in absehbarer Zeit auftaucht.
- Webkataloge unterteilen die indizierten Seiten in Kategorien. Dies ist in den meisten Fällen Handarbeit. Deshalb haben die Webkataloge auch wesentlich weniger Einträge als aktive Suchmaschinen. Dafür ist unter Umständen die Qualität der gesammelten Seiten besser. Bei Webkatalogen müssen Sie sich auf jeden Fall anmelden. Bekannte Beispiele sind Yahoo und Web.de.
- Metasuchmaschinen suchen über mehrere aktive Suchmaschinen und Webkataloge hinweg. Hier ist natürlich keine Anmeldung erforderlich, da die Metasuchmaschinen auf die Daten der anderen Suchmaschinen zurückgreifen.

Im Folgenden werden Sie Ihre Website exemplarisch bei der bekanntesten aktiven Suchmaschine, Google, anmelden.

Anmeldung bei aktiven Suchmaschinen

Die Anmeldeprozedur bei aktiven Suchmaschinen ist je nach Suchmaschine unterschiedlich. Wir zeigen sie Ihnen exemplarisch anhand von Google.

Die Anmeldeprozedur verläuft folgendermaßen:

1. Rufen Sie die Google-Website auf (`http://www.google.de/`).
2. Unten auf der Homepage finden Sie den Link *Über Google*. Klicken Sie darauf.
3. Auf der nächsten Seite müssen Sie auf *Ihre URL hinzufügen/entfernen* klicken.

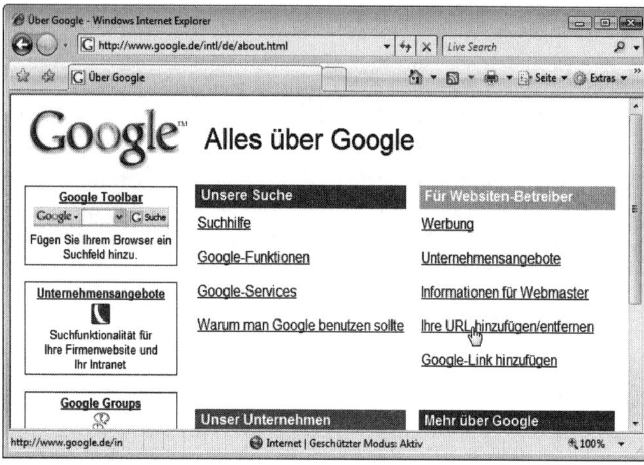

Abbildung 11.7: Klicken Sie auf den Link Ihre URL hinzufügen/entfernen, um Ihre Seite bei Google anzumelden

4 Als Nächstes erhalten Sie ein Formular, in dem Sie die URL (Adresse) Ihrer Website sowie einen kurzen Kommentar angeben können. Außerdem müssen Sie noch einen etwas verzerrten Text aus einer Grafik abtippen – eine Schutzmaßnahme vor Spammern. Bestätigen Sie dann mit *URL hinzufügen*.

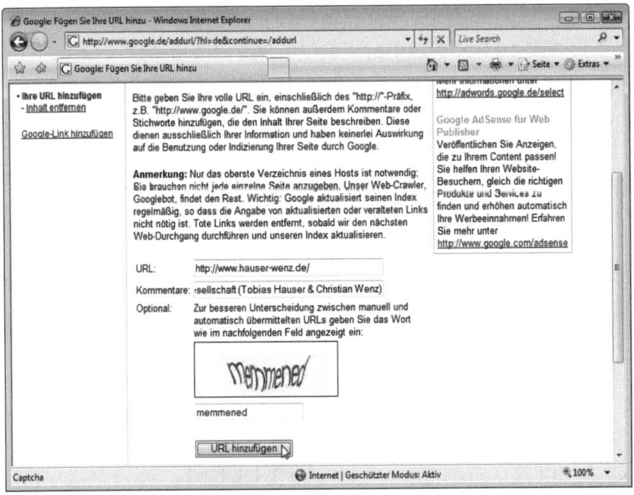

Abbildung 11.8: Eine URL anmelden

> **Achtung**
>
> Sie sollten eine Website nicht mehrmals kurz hintereinander bei einer Suchmaschine anmelden, bloß weil sie nicht Sekunden nach der Anmeldung in den Suchergebnissen erscheint. Denn so steigt die Gefahr, dass Sie aus dem Index entfernt werden. Haben Sie Geduld, manchmal dauert es tatsächlich ein paar Wochen, bis der Robot der Suchmaschine vorbeischaut. Je mehr andere Seiten auf Sie verlinken, desto schneller kann es gehen.

Fragen

1. Welche Meta-Tag-Einstellung sorgt am ehesten dafür, dass eine Suchmaschine möglichst viele Ihrer Seiten aufnimmt?
2. Was ist der Unterschied zwischen HTTP und FTP?
3. Welche Suchmaschine ist zurzeit die wichtigste?

Antworten zu den Fragen

Zu Kapitel 1

1. `<html>...</html>`, `<head>...</head>` und `<body>...</body>`.
2. HTML ja (weil es auf Groß-/Kleinschreibung nicht ankommt), XHTML nein.

Zu Kapitel 2

1. Entweder mit `<nobr>...</nobr>` oder durch exzessive Verwendung von ` `.
2. Während ein <p>-Element nur normalen Text (und Grafiken) enthalten kann, sind bei <div> zudem noch Überschriften möglich. Dafür lassen sich <div>-Elemente nicht per Blocksatz ausrichten.

Zu Kapitel 3

1. Durch "/presse" verlinken Sie auf den Ordner presse im Hauptverzeichnis der Website, "presse/" verlinkt relativ auf den Ordner presse im aktuellen Unterverzeichnis.
2. `<a href="http://www.hauser-wenz.de/#top">Link</a>` – der Schrägstrich vor #top ist Pflicht!

Zu Kapitel 4

1. Direkt im Tag, im Kopf der Seite, als externes Style Sheet.
2. Mit der CSS-Anweisung `body, td {font-family: Verdana, sans-serif}`.

Zu Kapitel 5

1. Das JPEG-Format. PNG komprimiert Fotos meist nicht so stark.
2. Verwenden Sie das Attribut border="0" im <img>-Tag.
3. Durch das Attribut usemap="#Weltkarte" im <img>-Tag.

Zu Kapitel 6

1. Mit <ol> erzeugen Sie eine nummerierte Liste, mit <ul> eine unnummerierte (sprich: mit grafischen Aufzählungszeichen, z. B. kleinen ausgefüllten Kreisen).
2. Nichts – denn <ul>-Listen sind nicht nummeriert.

Zu Kapitel 7

1. <th> steht für eine (automatisch fett dargestellte) Überschriftenzelle, <td> für eine beliebige Zelle (und ist damit automatisch verbreiteter).
2. Durch <table border="1" frame="void"> – aber nur in neueren Webbrowsern.
3. Sie erzeugen unsichtbare Tabellen, indem Sie den Rahmen weglassen. Diese Tabellen dienen meistens dazu, ein ansprechendes Layout zu realisieren.

Zu Kapitel 8

1. Alle Radiobuttons einer Gruppe müssen dasselbe name-Attribut haben.
2. Überraschenderweise geht das mit einem Formularelement: <textarea>!
3. Die Felder werden nicht gelöscht, sondern in ihren Ausgangszustand zurückversetzt. Ist also ein Feld vorausgefüllt, bekommt es seinen ursprünglichen Wert wieder. Bei nicht vorausgefüllten Feldern freilich wird das Feld gelöscht.

Zu Kapitel 9

1. Pixel (px), Zoll (in, von Inch), Zentimeter (cm) und Prozent (%).
2. Setzen Sie die zu positionierenden Elemente in ein <div>-Element und geben Sie die Positionierungsdetails im style-Attribut des <div>-Tags an.

Zu Kapitel 10

1. <frameset> definiert die Framestruktur, <frame> verweist auf den einzelnen Frame.
2. Damit es in allen großen Browsern klappt, benötigen Sie eine Kombination aus drei Attributen: border="0" frameborder="0" framespacing="0" im <frameset>-Tag.

Zu Kapitel 11

1. Verwenden Sie `<meta name="robots" content="index,follow" />`.
2. HTTP wird für Internetseiten verwendet (von einem Webserver), FTP für die Dateiübertragung auf einen/von einem FTP-Server.
3. Google – der Marktanteil ist übrigens in manchen Bereichen bis zu 90 %.

Fragen und Antworten

Was ist der Unterschied zwischen HTML 3.2, HTML 4.0 und HTML 4.01?

HTML 3.2 wurde 1996 veröffentlicht. HTML 4.0 erschien Dezember 1997 und erweiterte HTML 3.2 um Elemente wie beispielsweise Frames (obwohl die Browser das mittlerweile längst unterstützten). HTML 4.01 wurde dann Heiligabend 1999 veröffentlicht und behob einige Fehler in HTML 4.0.

Kann ich im <title>-Element HTML-Tags verwenden?

Nein, das bringt nichts. Sie können aber Entitäten einsetzen.

Ich will mittels mehrerer <p></p>-Blöcke einen Abstand schaffen, das funktioniert aber nicht richtig. Gibt es da einen Trick?

Manche Browser lassen leere Absätze weg. Verwenden Sie Zeilenumbrüche (<br />) oder setzen Sie ein geschütztes Leerzeichen in die <p>-Elemente: <p> </p>.

Ich weiß, dass ich bei nummerierten Listen Elemente der zweiten Ebene nicht automatisch durchnummerieren (1.1, 1.2, ...) lassen kann. Wie sonst?

Sie müssen von Hand nummerieren. Damit das Layout auch einigermaßen passt, müssen Sie eine unsichtbare Tabelle einsetzen: linke Spalte die Nummerierungen, rechte Spalte der Text.

Gibt es eine Möglichkeit, einen Link auf einen FTP-Server anzugeben und dabei den Benutzernamen vorzugeben, nicht aber das Passwort (das muss der Benutzer dann selbst eingeben)?

Ja: Verlinken Sie auf ftp://benutzer@ftp.servername.de.

Ich will eine Grafik nicht sichtbar darstellen (beispielsweise einen Besucherzähler). Die Angabe von `width="0" height="0"` im `<img>`-Tag bringt aber nicht das gewünschte Ergebnis. Was kann ich tun?

Eine Angabe von 0 ist für Breite und Höhe leider nicht möglich. Verwenden Sie `width="1" height="1"`, die Grafik ist dann auch kaum sichtbar. Oder Sie verwenden die CSS-Stilangabe `display: none`.

Wie kann ich den Inhalt einer HTML-Seite im Browser zentrieren, und zwar sowohl horizontal als auch vertikal?

Verwenden Sie eine Tabelle, welche den gesamten Browserinhalt umfasst, und zentrieren Sie die Inhalte in einer Zelle horizontal und vertikal:

```
<table width="100%" height="100%" border="0"
       cellpadding="0" cellspacing="0">
<tr>
<td align="center" valign="middle">
  <!-- hier kommt der Inhalt hin -->
</td>
</tr>
</table>
```

Ich habe im Web Aufzählungslisten gesehen, die nicht die Kringel von `<ul>` verwendet haben, sondern bunte Punkte. Wie geht das?

Das war mit ziemlicher Sicherheit eine unsichtbare Tabelle mit zwei Spalten: Eine Spalte enthält die Aufzählungspunkte (das waren Grafiken), die andere den Text. Hier ein Muster:

```
<table border="0" cellpadding="0" cellspacing="0">
<tr>
  <td><img src="kringel.gif" hspace="10" /></td>
  <td>Aufz&auml;hlungspunkt 1</td>
</tr>
<tr>
  <td><img src="kringel.gif" hspace="10" /></td>
  <td>Aufz&auml;hlungspunkt 2</td>
</tr>
</table>
```

Kann ich ein Formular auf Vollständigkeit überprüfen, bevor es verschickt wird?

Das geht leider nur mit JavaScript oder Sie prüfen das mit dem CGI-Programm, mit dem Sie es verschicken. Der in *Kapitel 8* vorgestellte Formularversendedienst kann das beispielsweise.

Kann ich den Inhalt zweier Frames auf einmal ändern?

In der Regel nein, außer Sie setzen JavaScript ein. Manchmal erlaubt es das Design auch, dass die beiden Frames die einzigen Frames innerhalb eines Framesets sind. Dann müssen Sie lediglich das Frameset austauschen.

Lexikon

Anker

siehe *Textmarke*

Attribut

Ein *Tag* kann ein oder mehrere Attribute zugewiesen bekommen. Jedes Attribut hat einen *Wert*.

Banner

Werbeform im *Web*. Banner werden meist oben oder unten auf einer Webseite angezeigt und führen den Nutzer bei Klick auf die Seite des Werbers.

Banneraustausch

Kleinere Websites tauschen untereinander Banner aus. Ältester und bekanntester Vertreter dieser Marktnische ist LinkExchange.

Browser

siehe *Webbrowser*

CGI

Common Gateway Interface. Eine Art Übertragungsprotokoll bzw. Schnittstelle für serverseitige Scripts. Diese werden dann in einer serverseitigen Programmiersprache wie beispielsweise Perl erstellt.

CSS

Cascading Style Sheet. Format für Style Sheets. Style-Sheet-Dateien haben die Dateiendung *.css*.

Domain

Eindeutiger Name für eine *Website* im Internet, beispielsweise in der Form `www.domain.de`.

Firefox

Recht schlanker und sehr leistungsfähiger Webbrowser auf Basis des *Mozilla*-Browsers.

Flash

Vektorgrafik-Entwicklungsumgebung von Macromedia, die sich im Internet für vektorbasierte Animation als Quasistandard durchgesetzt hat. Flash produziert SWF-Dateien, die mit dem Flash Player im Browser dargestellt werden.

Formular

Eingabemaske, in der der Nutzer seine Angaben machen kann. Ein Formular kann aus verschiedenen Elementen wie Kontrollkästchen, Pulldown-Menüs und Textkästen bestehen. Formulare werden meist über *CGI*-Scripts versandt.

Frame

Eine *Webseite* wird in mehrere Teile wie Navigationsleiste und Inhaltsframe unterteilt. Jeder dieser Teile ist eine eigene *HTML*-Seite und unabhängig vom Rest scrollbar.

FTP

File Transfer Protocol. Übertragungsprotokoll für Daten. Mit diesem Protokoll laden Sie beispielsweise Ihre *Website* auf einen *Webserver.*

GIF

CompuServe Graphics Interchange. Ursprünglich von CompuServe entwickeltes Bildformat, das im Internet eingesetzt wird. Es unterstützt nur 256 Farben, kann dafür eine Transparenzfarbe enthalten. Außerdem lässt sich mit dem Format eine *GIF-Animation* speichern.

GIF-Animation

Eine Folge von Einzelbildern wird im *GIF*-Format (Version 89a) als Animation abgespeichert. Die Animation kann mit Verzögerung einmal, mehrmals oder unbegrenzt abgespielt werden.

Hexadezimal

Notation von RGB-Farben in *HTML*; beispielsweise `#ffffff` für Weiß. Das Muster funktioniert folgendermaßen: Das Doppelkreuz (`#`) markiert den Beginn der Farbnotation, in manchen Photoshop-Dialogen fehlt es auch. Die nächsten zwei Ziffern geben den RGB-Rot-Wert, die folgenden zwei den Grün-Wert und die letzten zwei den Blau-Wert an. Der Wert wird mittels Multiplikation der ersten Ziffer mit 16 und dann Addition der zweiten Ziffer gebildet. Um 256 Werte abbilden zu können, muss jede Ziffer 16 Werte annehmen können, deshalb reicht der Wertebereich einer Ziffer nicht aus. Alternativ werden 0 bis 9 und dann a (10) bis f (15) verwendet. ff ist also 15 * 16 = 240. Dann wird das zweite f = 15 addiert und heraus kommt der Wert 255 für Weiß.

Hintergrund

In *HTML* können Sie für eine Seite einen Hintergrund definieren. Dieser besteht entweder aus einer Farbe oder einem Bild.

Homepage

Die Einstiegsseite einer *Website*.

Hoster

Anbieter von Speicherplatz auf einem *Webserver*. Die meisten Hoster unterstützen auch eigene *Domains*, das heißt, Ihre Website ist unter `www.domain.de` erreichbar.

HTML

HyperText Markup Language. Seitenbeschreibungssprache für Webseiten. HTML enthält *Tags* (Befehle), die vom Browser der Reihe nach interpretiert werden.

HTTP

HyperText Transfer Protocol. Übertragungsprotokoll für Daten im Web. Mit HTTP werden beispielsweise HTML-Seiten übertragen.

Imagemap

In *HTML* enthaltene Funktion, die es Ihnen erlaubt, ein Bild in mehrere Bereiche zu unterteilen und jeden Bereich mit einem *Link* oder sonstigen Funktionen zu versehen. Das *Tag* (Befehl) für eine Imagemap in *HTML* ist `<map>`, das für einen Bereich `<area>`.

Indizierte Farben

Farben, die in einer Farbpalette zusammengefasst und aus einem größeren Farbraum herausgeschnitten wurden. Eine Farbpalette mit indizierten Farben kann maximal 256 Farben haben. Jeder Farbwert hat einen eigenen Index, der seine Position in der Palette festlegt. Indizierte Farben werden hauptsächlich beim Speichern im Dateiformat *GIF* eingesetzt.

Interlaced

Abspeicheroption für *GIF-*, *JPEG-* und *PNG*-Dateien. Die Dateien werden im Browser in mehreren Stufen aufgebaut. Bei *GIF* wird zunächst jede achte Zeile dargestellt. Bei *JPEG* und *PNG* wird die Datei von unscharf zu scharf abgebildet.

Internet

Weltumspannendes Rechnernetz. Beinhaltet mehrere Dienste wie *FTP* und *World Wide Web*.

Internet Explorer

Webbrowser von Microsoft. Liegt mittlerweile in Version 7 vor. Der Internet Explorer kann auch neuere HTML-Befehle, die noch nicht dem *W3C*-Standard entsprechen, interpretieren.

Java

Ursprünglich von Sun entwickelte Programmiersprache, die sich plattformunabhängig ausführen lässt. Dafür ist allerdings eine so genannte Virtual Machine nötig.

JavaScript

Scriptsprache, die von *Webbrowsern* interpretiert wird. JavaScript ist eine Ergänzung zu *HTML* und wurde von Netscape ins Leben gerufen. JavaScript enthält wichtige Funktionen zum Programmieren wie beispielsweise Schleifen und Variablen.

JPEG

Joint Picture Experts Group. Dateiformat für das *Web*. JPEG hat eine verlustbehaftete Komprimierung und eignet sich besonders für Fotos und Grafiken mit vielen Farbabstufungen.

Link

Verweis von einer Webseite auf eine andere. Ein Link kann relativ (z. B. `../images`) oder absolut (`www.mut.de`) sein.

Mozilla

Open-Source-Projekt, das die Basis für den neue(re)n Netscape-Browser (Netscape 6/7/8/9) bildet. Das Besondere ist, dass der Quellcode offen liegt und sich jeder an der Entwicklung beteiligen kann. Der aktuelle Zwischenstand kann unter `http://www.mozialla.com/` begutachtet werden. Bekanntester Mozilla-Abkömmling ist der *Firefox*.

Netscape

Mittlerweile von AOL aufgekaufter Browserhersteller. Von ihm wird der *Webbrowser* Netscape Navigator programmiert. Dieser liegt mittlerweile in Version 8 vor, eine Version 9 ist angekündigt.

Opera

Webbrowser. Die Nummer drei unter den Browsern, allerdings mit weitem Abstand.

PNG

Format für Bilder im Web. Wurde entwickelt, um Copyright-Probleme mit dem *GIF*-Format zu umgehen, hat sich dann aber über *GIF* hinausentwickelt. Unterstützt als PNG-8 256 Farben, als PNG-24 sogar 16,78 Millionen. PNGs werden verlustfrei komprimiert und erlauben Transparenz sowie Animationen.

RGB-Farbsystem

RGB steht für Rot, Grün und Blau. Das RGB-Farbsystem fügt die drei Farbkanäle zusammen und bildet daraus die Farben. Es wird von Monitoren eingesetzt.

SGML

Standard Generalized Markup Language. Diese Beschreibungssprache bildet die Grundlage sowohl von *HTML* als auch von *XML*.

Style Sheet

Style Sheets dienen in *HTML*-Seiten der Formatierung und Positionierung von Elementen. Das Besondere an Style Sheets ist, dass eine Definition einmal an zentraler Stelle vorgenommen wird und dann auf verschiedene Bereiche angewendet werden kann.

Für Style Sheets muss eine spezielle Sprache eingesetzt werden. Bei normalen HTML-Seiten ist das *CSS*. Für *XML* heißt die Style-Sheet-Sprache *XSL*.

Tabelle

Eine Tabelle in *HTML* besteht aus Zeilen mit darin enthaltenen Zellen. Neben dem klassischen Einsatz als Layoutelement können Tabellen auch zum Positionieren von Objekten und zum Strukturieren einer *Webseite* verwendet werden.

Tag

Ein *HTML*-Befehl wird Tag genannt. Die meisten Tags bestehen aus einem Anfangs-Tag und einem End-Tag.

Textmarke

Verweis innerhalb einer HTML-Seite. Sie definieren mit einem Anker die Stelle, an die Sie springen. Mit einem Link und angehängtem # verweisen Sie darauf.

Transparentes GIF

GIF-Grafik, die aus einer einzigen Farbe besteht, welche transparent geschaltet wurde. Sie wird häufig in Tabellen als Platzhalter und zum Positionieren eingesetzt.

URL

Uniform Ressource Locator. Die Internetadresse, die man auch bei einem *Link* angeben muss, also beispielsweise `www.mut.de`.

W3C

World Wide Web Consortium. Konsortium zur Findung und Festlegung von Internetstandards wie beispielsweise HTML 4.01. Zu finden ist das W3C unter der Adresse `www.w3c.org`.

Web

Das World Wide Web (WWW oder W3) ist der grafische Teil des Internets. Um Seiten des World Wide Web betrachten zu können, benötigen Sie einen Webbrowser, der die *HTML*-Seiten interpretiert.

Webbrowser

Der Webbrowser stellt die *HTML*-Seiten dar. Dazu interpretiert er den *HTML*-Code und rendert die Seite. Außerdem stellt er die Grafiken dar. Mit Plug-Ins, die meist schon mitgeliefert werden, können Sie zusätzliche Formate darstellen wie beispielsweise das *Flash*-Format SWF.

Webseite

Einzelne HTML-Seite mit den zugehörigen Bildern. Eine Webseite ist meist Teil einer *Website*.

Webserver

Rechner, der ständig an das Internet angebunden ist. Per *URL* kann jeder Nutzer mit Internetanschluss auf die *Webseiten* auf dem Webserver zugreifen. Um Daten auf den Webserver zu laden, wird meist *FTP* eingesetzt.

Websichere Farben

Farbpalette mit 216 Farben, die es sowohl auf dem Macintosh als auch unter Windows gibt. Wenn Sie diese einsetzen, können Sie sicher sein, dass der Nutzer sie richtig anzeigen kann. Die websichere Farbpalette wurde ursprünglich von dem Browserhersteller Netscape entwickelt.

Website

Eine Website ist ein komplettes Internetangebot, das sich unter einem Domainnamen verbirgt. Eine Website besteht also meist aus mehreren *Webseiten*. Die Einstiegsseite wird als *Homepage* bezeichnet.

Wert

Der Wert ist die Information, die einem *Attribut* zugewiesen wird. Ein Wert kann aus Zahlen oder Zeichen bestehen. Dies hängt von der Art des *Attributs* ab.

XHTML

Extensible HyperText Markup Language. Unter diesem Oberbegriff wird die Standardisierung von *HTML* nach *XML*-Richtlinien zusammengefasst.

XML

Extensible Markup Language. Strukturierungssprache für Dokumente im Web. Der Standard wird vom *W3C* gepflegt.

XSL

Extensible Stylesheet Language. An *XML* angelegte Sprache für *Style Sheets*.

Liebe Leserin, lieber Leser,

herzlichen Glückwunsch, Sie haben es geschafft. HTML ist Ihnen nun vertraut. Ist es Ihnen nicht viel leichter gefallen, als Sie am Anfang dachten? Genau das ist das Ziel unserer Bücher aus der easy-Reihe. Sie sollen helfen, erfolgreich die ersten Schritte zu gehen, und den Leser auf keinen Fall mit unverständlichem Fachchinesisch überhäufen.

Als Lektorin hoffe ich, dass Sie durch das Buch die richtige Unterstützung bekommen haben. Denn für Ihre Zufriedenheit stehen alle Beteiligten mit ihrem Namen: der Verlag, die Autoren, die Druckerei.

Aber niemand ist perfekt. Wenn Sie Anregungen zum Buch und zum Konzept haben:

Schreiben Sie uns.

Denn nur durch Sie werden wir noch besser.

Ich freue mich auf Ihr Schreiben!

Birgit Ellissen
Lektorin Markt + Technik
Pearson Education Deutschland GmbH
Martin-Kollar-Str. 10-12
81829 München

E-Mail: *bellissen@pearson.de*
Internet: *http://www.mut.de*

Stichwortverzeichnis

Symbole
  36, 44
@import 90

A
Absatz 42
area-Tag 127, 129
- alt 130
- href 130
- shape 129

a-Tag 64
- href 64, 65
- name 77
- target 81, 259

Auflösung 162

B
base-Tag
- target 82

big-Tag 56, 58
Bild
- Abstand zum Text 121
- ausrichten 118
- einfügen 113
- Größe 115
- mit Link versehen 122
- Rahmen 114

blink-Tag 56
body-Tag 30
- background 124, 177, 224

Browser 14
- Firefox Siehe Firefox 14
- Internet Explorer Siehe Internet Explorer 14
- Netscape Navigator Siehe Netscape Navigator
- Opera Siehe Opera 15

br-Tag 43
b-Tag 23, 56, 57

C
center-Tag 121
CGI 285
CoffeeCup 270
CSS 85, 285

D
Dateiformate 112
- GIF 112
- JPEG 112
- PNG 112

dd-Tag 151
Dezimalsystem 103
div-Tag 52, 121
- align 52

dl-Tag 151
Doctype 21
dt-Tag 151

E
Editor 16
- Notetab 19
- UltraEdit 19

Elemente platzieren 231
E-Mail-Links 74
Entität 26, 47

F
Farbnamen 103
Firefox 13
font-Tag 90
Formatierung 101
form-Tag 199
- action 199, 216, 220
- enctype 199, 216, 220
- method 199

Formulare
- Checkboxen 204
- File-Uploads 210
- mehrzeilige Textfelder 202
- Motivation 196

Passwortfelder 201
Pull-Down-Menüs 208
Radiobuttons 206
Rahmen 199
Schaltflächen 213
Textfelder 199
unsichtbare Felder 212, 220
versenden 216
per CGI-Script 219
per E-Mail 216
Versende-Schaltfläche 215
Zurücksetzen-Schaltfläche 214
Frames 240
erstellen 241
formatieren 253
Frameset 240
Größe veränderbar 253
Höhe/Breite 244, 246, 248
Links 258
Motivation 262
Rahmen 256
Scrollbalken 254
verschachteln 249
frameset-Tag 241
border 256
cols 241
frameborder 256
framespacing 256
rows 241
frame-Tag 241
name 259
noresize 253
scrolling 254
src 242
FTP 72, 270
Benutzername/Passwort 72

G

geschütztes Leerzeichen 36
GIF 112, 286
GIF-Animation 286

H

h1-Tag 55
h2-Tag 55
h3-Tag 55
h4-Tag 55
h5-Tag 55
h6-Tag 55
head-Tag 82, 88
Hexadezimalsystem 103, 286
Hintergrundbild 124, 174, 177, 224
Hintergrundfarbe 174, 175
HR-Tag 24
noshade 26
size 25
width 25
HTML 12
Grundgerüst 28
Inhaltsabschnitt 30
Kopfabschnitt 28
html-Tag 23
HTTP 72, 287

I

Imagemaps 127
img-Tag 113
align 118
alt 116
border 114, 123
height 115, 187
hspace 121
id 116
name 116
src 113
usemap 128
vspace 121
width 115, 187
input type=" 212, 213, 214, 215
input-Tag
maxlength 211
name 205, 207, 211, 212, 213
size 211
type=" 205, 207
value 205, 207, 212, 213, 214, 215
Internet Explorer 12, 170, 172
i-Tag 23, 56, 57

J

JPEG 112

K

Kommentar 24

L

Links
- absolute 68, 177
- Downloads 76
- E-Mail 74
- Formatierung 106
- FTP 72
- in Frames 258
- interne 64
- Newsgroups 73
- Rechtliches 83
- relative 65, 177
- Strategie 68
- Syntax 64
- Textmarken 77
- Ziel 81, 259

link-Tag 92
- href 93
- rel 93
- title 93
- type 93

Listen
- Aufzählungslisten 134
- Aufzählungstypen 145, 147
- Definitionslisten 151
- erstellen 134, 143
- formatieren 154
- mischen 150
- nummerierte Listen 143
- Symbole ändern 136
- verschachteln 138

li-Tag 134, 143
- value 146

M

map-Tag 127, 129

meta-Tag 266
- content 266
- http-equiv 269
- name 266

Meta-Tags 266
- Autor 266
- Beschreibung 266
- Copyright-Hinweis 267
- Herausgeber 266
- Schlüsselwörter 267

Mozilla 289

N

Netscape 6 15

Netscape Navigator 14, 172

Newsgroups 73

nobr-Tag 45

Notetab 19

O

OL-Tag
- type 147

ol-Tag 143
- start 145

online stellen 269

Opera 15, 172

option-Tag 209
- selected 209
- value 209

P

Pixel 162

PNG 112

P-Tag
- ALIGN 50
- STYLE 87

p-Tag 42

R

Rahmen 228

Rollover 227

S

Schlüsselwörter 267

Schriften
- Formatierung 102
- für ganze Seite 108

Schriftfarbe 102
select-Tag 208
  multiple 209
  name 209
  size 209
SGML 289
small-Tag 56, 58
Sonderzeichen 47
Stile
  aus externer Datei 90, 92
  IDs 100
  im HTML-Tag 86
  im Kopfabschnitt 88
  Klassen 96
  zuweisen 94
    für ein Tag 94
    für Tags in Tags 96
    mehrere 94
strike-Tag 56
strong-Tag 54
Style Sheets 85
style-Tag 88, 93
  type 89
sub-Tag 56, 59
Suchmaschinen 275
  anmelden 275
  Arten 275
sup-Tag 56, 59

T
Tabellen
  Abstand 169
  Aufbau 160
  ausrichten 179
  Breite 162
  formatieren 166
  Gitternetz 168
  gruppieren 173
  Hintergrundbild 174
  Hintergrundfarbe 174, 175
  Höhe 162
  Rahmen 161, 167
  Schrift 178
  Text anordnen 189
  unsichtbare 186
  verschachteln 190
  Zeile 160
    Breite 164
    Höhe 164
  Zelle 160
    ausrichten 181
    Breite 164
    Höhe 164
    verbinden 183, 184
table-Tag 160
  align 179
  background 177
  bgcolor 175
  border 161, 167, 186
  cellpadding 169
  cellspacing 168
  frame 170
  rules 172, 173
  width 162
Tag 22
  Attribut 24
  mehrere 23
  verschachteln 23
tbody-Tag 174
td-Tag 160, 181
  align 181
  bgcolor 174, 175
  colspan 184
  height 165
  rowspan 183
  valign 181
  width 165
Text 42
textarea-Tag
  cols 203
  rows 203
Textformatierung 54
  logisch 54
  physisch 54
  Überschrift 54
  Zeichenformate 56
Textmarken 77
Textumbruch 33, 42
tfoot-Tag 174
thead-Tag 174

th-Tag 161, 165, 181
colspan 184
rowspan 183
title-Tag 23, 28, 29
tr-Tag 160, 181
bgcolor 175
tt-Tag 56

U

Überschrift 54
UL-Tag
type 136
ul-Tag 134
UltraEdit 19
Umfrage 196
Umlaute 38, 47
Unicode 47
u-Tag 56, 61

W

W3C 85, 290
waagerechte Linie 24
Whitespace 35

X

XHTML 291
XLS 86
XML 86, 291
XSL 291

Florence
MAURICE
from zero 2 hero
HTML & CSS
Markt+Technik